뇌연집

이 책은 2021년도 정부(교육부)의 재원으로 한국고전번역원의 지원을 받아
수행된 '권역별거점연구소협동번역사업'의 결과물임.

This work was supported by Institute for the Translation of Korean Classics - Grant funded by the Korean Government.

한국고전번역원 한국문집번역총서 / 이화여자대학교 한국문화연구원

뇌연집 7

雷淵集

남유용 南有容 지음
이주해 홍학희 옮김

일러두기

1. 이 책의 번역 대본은 한국고전번역원에서 간행한 한국문집총간 제217~218집 소재 《뇌연집(雷淵集)》으로 하였다. 번역 대본의 원문 텍스트와 원문 이미지는 한국고전종합DB(http://db.itkc.or.kr)에서 확인할 수 있다.
2. 내용이 간단한 역주는 간주(間註)로, 긴 역주는 각주(脚註)로 처리하였다.
3. 한자는 필요한 경우 이해를 돕기 위하여 넣었으며, 운문(韻文)은 원문을 병기하였다.
4. 맞춤법과 띄어쓰기는 한글 맞춤법과 표준어 규정을 따랐다.
5. 이 책에서 사용한 부호는 다음과 같다.

( ) : 번역문과 음이 같은 한자를 묶는다.

〔 〕: 번역문과 뜻은 같으나 음이 다른 한자를 묶는다.

" " : 대화 등의 인용문을 묶는다.

' ' : " " 안의 재인용 또는 강조 문구를 묶는다.

「 」: ' ' 안의 재인용을 묶는다.

『 』: 「 」 안의 재인용을 묶는다.

《 》: 책명 및 각주의 전거(典據)를 묶는다.

〈 〉: 책의 편명 및 운문·산문의 제목을 묶는다.

차례

뇌연집 제15권

서書

뇌연집 제16권

서書

뇌연집 제17권

서書

제문 祭文

뇌연집

제15권

書서

친정[1]에 올리는 편지

上親庭

가을 날씨가 심히 추운데, 조섭 중이신 체후가 근자에는 또 어떠하신지 모르겠습니다. 우러러 그리워하는 마음 끝이 없습니다. 소숙(昭叔)[2]이 오셨기에 근자에 《속수통감(涑水通鑑 《자치통감》)》을 이어서 읽고 계신다는 것을 삼가 알게 되었는데, 하루에 몇 편(編)도 넘게 읽으시며 간혹 한밤중에 이르러도 잠자리에 드시지 않는다고 하니, 본디 크게 칭송해야 할 일이나 눈병에 혹여 안 좋을까 봐 걱정입니다. 바라건대 조금만 줄여보심이 어떠신지요? 저도 일찍이 《통감》 중 〈당기(唐紀)〉와 〈강목(綱目)〉을 취하여 읽어본 적이 있는데, 주문(朱門 주자(朱子)의 문하)에서 덧붙이거나 삭제하여 절충한 곳[3]을 보면 그 저울질함이 몹시 타당하여 가장 보기에 좋았습니다. 처음부터 상세히 검증해

1 친정 : 남유용의 아버지인 남한기(南漢紀)를 지칭한다.

2 소숙(昭叔) : 남한소(南漢昭)를 가리킨다. 남유용의 서종숙(庶從叔)이다.

3 주문(朱門)에서……곳 : 사마광의 《자치통감》은 294권의 방대한 편년체의 역사서인데, 사학의 강령(綱領)이 되는 중요한 저술이지만 분량이 방대하여 후인들이 모두 읽기 힘든 폐단이 있었다. 이에 강지(江贄)가 주기(周紀) 5권을 2권으로, 진기(秦紀) 40권을 5권으로, 송기(宋紀) 16권과 제기(齊紀) 10권을 1권으로, 양기(梁紀) 22권을 1권으로, 진기(陳紀) 10권을 1권으로, 수기(隋紀) 8권을 1권으로, 당기(唐紀) 81권을 14권으로, 후량기(後梁紀) 8권과 후한기(後漢紀) 4권을 1권으로, 후주기(後周紀) 5권을 1권으로 줄여, 전체 50권의 분량의 《통감절요(通鑑節要)》를 완성하였다. 그의 후손인 강묵(江默)이 주자의 문하를 드나들면서 주자에게 질정받아 1237년에 출간하였다. 주자는 이 책을 높이 평가하였고, 달리 《통감강목》을 저술하기도 하였다.

보고자 하였으나, 일이 커서인지 쉽사리 시작하지 못하고 있습니다. 응당 하늘 높고 기운 맑은 가을을 기다렸다가 수개월 간의 공력을 들여야 할 것입니다.

한천(寒泉)[4] 선생의 묘지(墓誌) 문자는 본 적이 없었는데, 그저께 민숙(閔叔)[5]이 저를 찾아와 충문공(忠文公)의 신도비(神道碑)[6]를 꺼내 보여주니, 바로 한천 선생이 지은 것이었습니다. 충문공은 남긴 사업이 많아 차례대로 서술하기 어려움에도 한천 선생께서는 매우 상세하게 편집하여 기록하셨는데, 확실히 조리가 있었으며 글을 써 내려간 것 역시도 전아하고 간결하여 참으로 보기 좋았습니다. 일찍이 보았던 소차(疏箚)나 서문, 기문과 같은 문자들은 질박하고 중후한 기운이 자못 적었으나 묘지는 되레 그렇지 않았습니다. 그러니 그 말이 반드시 후세에 전해져 믿음을 얻을 수 있으리라는 것은 의심할 나위 없습니다.

선묘(先墓)의 글[7]은 이미 지어주겠다는 허락을 받아놓은 데다가, 다

4 한천(寒泉) : 이재(李縡, 1680~1746). 영조의 탕평책에 반대한 노론 준론(峻論)의 대표적 인물로, 호락논쟁(湖洛論爭) 당시 이간(李柬)의 학설을 계승하여 낙론을 주창했다. 본관은 우봉. 자는 희경(熙卿), 호는 도암(陶菴)·한천(寒泉). 남유용은 이재에게서 학문을 배웠다.

5 민숙(閔叔) : 민익수(閔翼洙, 1690~1742)를 가리키는 듯하다. 본관은 여흥, 자는 사위(士衛), 호는 숙야재(夙夜齋)로, 군자감 정, 공조 좌랑, 이조 판서 등을 역임하였다. 남유용의 막내 고모와 혼인하였으므로, 남유용에게는 고모부가 된다.

6 충문공(忠文公)의 신도비(神道碑) : 충문공은 민진후(閔鎭厚, 1659~1720)의 시호이다. 민진후는 민익수의 아버지이다. 민진후의 신도비란 이재가 지은 〈백구 좌참찬 지재 민공 신도비(伯舅左參贊趾齋閔公神道碑)〉를 말한다. (《도암집(陶菴集)》 권29)

7 선묘(先墓)의 글 : 조상의 묘지에 쓴 글을 뜻하는데, 《도암집》 권27에 〈판서 호곡 남공 신도비(判書壺谷南公神道碑)〉가 실려 있는 것으로 보아 증조부 남용익의 신도비

행히 사는 곳이 가까워서 오고 가기에 편하니, 이때를 놓쳐서는 안 될 것입니다. 무슨 일이 생길지 알 수 없으니까요. 이 어르신은 오래전부터 동쪽 골짜기로 돌아갈 계획을 갖고 계시므로 만약 다시 시일을 끌다가는 어쩌면 마침내 어영부영 일을 성사시키지 못하게 될지도 모릅니다. 생각건대 이미 유념하고 계실 테지만 또한 일찌감치 도모하심이 좋을 듯합니다.

이곳에 극(極) 아우[8] 등이 자식들을 데리고 온 이래 아직 외랑(外廊)이 없어 자주 서로 만나 글을 강론하고 절차탁마할 수 없는 연고로, 서로 의논한 끝에 칠원(漆園) 아래 작은 집 몇 간을 지었습니다. 신원(新院)의 종실 원로들도 동산의 나무를 베어가며 서로 도와준 덕에 공사가 거의 끝나갑니다. 제가 이곳에 머무는 것은 본디 오래 있을 계획이 아니었고, 이 일이 본디 부득이한 것도 아니지만 마을 사람들이 워낙 호의적인지라 아마도 그 덕분에 한데 모여 살며 서로 성장하는 이익을 얻을 수 있을 것 같으니, 그나마 다행스러운 일일 따름입니다. 일일이 다 전달해드리지 못합니다.

를 가리키는 듯하다.

8 극(極) 아우 : 남유극(南有極)을 말한다.

친정에 올리는 편지
上親庭

〈향교를 중수하고 지은 기문〔鄕校重修記文〕〉은 옛날부터 향교 유생들의 매우 간곡한 청을 받아오시어 끝내 그들의 뜻을 저버릴 수 없을 듯합니다.[9] 또한 청풍부의 학교에 대한 정사(政事)가 다른 읍에 비해 유독 거친 것을 생각해볼 때, 이는 본디 군자가 마땅히 슬퍼하며 탄식해야 할 일이겠지요. 그러나 옛날에 정관(靜觀)[10]과 농암(農巖)[11] 등 몇몇 공이 부사(府使)가 되었음에도 학교를 한번 진작시키지 못하였으니, 이곳 습속이 교화하기 어려워서였을까요? 아니면 교화가 지극하지 못해서였을까요?

옛날에 학교를 세울 때는 반드시 박식하고 고아하며 도(道) 있는 선비를 뽑아 우두머리로 삼은 다음 교도(敎導)의 책임을 맡겼는데, 혹 조정에서 파견하기도 하고 혹 주부(州府)에서 초징하기도 하였으

9 향교를……듯합니다 : 이 편지는 남유용의 아버지 남한기가 청풍 부사로 있을 때 올린 것이다. 남한기는 영조 9년(1733)에 청풍 부사로 부임했다.

10 정관(靜觀) : 이단상(李端相, 1628~1669). 본관은 연안, 자는 유능(幼能), 호는 정관재(靜觀齋)·서호(西湖), 시호는 문정(文貞)이다. 효종 때 대간, 청풍 부사를 거쳐 응교가 되었다. 인천 부사가 되었으나 곧 사퇴하고 양주(楊州)에서 학문 연구에 힘썼다. 문하에서 아들인 희조(喜朝)와 김창협(金昌協)·김창흡(金昌翕)·임영(林泳) 등 유명한 학자가 나왔다.

11 농암(農巖) : 김창협(金昌協, 1651~1708). 본관은 안동이고 자는 중화(仲和)이며, 농암(農巖)은 그의 호이다. 이조 정랑, 대사성, 승문원 부제조를 역임하였고, 시호는 문간(文簡)이다. 김창협 역시 청풍 부사를 역임한 바 있다.

니, 왕형공(王荊公)이 은현(鄞縣) 현령이 되었을 때 두순(杜醇) 선생을 청해 학교로 모셔온 것이 그것입니다.[12] 국조의 경우 주학(州學)에는 교관(敎官)을 두지 않아서 그곳의 선비와 백성들은 수령을 스승으로 삼으므로 무릇 기르고 가르쳐 이끄는 책임이 모두 수령에게 맡겨져 있습니다. 그러니 수령의 책임으로 여길 것이 어찌 부서기회(簿書期會)[13]에 힘쓰는 것뿐이겠습니까.

삼가 듣건대 근자에는 자못 경학(經學)으로 인사들을 면려하고 있는데, 그중에 조금이나마 스스로 갈고 닦는 자가 없지 않다고 합니다. 그런즉 습속을 교화하기 어렵다는 이유로 폐지한 채 경영하지 않았음이 분명한바, 오로지 저들을 가르침이 지극하지 못한 것을 자신의 근심으로 삼아야 할 것이며, 지치지 않는 뜻으로 오래 가는 공력을 들인 연후라야 학교의 다스림을 회복할 수 있을 것입니다. 지금 학교 건물을 새로 지은 것을 계기로 제생들에게 옛것을 버리고 새로움을 도모하는 뜻을 깨우쳐야 하는데, 글을 더욱 정성스럽고 간곡히 지어야만 저들의 마음을 움직일 수 있을 것입니다. 이미 유념하고 계시겠지요.

선비를 기르는 일은 반드시 학교를 수리하는 데서 시작해야 하고, 학교를 수리하는 예(禮)는 의당 노인을 봉양하는 데서 시작해야 합니다. 고인이 이른바 "80, 90세인 노인들에게 명륜당(明倫堂) 아래에서

12 왕형공(王荊公)이……그것입니다 : 왕안석(王安石)의 〈두순 선생을 청해와 현학으로 모시고자 하는 두 번째 편지[請杜醇先生入縣學書二]〉를 보면, 1048년 은현(鄞縣)의 지현(知縣)이었던 왕안석이 명망이 있던 두순(杜醇)을 초빙하자 이때부터 현학의 기풍이 진작되었다고 한다.

13 부서기회(簿書期會) : 1년의 회계(會計)를 장부에 기입해서 기일 안으로 조정에 보고하는 것을 말한다.

궤장(机杖)을 하사하고, 직접 잔을 들고 술을 따라드렸다."라고 한 것은 예의 중에 큰 절목입니다. 기타 자질구레한 의식들은 마땅히 옛 제도를 고찰하고 시의(時宜)를 헤아려 섞어 사용함으로써 편의에 맞게 하면 될 뿐입니다.

지금 여기 전해드린 내용들이 혹 사리에 어두운 소리일까 봐 두려우나, 배움만 있고 가르침이 없거나 제자만 있고 스승이 없어, 뜻 있는 자로 하여금 태만해지게 하고 불초한 자로 하여금 친압하게 한다면, 이는 옛날부터 어진 사람들이 심히 슬퍼하던 바일 것입니다. 지금 그 일을 할 수 있는 기회가 있는데 하지 않는다면 가히 안타까운 일인지라 외람되고 난잡한 것도 잊고서 주저리주저리 늘어놓았습니다. 이만 줄이며, 삼가 전달해드립니다.

맏형님에게 드리는 답장
答伯氏

바둑을 두고 그림을 보신다니, 이런 것이 비록 외물이기는 하지만 또한 한가로운 가운데 아름다운 취미이니, 참으로 훌륭하십니다. 종이 두 장을 받았으나 저는 이 기예에 뛰어나지 못하며, 원숭이니 사향이니 하는 것은 또한 어떻게 생겼는지조차 알지 못하는데, 어찌 가히 억측으로 지어낼 수 있겠습니까? 차라리 오도자(吳道子)[14]에게 맡겨 한번 붓을 휘두르게 하심이 나을 것입니다. 구름과 새, 봄날 조수는 그 의상이 높고 광달하여 오생(吳生)이 잘 그려낼 수 없으리라 생각되니, 모름지기 직접 그리셔야 할 것입니다.

날이 막 개거든 일찍부터 걸음하시어 같이 장미꽃 아래서 대화나 나누어 보길 소원합니다. 다른 손님은 없으며, 오직 술만 있습니다. 이만 줄입니다.

14 오도자(吳道子) : 당나라 유명 화가인 오도현(吳道玄)으로, '도자'는 그의 자(字)이다. 당 현종이 학질을 앓던 중 꿈에 자칭 '종남산의 진사 종규(鍾馗)'라고 하는 사람이 나타나서 잡귀들을 다 잡아먹는 것을 보았는데, 꿈에서 깨고 나서 바로 학질이 나았다. 그 후 현종이 오도자를 시켜 꿈에 본 종규를 그리게 하자 오도자가 명을 받고 눈으로 직접 목격한 듯이 그려내어 바치니, 왕이 그림을 보고는 "경이 나와 같은 꿈을 꾼 모양이구나." 하고는 백금의 상을 내렸다. 여기서는 자기는 한 번도 본 적이 없는 것을 그릴 수 없으니, 그런 일에 능한 오도자를 불러 그려보게 하는 게 낫다는 뜻으로 쓰였다.

맏형님에게 드리는 편지
上伯氏

《계고록(稽古錄)》[15]을 모으고 계신다고 알려주셨는데, 지금 한가할 때를 놓치지 않고 정돈하여 질(帙)로 만든다면 어찌 좋은 일이 아니겠습니까?

매번 뜻이 커서 일도 따라 커지고 말아 쉽사리 끝맺음하기 어려운 것이 병통이지만, 지금 《자치통감강목(資治通鑑綱目)》을 위주로 하고 조속히 일을 마치는 것을 목표로 삼고자 하면 아마도 가능하지 않겠습니까? 〈위열왕(威烈王)〉[16] 이상은 또한 일찍이 《좌씨전(左氏傳)》·《국어(國語)》 및 인산(仁山)의 《전편(前編)》[17]을 겸해 취하여 이미 종합적인 계통이 선 상태이고, 송나라의 사적은 응당 《자경편(自警編)》[18]과 《명신록(名臣錄)》[19]을 상호 참조하여 덧붙이거나 삭제하면 아마도

15 《계고록(稽古錄)》: 송나라 사마광(司馬光)이 960년에서 1067년까지의 정치적 사건들을 기록하여 임금에게 올린 것을 수록한 20권의 역사서이다.

16 〈위열왕(威烈王)〉: 《자치통감》〈주기(周紀)〉의 편명이다.

17 인산(仁山)의 《전편(前編)》: '인산'은 송나라 말기의 학자 김이상(金履祥)을 가리킨다. 만년에 인산 아래 이택서원(麗澤書院)에서 학문을 강론하였으므로 세상에서 '인산 선생'이라 불렀다. 《전편》은 《통감전편(通鑑前編)》을 가리킨다. 당요(唐堯)에서 춘추(春秋) 시대까지의 역사를 기술한 사서이다.

18 《자경편(自警編)》: 송나라 조선료(趙善璙)가 편찬한 책으로, 송나라 명신과 대유(大儒)들의 훌륭한 언행을 정리하였다. 학문류(學問類) 항목이 셋, 조수류(操修類)가 12, 제가류(齊家類)가 4, 접물류(接物類)가 7, 출처류(出處類)가 5, 사군류(事君類)가 11, 정사류(政事類)가 17, 습유류(拾遺類)가 2, 총 8권 55개 항목이다.

많이 힘들지는 않을 것입니다. 염락(濂洛)[20]의 언행이라면 마땅히 《연원록(淵源錄)》[21] 등의 책을 취한 다음 절록(節錄)하여 편찬에 넣어야 할 것입니다. 이렇게 하면 또한 대략 강기(綱紀)가 서기는 하겠으나 기록한 것이 10편이 넘어가면 혹 간략하지 못한 것은 아닐는지요? 좀 더 생각해봐야 할 것입니다.

《강목》은 이미 모두 채집하여 찌를 붙였기에 먼저 십수 권을 바치니, 상세히 대조하여 교감해 주시기 바랍니다. 진실로 한 가지 훌륭한 행실만 있다면 말년에 절조를 잃은 사람이라 하여도 또한 채록하였지만, 오직 환관만은 여강(呂強)[22]이나 장승업(張承業)[23]처럼 어진 사람이라 하여도 그 언행을 생략한 채 채록하지 않았으니, 이는 그들의 직임이 심부름이나 하고 청소하는 일에 충당되는 것일 뿐, 애당초 나랏일에 참여해서는 안 되기 때문입니다. 이들이 나랏일에 참여만 해도 이미 분수를 범한 것이므로 비록 훌륭한 행실이 있다 하여도 훌륭하다고 여길 만하지 못합니다. 열녀(烈女)의 사적은 응당 별도로 모아 기록하

19 《명신록(名臣錄)》: 주희가 편찬한 책으로, 송나라 명신의 언행을 기록하였다.

20 염락(濂洛): '염락(濂洛)'은 염계(濂溪)에 살았던 송나라 주돈이(周敦頤)와 낙양(洛陽)에 살았던 정호(程顥)와 정이(程頤) 형제를 아울러 가리킨다.

21 《연원록(淵源錄)》: 주희가 편찬한 《이락연원록(伊洛淵源錄)》을 가리킨다. 모두 14권으로 되어, 주돈이 이하 두 정자(程子)의 교유 및 그의 제자 46인의 언행을 수록하였다.

22 여강(呂強): 후한 영제(靈帝) 때의 환관이다. 영제가 그를 도향후(都鄕侯)로 봉하려 하자 당치 않다며 굳이 사양하고, 상소를 올려 직간하였다.

23 장승업(張承業): 당나라 때 환관으로, 진왕(晉王) 이극용(李克用)이 죽을 때 그의 아들 이존욱(李存勗: 후당(後唐)의 장종(莊宗))을 부탁한 인물이다. 후에 이존욱이 황제가 되려 하자 병든 몸으로 간하였는데 받아들여지지 않았고, 그 이듬해에 죽었다.

여 하나의 책으로 만들어야 하지 않을까요?

자고로 나라에는 잘 다스려지던 날들이 늘 적고 어지러운 날들이 늘 많아, 권모술수와 사기와 같은 모략이며 다투고 빼앗은 일들이 어지러이 뒤섞여 생겨나 사람 흉중을 시끄럽고 어수선하게 하는지라, 차라리 내던져 버리고서 돌아보지 않으려 했습니다. 그러나 또 나라가 어지러운 중에 늘 곧은 신하와 열사(烈士)들이 많으며 그 명예와 절조가 볼 만한 것을 생각해봄에, 혹여 유실될까 두려워 대략 살펴보기는 하였는데, 그다지 훌륭하지 않습니다. 수(隋)나라 양제(煬帝)와 공제(恭帝) 사이 및 오대(五代) 석진(石晉)[24]의 일을 기록한 기(紀)는 더욱 꺼려지고 권태로운 마음이 일어나 생각한 것에 소홀하고 빠진 부분이 많으니, 반드시 자세히 점검해주셔야 합니다.

조금 늦게 찾아가 인사드리려 하였으나 비가 더욱 세차게 내리고 첫눈마저 내리고 있으니, 하늘이 저에게 고요히 앉아 있으라고 하는 것 같습니다. 하늘의 뜻을 어기면 상서롭지 못한지라 그만두렵니다.

24 오대(五代) 석진(石晉) : 당나라가 망하고 송나라가 들어서기 전 오대(五代) 때 석경당(石敬塘)이 세운 후진(後晉)을 가리킨다.

맏형님에게 드리는 편지
上伯氏

가을도 끝나갑니다. 생각건대 고달픈 처지지만 더욱 형통하시며 건강히 지내고 계시겠지요. 구구한 마음, 우러러 앙모합니다. 아우 또한 평안히 부모님 모시며 잘 지내고 있습니다.

전후로 네 번 편지를 써서 각 곳에 있는 심부름꾼 편에 부쳤는데, 만약 홍교(洪喬)의 손에 들어가지 않았다면[25] 계산해보건대 열흘 안으로 속속 읽어보실 수 있을 것입니다.

짐을 푼 지도 며칠 되었으니, 생활하는 모든 절목에 대략 체계가 잡혀 너무 낙심하고 계시지는 않으시겠지요? 독서하는 일 또한 처음 계획했던 것처럼 조용히 집중하고 계신지요? 집사(執事 편지의 2인칭)께서 독서하실 때 그 방법이 예전과 달라져서, 오직 여유롭게 음미하며 의리(義理)가 있는 곳을 알기 위해 힘쓰면서 더 이상 장구(章句)나 찾아 따와서 과거 문장에 가져다 쓸 요량 따위는 하지 않습니다. 이와 같기에 재미가 바야흐로 많아지고 공력을 얻는 바가 바야흐로 깊어진 것이지요. 또한 생각해보건대 고인들이 수많은 지식을 함양하고 수많

25 홍교(洪喬)의……않았다면 : 편지가 전달되지 않았다는 뜻이다. 홍교는 진(晉)나라의 은홍교(殷洪喬)를 말한다. 《세설신어(世說新語)》에 "은홍교가 예장 태수(豫章太守)가 되어 떠나자 도성의 사람들이 백여 통의 편지를 주면서 전해주라고 부탁하였다. 석두(石頭)에 도착하여 그 편지를 물에다 모두 던지고는 '잠기려면 잠기고 뜨려면 떠라.'라고 빌었다."라고 하였다. 이에 '홍교척수(洪喬擲水)'라는 말이 전하는데, 중간에서 버리고 전하지 않는 것을 말한다.

은 사업을 세울 수 있었던 것은 모두가 서적을 통해 가능했던 것입니다. 집사께서 오늘날 짊어진 짐이 무겁지 않다고 할 수 없어서 남들이 백이라면 나는 천을 지고 있는데도 여전히 사람들의 기대에 부합하지 못할까 여전히 두려워하고 있으니, 더욱 힘쓰십시오! 힘쓰십시오!

아우는 게으르고 쇠퇴함이 날로 심해지고 있습니다. 벗들의 곁을 떠나 홀로 쓸쓸히 지내고 있는 탓에 채찍질하여 독려하는 도움마저 잃어버린 터라, 그저 예전과 똑같은 아몽(阿蒙)[26]일 따름입니다. 일찍이 가을 겨울에 독서하고 봄 여름에 글을 짓는 것을 10년간 계획으로 삼아 저의 덕행을 확충해 나가고자 하였습니다. 또한 진취(進取)에 과감하지 않아 과거에 합격해 영예롭게 나아가는 일에 대해서는 그다지 큰 비중을 두지 않았으며, 근자에는 더욱 담담해졌습니다. 이런 생각이 제 일에서 이미 열의 여덟아홉 정도를 차지하고는 있는지라, 겨우 스스로 힘쓰고 있을 따름입니다.

만나고 헤어지는 것에는 다 때가 있는 법, 억지로 함께하기를 구할 필요 없습니다. 오직 바라나니, 학업에 더욱 힘쓰시어 스스로를 위해 도모하고, 그 나머지 것을 미루어 주시어 훗날 훈도되게 해주심으로써 소인이 되는 것을 면하게 해주신다면 지극한 소망 이길 길이 없겠습니다.

근자에 또《논어》를 읽고 계십니까?《혹문(或問)》[27]을 얻어 참고해

26 예전과……아몽(阿蒙) : 삼국시대 오나라 여몽(呂蒙)은 군무에만 종사하다 손권(孫權)의 권유로 열심히 독서하여 노사숙유(老士宿儒)보다 나을 정도의 학식을 쌓았다. 후에 노숙(魯肅)이 도독으로 와서 여몽과 담론해 보고는 "이미 예전의 오나라의 아몽이 아니구려.〔非復吳下阿蒙.〕"라고 하니, 여몽이 "선비는 이별한 지 사흘이면 눈을 비비고 다시 봐야 합니다." 하였다.《三國志 卷54 吳書 呂蒙傳注》

보고자 하신다니, 후에 인편이 있으면 마땅히 올려보낼 것입니다. 예중(禮重)은 잘 있는지요? 번거롭겠지만 대신 제 뜻을 전해 주십시오. 부디 몸 보중하십시오.

27 《혹문(或問)》: 주희가 《논어》의 각 장을 문답식으로 논변한 책이다.

맏형님에게 드리는 편지

上伯氏

전후로 보내신 두 통의 편지는 모두 받아 보았으며, 깨우쳐주신 뜻도 삼가 잘 알아들었습니다. 과거(科擧)는 지금 세상에서 중시하는 바인데, 어찌 감히 저 홀로 등한시할 수 있겠습니까? 애초부터 득실을 운명에 맡기고 나아갔기 때문에 스스로 심정에 흔들림이 없을 수 있었던 것이며, 뜻이 꺾이는 일[28]을 당했을 때도 더 이상 개의치 않을 수 있었던 것입니다. 그러나 이것이 어찌 구양공(歐陽公)이 말한 맹자(孟子)의 용기[29]이겠습니까? 그저 성글고 나약하여 나아감에 용감하지 못한 것만 드러낼 뿐입니다.

삼가 듣자니 사양하고 받아들이는 일은 그 경계(境界)가 몹시 지엄하다고 하는데, 이는 본디 당연한 일입니다. 그러나 천 리 밖에서 객지살이하면서 어찌 인정을 오로지 거절만 할 수 있겠습니까? 제가 생각하기에 의절이 물품보다 훌륭하고, 인정이 겉치레보다 많다면 그것을 받아들여도 염치에 해될 것이 없을 듯합니다. 어찌 생각하시는지요? 피차 마땅함을 얻을 수 있게 처리하시리라 생각되오나, 다시 한번 생각을 펼쳐보았습니다.

28 뜻이……일 : 과거에 낙방한 것을 말한다.

29 구양공(歐陽公)이……용기 : 구양수의 〈초전승 천지에게 주는 편지〔與焦殿丞千之〕〉에 "애초에 득실을 운명에 맡긴 채 나아간다면 일에 임하여 절로 마음에 동요가 없을 것이니, 이것이 곧 맹자의 용기입니다."라는 말이 나오는데, 이를 인용한 것이다.

맏형님에게 드리는 편지
上伯氏

일전에 우연히 출타 중이어서 심부름꾼이 왔는데도 미처 편지를 보내지 못했습니다. 봉함을 열어보시고 놀라 괴이하게 여기셨을 터이나 병이 있어 그런 것은 아니었습니다.

한바탕 눈이 내린 후 추위가 성큼 다가왔는데, 객지에서 기체(氣體) 어떠하신지요. 전번 편지에서 생활하는 데 부족한 것이 없고, 사는 곳도 몹시 편안하다고 많이 말씀하셨는데, 비록 과하게 좋은 말만 하시어 이곳의 근심 걱정을 덜어주고자 하신 것임을 알고는 있지만, 만난 상황에 따라 이성으로 슬픔을 푸신 덕에 큰 괴로움은 없으리라는 것을 대저 알 수 있었기에, 실로 마음에 큰 위로가 되었습니다.

아우는 부모님 모시며 편히 잘 지내고 있으며, 아이들 역시 건강히 잘 먹고 지냅니다. 때때로 서사(書史)로써 이끌고 가르치고 있어, 부질없이 놀기만 하는 지경에는 이르지 않고 있습니다.

일전에 진사 이인보(李仁普)[30]가 여러 선비 앞에 나서서 상소 하나를 올려 사충(四忠)과 노팽(老彭)[31]의 일로써 간쟁한 결과, 특지(特旨)가 내려와 절해고도(絶海孤島)로 유배되었습니다.[32] 집안은 몹시 가난하

30 이인보(李仁普) : 본관은 벽진(碧珍), 자는 군택(君宅)이다.

31 노팽(老彭) : 윤지술(尹志述, 1697~1721)의 자이다. 호는 북정(北汀), 1720년(경종 즉위년) 성균관의 장의(掌議)로 있으면서 숙종의 지문(誌文)이 편파적으로 기록되어 있음을 상소하고 유생들을 선동하여 동맹휴학하였다가 이듬해 신임사화에 김일경 등 소론의 탄핵으로 처형되었다.

고 유배지는 멀고도 열악하니, 굶어 죽지 않으면 전염병으로 죽게 될 터, 가히 슬퍼할 노릇입니다. 상소문과 소록(疏錄)[33]을 같이 적어 올립니다.

아우는 한번 나갔다가 좌절을 겪은 후로 못나게도 스스로 한계 지으며 더 이상 상소하는 일에 간여치 않고자 하였으며, 누차 이러한 뜻을 소청(疏廳)에서 상소 일을 주관하는 사람에게 편지로 알렸습니다. 그러나 운장(雲章)[34]과 중량(仲亮)[35] 등으로부터 전혀 양해를 얻지 못하였으며, 심지어 이전에 연명(聯名)한 두루마리에서 모양을 본떠 서명하여 성상께 올렸다 하니, 황공하고 두려워 불안하기 이를 데 없습니다. 나라에서 벼슬하는 사람의 일 처리가 이 지경까지 얄팍할 줄 어찌 생각이나 했겠습니까? 가히 개탄할 노릇입니다.

요즘에는 《논어》 무슨 편(篇)을 읽고 계십니까? 고요히 정신을 집중하여 공력을 얻으셨습니까? 도갑사(道岬寺)[36]는 객사에서 몇 리나

32 일전에……유배되었습니다. 《영조실록》 3년(1727) 10월 11일에 진사 이인보(李仁普) 등이 "전하께서 하룻밤 사이에 갑자기 이미 확정된 처분을 고치시어 사대신(四大臣 : 김창집 · 이이명 · 이건명 · 조태채)의 작시(爵諡)를 빼앗으라고 명하시고 또 고(故) 태학생(太學生) 윤지술(尹志述)의 향사(享祠)를 내치라고 명하였습니다.……삼가 바라건대, 전하께서는 속히 전지(前旨)를 되돌리시어 충절(忠節)을 드러내고 공의(公議)를 신장시키소서."라고 상소하였다는 기사가 나온다. 그 결과 "소장이 들어가자 임금이 엄한 분부를 내려 소두(疏頭) 이인보를 절도(絶島)에 정배(定配)시켰다."라고 되어 있다. 사충(四忠)은 곧 노론 사대신을 가리킨다.

33 소록(疏錄) : 상소에 참여한 자의 명단을 말한다.

34 운장(雲章) : '운장'은 홍상한(洪象漢, 1701~1769)의 자이다. 이인보 등이 올린 상소에 홍상한도 연명하였다.

35 중량(仲亮) : 이명채(李命采). 이명채 역시 이인보 등이 올린 상소에 연명하였다.

떨어져 있습니까? 혹 이미 한두 차례 유람을 다녀오셨습니까? 벽간정(碧磵亭) 동쪽에 있는 부도(浮屠)며 구정봉(九井峯)[37]의 고산암(孤山菴)이며 모두 《농암집(農巖集)》에서 본 적이 있습니다. 그 시들[38]을 읽어보면 월출산(月出山)의 승경을 가히 알 만한데, 그곳 승려와 노인들 중에 농암에 대해 능히 말할 수 있는 자가 아직 있는지 모르겠습니다. 시 네 편을 아울러 적어 보내니, 산을 유람할 때 읽어보십시오. 〈구정시(九井詩)〉는 그 뜻을 음미해보건대 마치 고사(故事)가 있는 것 같은데, 산승(山僧)에게 물어보면 반드시 말해 줄 수 있는 자가 있을 것입니다.

동파(東坡)는 혜주(惠州)로 폄적되었을 때 대부분 정혜원(定惠院)에 머물렀습니다.[39] 아마도 방에 혼자 우두커니 있는 것은 수심을 잊고 답답함을 떨쳐버리는 방도가 아닌지라 간혹 나가 명승을 유람하면서 울적한 심정을 풀었던 것이겠지요. 간혹 암자나 절에 깃들어 살면서 추위를 보내며 글자나 보는 계책으로 삼는다 해도 아마 법도를 벗어나는 일은 아닐 것입니다. 어떻게 생각하십니까?

36 도갑사(道岬寺) : 전라도 영암 월출산에 있던 절이다. 이때 남유상은 영암에 유배가 있었다.

37 구정봉(九井峯) : 월출산의 최고봉이다.

38 그 시들 : 《농암집》 권1에 실린 〈벽간정(碧磵亭)〉과 〈아침에 구정을 향하는데, 산인 승잠이 자죽장을 주다[朝向九井 山人勝岑 贈以紫竹杖]〉, 〈구정봉(九井峰)〉, 〈구정봉에서 고산으로 향하는데, 길이 험하여 거의 다닐 수 없을 정도였다[自九井遆向孤山路絶險幾不可行]〉 등의 시를 말하는 듯하다.

39 동파(東坡)는……머물렀습니다 : 정혜원(定惠院)은 광동성 혜주(惠州)에 있지 않고 호북성 황주(黃州)에 있다. 남유용이 장소를 착각한 듯하다. 소식(蘇軾)은 황주로 유배되었을 때 정혜원이라는 절에 우거하면서 많은 시문을 지은 바 있다.

예중(禮重)은 어떤 책을 배우고 있습니까? 자못 발전이 있습니까? 여기 이(李) 영감 허(許)에게 답하는 글이 있고, 또한 알지 못하겠는 것에 대해 묻는 내용도 있으니 그에게 말 해주셨으면 좋겠습니다.

외구 대사구 유공[40] 홍명 에게 드리는 편지

上外舅大司寇兪公 命弘

사직을 윤허 받지 못한 마당에 다시금 사구(司寇 형조)의 장관으로 옮겨가게 되어 맡은 일이 더욱 힘들어졌을 텐데, 거취를 어디로 정하셨는지 모르겠습니다.

근자에 이범(李範)의 사건[41]이 들리는 듯한데, 영광(靈光)으로부터 본조(本曹 형조)에 죄를 논하기 위한 보고가 올라왔으나 오래 지났음에도 아직 판결이 내리지 않은 탓에 갈수록 갈등만 깊어졌다고 합니다. 옥사를 맡은 대부(大夫)들 모두 그저 죄인에게 한두 차례 물어보고 한두 차례 문서를 열람한 뒤 "이는 중대한 옥사이니 모름지기 신중하게 처리해야지 성급하게 해서는 안 된다."라고 말하면서 이를 핑계 삼아 시일만 끌었습니다. 여러 사람이 바뀌었으나 처리되지 못하여 집사(執

40 외구……유공 : 유명홍(兪命弘, 1655~1729). 본관은 기계, 자는 계의(季毅), 호는 죽리(竹里), 시호는 장헌(章憲)이다. 남유용은 16세에 유명홍의 딸과 혼인하였기에 '외구', 즉 장인어른이라고 부른 것이다. 대사구는 형조 판서의 별칭이다. 유명홍은 영조 2년(1726) 9월에 형조 판서에 임명되었다.

41 이범(李範)의 사건 : 《영조실록》 2년 병오(1726) 4월 16일 기록에 보면 "영광 사람 이범(李範)의 서자 이유기(李有機)는 감히 적통을 빼앗으려는 계획을 내어 그 적모(嫡母)가 낳은 자녀를 가리켜서 그 부모의 소생이 아니라 하고 스스로 원척(原隻)이 되어 아비와 서로 소송을 제기하여 그 아비로 하여금 세 차례의 혹형을 당하게 하고 천 리 먼 곳으로 유배 가게 하였으며, 그의 적모를 협박하여 마침내 자진하게 하였으니, 일이 윤상에 관계되고 죄는 삼성(三省)에 관련됩니다. 이유기를 마땅히 의금부로 옮겨서 엄히 국문하여 실정을 얻도록 하소서."라고 한 내용이 있다.

事 2인칭 용어)에게 이르렀는데, 집사께서도 또 처리하지 못하신다면 마땅히 죽어야 할 사람에게 있어서는 비록 다행한 일이라 하여도, 마땅히 살아야 할 사람에게 있어서는 몹시 원통한 일일 것입니다.

이범 사건의 본말과 허실을 제가 감히 간여할 바 아니지만, 사람들에게 듣자니 이범은 몸종이 낳은 자식을 자기 자식으로 인정하여 죄를 범하였는데, 그의 아우 및 천출 자식이 이러한 사실을 발고하여 처음부터 끝까지 증명을 했다고 합니다. 정말 이와 같다면 죄인을 심문하거나 문서를 열람할 것도 없이 이 옥사는 한 마디로 판결 내릴 수 있습니다. 몸종이 낳은 자식을 자기 자식으로 인정한 것은 실로 패륜이요 벌주어 마땅한 일이나, 아비와 형의 은밀한 일을 폭로하여 세상에 퍼트리고 서로 마주한 채 이 일을 증명한 일이 패륜이요 벌하여 마땅한 일인 것만은 못합니다. 지금 옥사를 처리하는 자들은 오직 이범의 사건을 속속들이 조사하여 밝히는 것만을 급선무로 여기고 있는데, 요행히 증인 서줄 사람이 가까이 한 집에서 나와 사건의 허실을 파악할 수 있게 되자 아비와 형을 증명한 죄를 드러내고 싶지 않은 마음에 크게 간특한 자를 엄호함으로써 간악한 정황을 더욱 키우고만 있습니다. 무겁고 큰 것은 소홀히 하고, 가볍고 세세한 것을 우선시하고 있으니, 이 옥사가 의심스러우나 처리할 수 없는 것도 당연합니다.

게다가 이범 사건을 조사하여 밝히는 자들이라고 어찌 부자의 윤리를 바로잡고 싶지 않겠습니까? 그런데 도리어 자식에게 아비의 죄를 증명하라고 하면서, 왼쪽으로는 유혹하고 오른쪽으로는 협박하여 부자로 하여금 한 법정에 앉아 서로 대질하게 하였으니, 천리(天理)도 사람의 떳떳한 도리도 더 이상 찾아볼 수 없습니다. 이 한 가지 일만 가지고도 국가를 망하게 하고도 남음이 있건만, "부자의 윤리를 바로잡고자 하여 부득이 이렇게 하는 것이다."라고 말하면서, 이른바 부자의 윤리라는 것은 저것이 바로잡히기도 전에 여기서 먼저 무너지며, 여기서 무너지고 나면 저것은 끝내 바로잡을 수 없다는 것을 전혀 알지 못하니, 어찌 심히 황당하지 않겠습니까?

어리석은 저의 생각으로는, 차라리 이범의 일은 일단 접어두고, 먼저 그의 아우 이잠(李箴)과 아들 이유기(李有機)의 죄를 바로잡아 저자에서 목을 베어 장대에 매달아 사람들에게 보임으로써 나라 사람들로 하여금 윤상을 밝히고 세속을 바로 잡는 성왕의 정치를 밝히 알게 한 연후라야 이범의 일을 논할 수 있을 듯합니다. 게다가 나라에서 이유기를 아까워할 이유가 어디 있겠습니까? 가령 이범의 일이 사실이라 하여도 이유기는 또한 아비의 죄를 증명한 형벌을 면할 수 없으며, 무고한 것이라면 이유기는 아비를 무고한 법률에 의해 처형되어야 마땅합니다. 그러니 이유기는 무고했어도 주벌되어야 하고 사실이어도 주벌되어야 하되 반드시 이범 사건이 결판나기 전에 그 죄를 바로잡아야만 실형(失刑)[42]이 안 될 수 있습니다. 조금만 늦추어도 실형이 될 터인데, 아직도 죽이지 않는 것은 어째서입니까?

이범 사건이 결판나기 전에 이유기를 주벌한다면, 그 다급히 여긴 것이 윤상을 밝히는 데 있기 때문에 옥사의 허실을 형조에서 심문하지 않는다 하여도 그 지엄함은 악을 징벌하기에 충분할 것입니다. 반대로 이범 사건이 해결된 후에 이유기를 주벌한다면, 중히 여긴 바는 옥사를 증명하는 것이요, 사람으로서 지켜야 할 떳떳한 도리가 무너지고 끊기는 것은 천천히 미룬 꼴이 되므로, 그 형벌이 이유기를 승복게 하기에

42 실형(失刑) : 형벌의 시행을 바로 하지 못하는 것을 말한다.

부족할 것입니다. 그 뜻은 미묘한 듯하지만 관계되는 바는 매우 크기 때문에 잘 살피지 않을 수 없습니다.

더구나 이잠을 어찌 이유기와 다른 형벌로 처리할 수 있겠습니까? 이유기가 아비를 증언한 것은 실로 이잠이 그렇게 하도록 부추긴 것입니다. 옥사가 성립된 후에도 또 힘껏 호응하면서 기어이 형을 사지에 몰아넣고자 하였으니, 천하의 악 중에 이잠이 한 일보다 더 심한 것은 없습니다. 게다가 그의 말이 무고가 아닌 줄 또 어찌 안단 말입니까? 이범에게는 비록 아들이 없으나 이잠에게는 아들이 있는데, 어찌하여 그 아들을 데려다 후사로 삼지 않았단 말입니까? 이유기 또한 이범이 아끼는 자식인데, 그를 데려다 조상 제사를 받들게 하는 것이 그래도 몸종이 낳은 자식보다야 낫지 않았겠습니까? 어찌 굳이 몸종이 낳은 자식을 자기 자식이라 인정한 연후라야 마음이 흡족하단 말입니까? 인지상정은 이와 같지 않은 듯합니다.

어쩌면 이범이 연로한데 자꾸 아들을 잃는 데다가 집안 재산도 많은 것을 보고 이잠이 자기 자식을 후사로 세우고자 하였으며, 이유기도 몰래 후사가 되기를 바라고 있던 터라 서로 그 자리를 엿보았는지 모릅니다. 그러다 이범이 낳은 자식이 점차 자라자 시기하는 마음이 쌓여 분별없이 거짓을 지어내 윤상을 어지럽히고 그 재물을 얻고자 했던 것입니다. 흉악한 인간이 은혜를 저버리고 혹시 이런 일을 저질렀을 수 있으니, 그렇지 않다면 어찌하여 자식을 10년이나 기를 때까지 기다렸다가 이제야 그 일을 발고한단 말입니까? 심히 의심스럽습니다.

그러나 이 모두 변론할 겨를도 없거니와, 오직 집사께서 혁혁히 나서시어 속히 가령(賈令)이 북성(北城)으로 수레를 돌렸던 뜻[43]을 좇아 죄인이 이 천지간에 숨 쉬며 살지 못하게 해야 합니다. 그렇게 하시면

집사의 공은 실로 윤상에 있을 것이며, 영원히 옥사를 다스리는 자들의 전범이 되실 것입니다. 옥사를 조사하고 법률을 보호하는 일은 유사(有司)가 있어 사람마다 끼어 논의할 수 없지만, 외람되이 생각건대 이 죄인만은 누구나 그 죄를 다스릴 수 있을 듯하여 감히 의견을 펼쳤습니다. 집사께서는 어찌 생각하시는지요?

43 가령(賈令)이……뜻 : 가령은 후한(後漢)의 가표(賈彪)이다. 그가 신식장(新息長)으로 나갔을 적에 성 남쪽에서는 도적이 사람을 해치는 일이 있고 성 북쪽에서는 부인이 자식을 죽인 일이 있었다. 아전이 수레를 남쪽으로 몰려고 하자 가표는 "도적이 사람을 해치는 것은 일상적인 이치이지만 모자가 서로 죽이는 것은 천도를 거스르는 일이다."라고 하면서 마침내 수레를 북쪽으로 몰았다. 그러자 성 남쪽에 있던 도적이 그 말을 듣고 나와 자수하였다. 《後漢書 권67 黨錮列傳·賈彪傳》이 고사를 인용한 이유는 도적을 처벌하는 일보다 인륜을 해친 자를 우선적으로 다스려야 함을 말하기 위함이다.

도암 이공[44] 재 에게 드리는 답장
答陶菴李公 縡

위로의 말씀을 내려주시니, 감사하는 마음 한량없습니다. 일전에 가친의 편지를 통해 감히 애뢰(哀誄)[45]의 글을 부탁드렸는데, 이미 살펴보셨는지요?

부인에게 뇌문을 지어주는 것이 본디 부득이한 일이라 할 수는 없지만, 자못 어진 행실이 있었으나 불행히도 요절했을 경우 반드시 당세 군자의 말씀을 빌려 애도하고 기림으로써 유명(幽明)의 영예로 삼는 일은 옛날에도 있었습니다. 돌아보건대 망인(亡人)이 비록 옛날의 현부(賢婦)에 미치기에는 부족하지만 또한 부모님께서 "나를 잘 섬긴다."[46]라고 칭찬한 사람이었습니다. 웃어른께 잘하고 아랫사람에게 은혜로웠으며, 의(義)를 편안히 여기고 가난을 잘 견디면서 실로 처음처럼 끝을 신중히 하고 죽을 때까지 감히 태만히 굴지 않았던 사람이었습니다. 이런 태도로써 내외 친당(親黨) 사이에 거하면서, 살아서는

44 도암 이공 : 이재(李縡). 14쪽 주4 참고.

45 애뢰(哀誄) : 애뢰는 애사(哀辭)와 뇌(誄)를 병칭한 것이지만, 뇌문은 조선에 보이지 않는 바, 제문을 두루 칭한 듯하다. 애사는 요절한 사람을 위해 지어주는 제문의 일종이다.

46 나를……섬긴다 : 《소학》〈명륜(明倫)〉에 "아들이 자기 아내를 매우 마땅하게 생각하더라도 부모가 기뻐하지 않으시면 내보내며, 아들이 자기 아내를 마땅치 않게 생각하더라도 부모가 '며느리가 나를 잘 섬긴다.'라고 하시면 아들은 부부의 예(禮)를 행하며 종신토록 쇠하지 말아야 한다."라는 말이 나온다.

환심을 얻었고 죽어서는 슬피 여겨주심을 얻었으니, 이와 같다면 가히 기록하여 민멸되지 않도록 해줄 만할 것입니다.

또 다행히도 당세에 집사(執事 편지의 2인칭)를 만났는데, 한 마디 귀중한 말씀을 얻어 상여에 앞세우지 못한다면 죽은 이를 보내는 예에 있어 부족함이 있지 않겠습니까? 이에 감히 청을 드리오니, 허락해주시기를 엎드려 빕니다.

도암에게 드리는 편지
上陶菴

일전에 입은 가르침들을 지금까지도 감히 잊지 않고 있습니다. 엎드려 생각건대 도체(道體)[47]에 무거움이 더해지셨겠지요.

제가 지은 잡문(雜文)들은 고루하기 짝이 없어, 청람(淸覽)[48]을 더럽히기에 부족하다는 것을 매우 잘 알고 있습니다. 그러나 참됨〔眞〕에서 멀어지고 바름〔正〕을 잃어 사도(斯道)에 크게 벗어나는데도 선생이나 장자(長者)의 바로잡아주심을 한번 거치지 못해 끝내 길을 잃은 채 깨닫지 못한다면 그 우환이 병을 얻고도 약을 꺼리는 것보다 더 심할까 두려워서, 내심 답답해하고 있습니다. 이에 근자에 기록한 50여 편을 삼가 바칩니다. 만약 읽어봐 주시고 뒤이어 이끌어주시는 말씀을 남겨주신다면 매우 큰 다행이겠습니다.

감히 간청드리며, 엎드려 답을 기다리겠습니다.

47 도체(道體) : 학자의 안부를 물을 때는 보통 기체(氣體)란 말 대신에 도체란 말을 쓴다.

48 청람(淸覽) : 남이 자신의 글이나 그림 따위를 보는 것을 높여 이르는 말이다.

도암에게 드리는 편지

上陶菴

지난 겨울에 보내주신 편지를 받았는데, 어리석고 미혹됨을 불쌍히 여기시어 번번이 저를 군자의 도로써 이끌어 들어가게 해주셨으며, 인의예악(仁義禮樂)의 실질로써 고해주셨습니다. 이 편지를 재삼 읊조리자니 대군자께서 사람을 가르치시는 성대한 뜻을 볼 수 있었습니다. 불민한 제가 이런 글을 받다니, 그 행운이 더욱이 어떠하겠습니까?

이전에 저는 제 분수를 헤아리지 못하고서 세속에서 일삼는 시문(時文)이라는 것을 보고 크게 병폐로 여겼습니다. 저는 옛날 사람의 글에 뜻을 두고 그 사이에 힘을 쏟아온 지 이미 오래이나, 오로지 저것에 의해 격발되었기에 추구하는 것이라고는 일체 외면의 것만 따르면서 오직 다르게 하는 것만 좋아하였을 뿐입니다.

그러다 근자에 이르러 천하 만물에 이 이치〔是理〕와 이 일〔是事〕이 깃들지 않은 것이 없다는 것을 스스로 생각하게 되었습니다. 해와 달이 운행하는 것과 초목이 꽃 피는 것과 새가 날 수 있는 것과 물고기 자라가 헤엄칠 수 있는 것 등은 밖으로부터 보자면 어찌 크게 다르지 않겠습니까? 하지만 그렇게 될 수 있는 이유를 궁구해보면 각자 그렇게 되지 않을 수 없는 이치가 들어 있습니다. 이러한 것은 그저 상도(常道)일 뿐이거늘, 이상하다 여길 만한 것이 어디 있겠습니까? 만약 이러한 이치가 없다면, 그 이상한 것들은 또한 요괴나 불길한 일일 따름입니다.

이러한 생각에 기인하여 육경(六經)과 뭇 성현들의 글에서 이러한 것들을 찾아보았는데, 말이 나오는 것이나 그치는 것에 모두 부득이한 것이 존재했으며, 말로 하지 못하는 곳에 이르기까지 모두 지극한 이치가 깃들어 있었습니다. 그런 연후에 저는 성현의 말씀이란 그저 지극히 높고 모두 갖추어져 있는 이치를 말한 것일 뿐임을 알 수 있었습니다. 《주역》의 〈단(彖)〉과 〈상(象)〉처럼 기이한 것일지라도 그 안의 내용인즉 평이하고 실질적인 것뿐이었습니다.

이에 깜짝 놀라 전에 지었던 문장을 가져다 읽어보니 더욱 마음에 들지 않았습니다. 종종 꺼내서 다른 사람에게도 보여주었는데, 칭찬하는 사람은 많고 훌륭하지 않다고 말하는 사람은 적었습니다. 이에 마음이 더욱 답답해 감히 위엄 높으신 분을 어지럽히며 하집사(下執事)[49]께 질정을 구했던 것인데, 집사의 말씀은 어쩌면 그리도 제 마음을 즐겁게 하는지요? 〈소아(小雅)〉에서 이르기를, "덕음이 매우 밝아 백성들에게 보여 주어 경박하지 않게 하니"[50]라고 하였고,〈대아(大雅)〉에서 이르기를, "화평한 군자여, 어찌 사람을 진작시키지 않으리오"[51]라고 하였습니다. 저는 평소 집사를 구차히 흠모하는 것이 아니라고 스스로

49 하집사(下執事) : 본래 측근에서 신변의 일을 처리하는 사람을 이르는데, 옛날에는 상대방을 직접 호칭하는 것을 결례로 생각하여 '하집사' 또는 '좌우(左右)'라고 써서 공경하는 뜻을 표시하였다. 여기서는 도암 이재를 존칭한 것이다.

50 덕음이……하니 : 《시경》 〈녹명(鹿鳴)〉에 "내 아름다운 손님이 있으니 덕음이 매우 밝아 백성들에게 보여주어 경박하지 않게 하니 군자가 이것을 본받도다."라고 하였다. 〈녹명〉은 〈소아(小雅)〉의 편명이다.

51 화평한……않으리오 : 《시경》 〈한록(旱麓)〉에 보인다. 〈한록〉은 〈대아(大雅)〉의 편명이다.

말해왔는데, 지금은 집사께서 사람을 아끼심이 고식적으로 하는 것이 아니라 덕으로써 하신다는 것을 더욱 믿게 되었습니다.

속히 문 옆으로 직접 찾아가 뵘으로써 감격에 겨운 마음을 전해드려야 하는데, 집이 이미 철거된 터라 언제가 될지 그날을 기약할 수 없기에, 일단 편지를 바침으로써 감사의 뜻을 대신합니다. 옛날 사람들은 선배의 밝은 가르침을 얻어 깊이 생각하고 오묘한 뜻을 깨달을 수 있었지만, 한 마디만 듣고서 깨달은 사람도 있었고 재삼 말한 후라야 깨달은 사람도 있었으니, 둔함과 영민함이 같지 않은 까닭입니다. 만약 불민한 자라면 집사께서 밝히 가르쳐주신다 해도 두세 번 거듭해주시지 않는 이상 깨닫지 못할 것입니다. 이것이 제가 크게 두려워하는 바입니다. 엎드려 바라건대 더욱더 이끌어주심으로써 끝까지 은혜를 베풀어 주십시오.

치사하신 이 상서[52] 병상 에게 드리는 편지
上致仕李尚書 秉常

관직에서 물러나는 일을 은혜롭게도 허여받음에 지족(止足)[53]의 풍모에 조정 진신(搢紳)들의 이목이 온통 고무되었다고 하니, 감히 동파(東坡)의 계어(啓語) 중 "비록 겉으로는 나라를 위하는 마음에 노성하신 분께서 떠나시는 것을 안타까워하지만, 사적으로는 명철한 이가 온전히 몸을 보존할 수 있게 된 것을 기뻐하고 있습니다."[54]라는 말로써 집사를 위해 송축드립니다.

'정(亭)' 자 운에 화답하라는 명을 받든 지 오래이나 심부름꾼이 밖에 체류하고 있는 바람에 스스로 전해드릴 길이 없다가 이제야 비로소 베껴 올립니다. 마지막 편에 잠시 쉬시라는 뜻을 많이 실었는데, 이제

52 이 상서 : 이병상(李秉常, 1676~1748). 본관은 한산, 자는 여오(汝五), 호는 삼산(三山), 시호는 문정(文靖)이다. 노론으로 소론에 맞서다가 신임사화 때 파직되기도 하였다. 지의금부사로 있을 때도 정미환국으로 파직되었다가 이듬해 한성부 판윤으로 기용되었고, 탕평책 반대의 소를 올려 파직되었다가 형조 판서・광주 목사를 역임하고, 공조 판서・판돈녕부사에 이르렀다. 기로소에 들어가 치사하고 봉조하(奉朝賀)를 받았다.

53 지족(止足) : '止足'은 그칠 줄 알고 족한 것을 알아서 교만하게 굴지 않음을 말한다. 《도덕경(道德經)》 제44장에 "족함을 알면 욕되지 않게 되고 그칠 줄을 알면 위태롭지 않게 된다.〔知足不辱, 知止不殆.〕"라고 하였다.

54 비록……있습니다 : 소식(蘇軾)이 구양수(歐陽修)에게 보낸 편지, 〈구양 소사의 치사를 축하하는 계〔賀歐陽少師致仕啓〕〉에서 인용한 구절이다. 소식의 원문에는 '국가(國家)' 대신 '천하(天下)'라고 되어 있다.

부터 크게 휴식하게 된 마당에 이 시를 보신다면 혹 서로 어긋나는 듯 느껴지지 않을는지요? 다만 엎드려 생각건대 어르신께서 비록 몸은 연로하여 물러나셨지만 왕실에 매인 마음은 세상을 잊은 자들과는 비교할 수 없을 것인즉, 잠시 쉬시라고 말하였다 해도 아마 크게 주제에 어긋나는 일은 아닐 듯합니다. 어르신께서는 어떻게 생각하시는지요.

원보 김공[55] 재로 에게 드리는 답장
答元輔金公 在魯

김공(金公)[56]의 시법(諡法)에 관해서는 어제 이미 공당(公堂)에서 명을 받들어 또한 천근한 견해를 대략 다 드러낸 바 있습니다. 전현(前賢)의 도덕적 조예란 후학들이 가볍게 논할 수 있는 바가 아니지만, 김공과 같은 경우 선배들의 정론(定論)을 가지고 한번 살펴보자면 죽음에 처했을 때의 의(義)에 있어서는 끝내 편치 못한 바가 있습니다. 이에 율곡(栗谷)은 묘문(墓文)을 짓지 않는 지경에까지 이르렀으니, 그 은미한 뜻을 몰래 엿보건대 대개 정암(靜菴)[57] 등 여러 현자들과 같은 부류에 넣어 논하려 하지 않았던 것입니다. 또한 충암(冲菴 김정(金淨))의 한결같은 덕에 흠이 없다고는 하나 시호를 내리는 글이라면 되려 정암과 나란히 놓을 수는 없습니다. 지금 만약 충암[58]이 얻을

55 원보 김공 : 김재로(金在魯, 1682~1759). 본관은 청풍, 자는 중례(仲禮), 호는 청사(淸沙)·허주자(虛舟子)이다. 1710년(숙종36) 춘당대 문과에 급제하였고, 전라도 관찰사·대사성·대사간·병조 판서 등을 거쳐 영의정에 올랐다.

56 김공(金公) : 김정(金淨, 1486~1521). 본관은 경주, 자는 원충(元衷), 호는 충암(冲庵)이다. 기묘사화 때 극형에 처해지게 되었으나, 영의정 정광필(鄭光弼) 등의 옹호로 금산에 유배되었다가, 진도를 거쳐 다시 제주도로 옮겨졌다. 그 뒤 신사무옥에 연루되어 사약을 받아 사사되었다.

57 정암(靜庵) : 조광조(趙光祖, 1482~1519). 본관은 한양, 자는 효직(孝直), 호는 정암이다. 사림의 영수로 중종의 신임이 두터웠으나, 기묘사화 때 능주(綾州)로 유배되었다가 결국 사사되었다. 선조 초기에 신원되어 영의정에 추증되고 문묘에 배향되었다.

58 충암 : 충암은 곧 김정의 호인데, 문맥으로 보아 정암이 되어야 할 듯하다.

수 없는 것을 억지로 김공에게 주면서 정암과 나란히 놓으려 한다면, 너무 편중되어 불공평한 것이 아니겠습니까?

천근한 저의 견해를 이와 같이 봉대(奉對)한 바 있습니다만, 또 생각해보건대 도학(道學)이 막히고 명절(名節)이 쓰러진 지 오래인지라, 오늘날 당시의 여러 현자들을 바라보자면 삼대(三代 하·은·주) 사람 그 이상으로 느껴져 아득하여 따라잡을 길이 없습니다. 비록 죽음에 임해 창졸지간에 혹 바른 죽음의 도리를 다하지 못한 면이 있으나, 그의 일생을 개괄해보건대 정암 등 여러 현자들과 더불어 살아서는 뜻을 같이했고 죽어서는 이름을 나란히 전했습니다. 그러므로 지금 수백 년이 지난 뒤에 몇 글자 되지 않는 시호가 아까워서 여러 현자들과 같은 곳으로 돌아가지 못하게 한다면, 또한 가슴속에 불쌍한 마음이 느껴질 것입니다.

지금 또 거듭되는 간곡한 가르침을 받들었는데, 저의 어리석고 미혹됨을 열어주는 바가 많았으니, 태상(太常)[59]과 자리를 함께할 때 다시 논의에 넣어 처리하도록 하겠습니다.

59 태상(太常) : 봉상시(奉常寺). 제사나 시호(諡號) 등의 일을 관장했다.

유 상국[60] 척기 에게 드리는 편지
上兪相國 拓基

일전에는 과분하게도 편지를 적어 보내 안부를 물어주시고, 겸하여 돌아가신 조부의 묘문(墓文)[61]까지 보내 주셨습니다. 이는 선친께서 와병 중에도 누차 저를 돌아보며 간곡히 부탁하시던 일이었는데, 지금 선친께서 작고하신 뒤에 삼가 받들게 됨에 글을 펼쳐 읽으려다가 저도 모르게 피눈물로 종이를 적셨습니다. 이윽고 원본을 공경히 가묘(家廟)에 바치고 난 뒤 다시금 펼쳐 몇 번을 읽었는데, 번간(煩簡 번다함과 간략함)이 중도에 맞고 문질(文質)이 모두 갖추어져 있었습니다. 무릇 집에 있을 때 효성스럽고 근엄했던 것이며, 관직에 거할 때 고요하고 공손했던 것이며, 덕언(德言)의 알맹이 중 대개 그 큰 것을 들어 열거하셨으니, 가히 후세에 믿음을 얻을 수 있을 것입니다. 소자 역시 이 글 덕분에 지하에서 선친을 만나 뵐 수 있게 되었으니, 이승과 저승의 감격하는 마음을 어찌 일일이 서술할 수 있겠습니까? 다만 그중 두세 단락에 대해 좀 더 아뢰어야 할 내용이 있기에 감히 펼쳐보

60 유 상국 : 유척기(兪拓基, 1691~1767). 본관은 기계. 자는 전보(展甫), 호는 지수재(知守齋)이다. 대사간・동부승지 등을 거쳐 승지 겸 참찬관을 지냈다. 1739년 우의정에 올라 신임사화로 사사된 노론대신 김창집・이이명의 복관을 건의하여 신원시키기도 했으나, 소론의 유봉휘 등을 탄핵하다가 뜻을 이루지 못하자 사직했다.

61 돌아가신……묘문 : 남유용의 조부는 남정중(南正重, 1653~1704)이다. 유척기의 《지수재집》 권9에 〈경상도 관찰사 증 이조 참판 남공 묘갈명 병서(慶尙道觀察使贈吏曹參判南公墓碣銘 並序)〉가 실려 있는데, 바로 남정중에 대한 묘갈명이다.

고자 합니다.

조부께서 관직(館職)[62]에 계실 때 칠(漆)과 후추를 들이라는 내지(內旨)가 내려오자 돌아가신 조부께서는 차자(箚子)를 올려 간곡히 간쟁하시었습니다.

"성지(聖旨)가 어찌 승정원(承政院)을 경유하지 않을 수 있으며, 해당 관사에서 어찌 사사로이 어용품(御用品)을 바칠 수 있습니까? 이는 비록 한 가지 일이지만 만세토록 폐단의 근원이 되기에 충분합니다. 신의 깊은 근심이 어찌 칠이나 후추와 같이 작은 비용을 두고 하는 것이겠습니까?"

이와 같은 말들이 아마도 기록에 남아있을 듯한데 지금 삭제해버리신 듯합니다.[63]

유신(儒臣)이 당시 재상을 논하다가 죄명(罪名)을 입었을 때 조부께서 "지엄하신 분노가 중도(中道)를 넘어섰고, 붙들어 주고 억제함이 공평함을 잃었다."라고 소리 높여 말씀하시면서 내리신 명을 거두고 속히 불러들일 것을 극구 청하였는데,[64] 지금 '불러들여 달라'는 한 단락

62 관직(館職) : 홍문관 · 사관 · 집현원 등 수찬과 교정을 담당하는 관직을 말한다. 남정중은 홍문관 수찬과 교리 등을 역임했다.

63 이와……듯합니다 : 후에 남유용은 조부를 위해 묘지 〈조고 경상도 관찰사 증 이조참판 부군 묘지(祖考慶尙道觀察使贈吏曹參判府君墓誌)〉(《뇌연집》 권21)를 다시 지었는데, 이 편지에 적은 내용을 그대로 옮겨 적었다.

64 유신(儒臣)이……청하였는데 : 남유용은 조부의 묘지에서 여기 인용한 내용을 모두 보충하여 "대신이 〈천한의소(天旱議疏)〉를 올려 기사환국 때 처벌받은 사람들을 풀어 줄 것을 논하자 응교 김공(金公) 진규(鎭圭)가 주장(奏章)을 올려 반박하였다. 이에 주상께서 노하시어 김공을 파직하니, 공이 '지엄하신 분노가 공평함을 잃었고 붙들어 주고 억제함이 중도를 벗어났다.'라고 힘써 말하면서 다시 불러들일 것을 극구 청하

을 없애시며 사실에서 벗어난다고 하셨으니, 아마도 검증하고 대조하는 작업을 우연히 빠트리신 듯합니다.

명문(銘文)의 첫 구절에 이르기를, "숙고(肅考 숙종)께서 기강을 고치심에, 준걸들이 높이 등용되었네."라고 하시고, 이어서 "조정의 의론이 안에서 무너지고, 당의(黨議)가 서로 어지러워졌네."라고 하셨습니다. 몰래 의심스럽나니, 높이 등용된 자들이 정말로 모두 준걸이었다면 조정의 의론이 어찌 안에서 무너질 수 있으며, 당의가 어찌 서로 어지러워질 수 있습니까? 아마도 당시 뭇 현자들이 다 모였다고 말할 수는 있겠으나, 오직 국론을 논단하는 대신들이 사대부의 마음을 복종케 할 수 없었기에 갑을 논쟁이 일어나고 조정이 조화롭지 못했을 것입니다. 그러니 한꺼번에 당의로 귀결시키면서 서로 어지러워졌다고 말해서는 안 됩니다. 이는 실로 한때 사류(士類)들의 언의(言議)와 크게 관계되기 때문입니다.

글쓰기 법에 대해서는 아마도 따로 아뢰겠으나, 삼가 보건대 위아래 문장을 이은 것에 명창(明暢)함이 조금 부족한 듯하여 천근한 견해가 미치는 바를 감히 다 아뢰고 결정을 기다리고 있습니다. 의견[65]이 어떠하신지 모르겠으나, 다행히 그렇다고 여기신다면 즉시 고치고 윤필(潤筆)하시어 큰 은혜를 끝까지 내려주십사 하는 것이 구구한 저의 지극한 소망입니다.

일전에 편지를 받던 날 하필 시험에 관한 일로 부름에 나아가느라

였으나, 주상께서 따르지 않았다."라고 적었다.

65 의견 : 원문의 '匀旨'는 원래는 영의정, 좌의정, 우의정의 의견이나 명령을 가리키는 말이다. 유척기가 우의정을 지냈기에 이렇게 부른 것이다.

미처 답장을 올릴 겨를이 없었고, 곧바로 시사(試士)[66]로 인해 수십 일을 분주히 뛰어다니느라 지금까지 답장도 못 드리고 있었습니다. 몹시 송구합니다. 월초에 성묘 차 휴가를 얻었기에 장차 댁을 찾아뵈려 했는데, 마침 나라에 일이 있다는 말을 듣고 허둥지둥 도성으로 들어오느라 댁을 우러러 바라보며 경모하는 마음만 애틋하였습니다.

가을철이라 잠깐씩 한기가 드는데, 요사이 기체 강녕하시겠지요. 조만간 응당 직접 찾아뵙고 말씀 받들겠습니다. 이만 줄입니다. 재배.

66 시사(試士) : 관직을 주기 위하여 선비에게 시험을 보게 하여 뽑는 것을 말한다.

고양 태수에게 주는 편지

與高陽太守

안으로는 조정에서부터 밖으로는 주현(州縣)에 이르기까지, 목민(牧民)의 직책이란 언제나 벌주고 상 내리는 권병(權柄)을 손에 쥐고서 사람을 다스리는 데 있습니다. 그러나 상으로 권면한다고 해야 한 사람에 그칠 뿐이고 형벌로 징계한다고 해야 역시 한 사람에 그칠 뿐이어서 치도(治道)가 본디 크게 행해질 수 없습니다. 설사 한 사람에게 상을 주어서 백 명 천 명을 권면할 수 있고, 한 사람에게 형벌을 주어서 백 명 천 명을 징계할 수 있다고 하여도, 백 명 천 명을 넘어서 형벌과 상이 미치지 않는 곳인즉 치도가 또한 크게 행해진다고 말할 수 없습니다. 그래서 군자가 백성을 다스릴 때는 반드시 그 선한 마음을 일으키고 삿된 마음을 막아, 백성으로 하여금 상이 아니어도 권면되게 하고, 형벌이 아니어도 징계 받게 하였던 것입니다. 이러한 까닭에 오사(五祀)[67]에 나란히 올려 그 공을 포상하고, 또 충신(忠臣)과 의사(義士)를 사당에 받들어 제향함으로써 그 덕을 드러냈던 것이니, 이는 전대 사람을 높여 보답하고자 했던 것일 뿐만 아니라 천하의 인심을 감동케 하여 선한 일을 하도록 권면하기 위함이기도 하였습니다.

67 오사(五祀) : 채옹(蔡邕)의 〈독단(獨斷)〉에 나오는 말로, 다섯 종류의 공신(功臣)에게 올리는 국가의 제사를 말한다. "법을 백성에게 시행하였거든 제사 지내고, 나라 위해 몸 바쳐 일하다 죽었거든 제사 지내고, 수고로써 나라를 안정시켰거든 제사 지내고, 큰 재앙을 통제했거든 제사 지내고, 큰 우환을 막았거든 제사 지낸다."

그런데 사람이 충의(忠義)의 일로 인해 흥기되는 경우 그 효과가 더욱 큰데, 이는 어째서입니까? 사람의 지능이란 것이 다 같지 않아서, 그 공(功)을 능력으로써 면려할 수는 없으나, 사람이 가진 떳떳한 본성〔秉彝〕은 달랐던 적이 없었습니다. 그러므로 충의의 일을 보게 되면 비록 아무리 미련하고 무식한 자라 하여도 저절로 좋아하는 마음이 일어 거기에 이를 방법을 생각하게 되니, 이것이 바로 그 효과가 더욱 크게 드러나는 이유입니다. 나라에서는 충의로운 선비에 대한 제사를 유독 중시하여, 혹 그 사람이 태어난 곳이나 본적지에 사당을 짓기도 하고, 혹 그 사람이 살던 집이 있는 곳이나 무덤이 있는 곳이나 벼슬살이하던 곳에 혹 단독 제사를 올리기도 하고 혹 부향(附享)하기도 합니다. 지금 나라 안에는 제사 지내는 곳이 이루 다 기록하지 못할 정도로 많습니다.

고양(高陽)은 도성으로부터 멀지 않아, 치소 내에 사대부의 무덤이 들어선 곳이 많습니다. 사당을 차려놓고 제사를 받드는 곳이 무릇 몇 군데 있는데, 선유(先儒)이신 추강(秋江) 남공(南公)[68] 역시 고양에 무덤이 있으나, 자손 중에 아직까지 이름난 자가 없으니, 고로(故老)들 중에 능히 서로 전하며 이 일을 알고 있는 자가 있는지 모르겠습니다.

세상에 드러난 공의 혁혁한 기개와 절개는 오직 성종(成宗)에게 소릉(昭陵)의 복위[69]를 청한 일 하나뿐인데, 마침내 그 일로 인해 사후에

68 추강(秋江) 남공(南公) : 남효온(南孝溫, 1454~1492). 본관은 의령, 자는 백공(伯恭), 호는 추강・행우(杏雨)・최락당(最樂堂)・벽사(碧沙)이다. 세조의 왕위 찬탈로 인한 단종 복위 운동 실패 이후 관직에 나가지 않고 초야에 묻혀 절개를 지킨 생육신 가운데 한 사람이다.

69 소릉(昭陵)의 복위 : 남효온은 성종이 흙비가 내린 재앙으로 간언을 구하자 25세

화를 입게 되자 집안사람들이 그의 문집을 모조리 가져다가 불 속에 던져 넣은 바람에 세상에 남은 것은 얼마 되지 않습니다. 공의 외손인 충목공(忠穆公) 유홍(兪泓)[70]이 잿더미 속에서 남은 것을 수습하여 시문 약간 편(篇)으로 정리하자 공의 사적이 조금씩 세상에 드러나기 시작하였습니다. 그러나 사람들은 공의 우뚝한 기개와 굳센 절개만 알 뿐, 그의 학문이 깊다는 사실은 알지 못합니다.

대개 점필(佔畢 김종직)인즉 공의 스승이었고, 김한훤(金寒暄)[71]・정일두(鄭一蠹)[72]・안자정(安子挺)[73]・김열경(金悅卿 김시습)인즉 벗이었습니다. 점필은 문인 중에서 공을 유독 중히 여겼습니다. 전(傳)에

유학(幼學)으로서 소릉(昭陵: 단종의 어머니 현덕왕후)의 복위를 청하는 상소를 올려 당시 공신들의 미움을 사 배척당하였다. 이후 단종을 위해 죽은 사육신의 전(傳)을 지어 또 기휘를 범하였다. 사후 1504년(연산군10) 갑자사화 때 소릉의 복위를 청하는 상소를 했다는 이유로 부관참시를 당하였고, 중종 때 소릉이 복위된 뒤에 좌승지에 추증되었다.

70 유홍(兪泓) : 1524~1594. 본관은 기계, 자는 지숙(止叔), 호는 송당(松塘)이다. 1589년 판의금부사로서 정여립의 옥사를 다스렸고, 종계변무(宗系辨誣)의 공로로 이듬해에 광국공신(光國功臣) 1등, 평난공신(平難功臣) 2등에 책록되었고, 기성부원군(杞城府院君)에 봉해졌다. 시호는 충목(忠穆)이다.

71 김한훤(金寒暄) : 김굉필(金宏弼, 1454~1504). 본관은 서흥, 자는 대유(大猷), 호는 한훤당(寒暄堂)이다. 무오사화에 희천(熙川)과 순천에 유배되었고 갑자사화 때 사사되었다. 시호는 문경(文敬)이다.

72 정일두(鄭一蠹) : 정여창(鄭汝昌, 1450~1504). 본관은 하동, 자는 백욱(伯勗), 일두는 그의 호이다. 김종직의 문인으로 무오사화로 종성에 유배되었다가 죽었고, 갑자사화에 연루되어 부관참시되었다. 시호는 문헌(文獻)이다.

73 안자정(安子挺) : 안응세(安應世, 1455~1480). 본관은 죽산, 자는 자정, 호는 월창(月窓). 남효온・김시습 등과 교유하였으며, 병인사화로 죽었다.

이르기를, "그 사람을 모르면 스승과 벗을 보라."[74]고 하였으니, 공의 스승과 벗이 이와 같은 것을 보면 공의 학문도 가히 알 수 있겠지요. 공의 학문 및 기개와 절개가 이와 같은데도 도리어 몇 묘(畝)의 사당을 얻어 그 영혼을 편히 쉬게 하지 못한다면, 이는 국가의 궐전(闕典)이 몹시 큰 것이거니와 또한 어찌 고양 사대부의 수치가 아니겠습니까? 또한 어찌 수령된 자의 책임이 아니겠습니까?

저의 증조부이신 문헌공(文憲公 남용익(南龍翼))께서 사신이 되어 남만(南蠻)에 가셨을 때, 남만 사람이 편지를 보내 묻기를,

"귀국의 선유이신 남추강이 지은 〈귀신론(鬼神論)〉이 우리나라에까지 전해졌는데, 공은 혹시 그분의 후예가 아니십니까?"

라고 하였습니다.[75] 추강은 일개 포의(布衣)일 뿐이거늘, 만맥(蠻貊 오랑캐의 땅)의 사람들조차 능히 그의 글을 외고 그 사람됨을 높이 평가하는데 우리나라 사람이 현자를 좋아할 줄 모른다면 어찌 부끄럽지 않겠습니까?

저는 대부께서 덕을 높이고 의를 숭상하여, 문서와 기회(期會 1년 회계 장부)나 처리하는 속리(俗吏)와 다르다는 것을 잘 알기에 감히 이

74 그……보라 : 《공자가어(孔子家語)》 〈육본(六本)〉에 나오는 말이다. "자식을 모르면 그 아비를 보고, 그 사람을 모르면 그 친구를 보고, 그 임금을 모르면 그 신하를 보고, 그 땅을 모르면 그 초목을 보라."

75 문헌공(文憲公)께서……하였습니다 : 남용익은 1655년(효종6) 통신사의 종사관으로 일본에 파견되었는데, 후에 《부상일록(扶桑日錄)》을 지어 당시 있었던 일을 기록하였다. 그중 "귀국의 선유 남추강(南秋江)의 문집 몇 권이 있는데, 그중에 〈귀신론(鬼神論)〉은 그 이름이 우리나라에 전파되었다. 아마도 공이 그와 같은 족파(族派)가 아닐까 생각된다."라는 기록을 찾아볼 수 있다.

런 말씀을 올리면서 대부께서 분명 즐겨 들으시리라 여기고 있습니다. 만약 이 말을 즐겨 들으셨다면 원컨대 서둘러 이 일을 도모하심으로써 국가의 궐전을 수보(修補)하십시오. 또 전후 수령들의 책임을 메우고 고양 사대부의 치욕을 씻으심으로써 만맥 사람들의 비웃음거리가 되지 않게 한다면, 더할 나위 없이 큰 행운이겠습니다.

제주 어사 심형[76] 성희 에게 드리는 답장
答濟州御史沈兄 聖希

어사 집사(御史執事) 어른. 나라가 거듭 재난을 만났는데, 올해는 전년보다 더 심하여 주상께서 근심하신 나머지 소재 주현(州縣)에 어명을 내리어 진휼하게 하시고, 또 세 명의 어사를 뽑아 이 일을 살피게 하셨습니다. 제주(濟州) 사람들은 왕화(王化)로부터 멀리 떨어져 있어 위무(慰撫)하기가 더욱 어려울 것이라 생각하여 그 선발을 더욱 무겁게 하셨는데, 대부(大夫)께서 실로 그 명을 받들었습니다.[77] 저는 이 명을 듣고서 처음에는 조정이 제대로 된 사람을 얻어 이 일을 맡기게 된 것을 기뻐하였으나 다시금 대부께서 어떻게 이 책임을 완수하실까 근심스러웠습니다. 그러다 12월 27일 금주(衿州)[78]로 보내오신 편지를 배독함에 이르러 대부께서 필시 임금의 명령을 욕보이지 않으시

76 심형 : 심성희(沈聖希, 1684~1747). 자는 이천(而天)이며 벼슬이 이조 참판에 이르렀다. 심성희는 1732년(영조8) 12월부터 1733년 7월까지 제주 감진 어사(監賑御史)의 직임을 수행하였다.

77 제주(濟州)……받들었습니다 : 《영조실록》 8년(1732) 12월 12일 기사에 이 일이 보인다. "하교하기를, '제주는 먼 바다에 위치해 있기 때문에 백성들의 식량은 단지 조정의 구획(區劃)에만 달려 있을 뿐이다. 방금 진상물을 가지고 온 사람의 말을 듣고 또 본주(本州)의 장문(狀聞)을 살펴보니, 매우 참혹하다고 할 만하다. 비국(備局)으로 하여금 제때에 즉시 구획하게 하라.'하였다. 드디어 호남의 대동미 2천 석과 저치미 3천 석을 배로 운반하여 진자(賑資)에 보태게 하고, 또 부교리 심성희를 본주(本州)의 어사로 차견하여 운송을 독책하고 진구(賑救)를 감독하게 하였다."

78 금주(衿州) : 서울 금천구 시흥동의 옛 이름이다.

리라는 것을 알고 다시금 기뻤습니다.

《시경》에서 이르기를 "급히 말을 몰아 길을 가는 사람이여, 임무를 제대로 행하지 못할까 항상 걱정일세."라고 하였고, 또 말하기를 "이리저리 채찍질해 달려서, 두루 찾아가서 자문하도다."라고 하였습니다.[79] 주상께서는 멀리 있는 백성을 직접 보고 이야기를 들으실 수 없기에 사신에게 명하신 것입니다. 사신이 자신의 지혜와 생각으로 두루 미치지 못하는 바가 있거든 여러 사람에게 자문하면서, 오직 이 도(道)를 미루어 제주 사람에게 미치게 한다면, 위의 덕이 펼쳐지지 않고 아래의 사정이 위에 전달되지 못하는 일이 생기겠습니까? 다만 서툴고 오활하여 주상의 근로하심에 보답하지 못할까 봐 두려울 뿐이지요.

선왕께서 백성을 보호하실 때는 사전에 미리 대비하셨지 이미 일이 생겨난 뒤에 구제하지 않으셨습니다. 그러므로 재난에 대비한다고 말하지 재난을 구제한다고 말하지 않는 것입니다. 선왕께서는 천재(天災)란 어느 시대이건 발생하는 것임을 아시고 백성으로 하여금 남쪽 밭에서 힘써 일하게 하셨는데, 3년을 농사지으면 반드시 1년 치를 비축하였습니다. 세금을 거두어들일 때도 절제 있게 하고 흩어 나누어줄 때도 제때 하였기에, 비록 끝내 천재가 발생한다 하여도 나라에 병들어 죽는 사람이 없었으니, 대비가 미리 갖추어져 있었던 덕택이었습니다. 《주례(周禮)》〈대사도(大司徒)〉에서 황정(荒政) 12사(事)로 만백성을 모았다 하였는데,[80] 그중 '산재(散財)'[81]라고 하는 것은 내부(內府)에

79 《시경》에서……하였습니다 : 모두 《시경》〈황황자화(皇皇者華)〉에서 인용하였다.

80 《주례(周禮)》……하였는데 : 흉년이 들었을 때 시행하는 열두 조항의 구황 정사인

저장해놓은 것을 꺼내는 것을 말하고, '박정(薄征)'이라고 하는 것은 백성이 미처 바치지 못한 조세를 덜어주는 것을 말합니다. 한번 꺼내고 한번 덜어준다고 하여 국용(國用)이 이로 인해 부족하지 않았으니, 대비가 미리 갖추어져 있었기 때문입니다.

후세에는 그렇지 않아, 백성을 궁핍하게 하여 자신을 먹여 살리면서 대비할 줄을 모릅니다. 그래서 한번 흉년을 만났다 하면 백성이 큰 곤경에 처하고 마는데, 죽거나 고향을 떠나 떠도는 자들이 길에 줄을 이은 연후라야 비로소 진대(賑貸 흉년에 곡식을 꾸어줌)를 의논하지만, 부고(府庫) 안의 재물이 이미 바닥난 상태라 백성을 구하기에 부족합니다. 그러면 다시 주현에 있는 것을 꺼내 백성들에게 주고, 이것도 또 부족하면 부호들에게 쌀을 내줄 것을 권하여 그것으로 뒤를 잇습니다. 하지만 동쪽을 메워주면 서쪽이 비는지라, 하릴없이 재용만 허비하고 은혜는 베풀지 못하니, 위아래 모두 궁핍해지고 끝내 재난도 구제하지 못합니다. 그렇기 때문에 말하기를, "구황에 선정(善政) 없다"고 하는 것입니다.

지금 대부께서 떠나가시는 마당에, 들어가 성지(聖旨)를 받들고 나

데, 첫째 곡식 종자와 양식을 나누어주는 것〔散利〕, 둘째 조세를 적게 거두는 것〔薄征〕, 셋째 형벌을 늦추는 것〔緩刑〕, 넷째 요역을 없애는 것〔弛力〕, 다섯째 금령을 폐지하는 것〔舍禁〕, 여섯째 관시(關市)의 기찰을 하지 않는 것〔去幾〕, 일곱째 길차의 예절을 생략하는 것〔眚禮〕, 여덟째 상례를 간략하게 치르는 것〔殺哀〕, 아홉째 음악을 연주하지 않는 것〔蕃樂〕, 열 번째 혼인할 때 예를 갖추지 않고 치르도록 하는 것〔多昏〕, 열한 번째 모든 귀신에게 제사지내는 것〔索鬼神〕, 열두 번째 형벌을 엄하게 하여 도적을 제거하는 것〔除盜賊〕이 그것이다.

81 산재(散財) : 《주례》에는 '산리(散利)'라고 되어 있다.

와 경사(卿士)에게 물어 과연 백성들을 위한 장구한 계획이 될 만한 심원한 계책을 세웠는지, 저는 감히 알지 못하겠습니다. 그러나 저의 어리석은 생각으로 헤아려보건대, 묘당(廟堂)에 청해보아도 꺼내줄 비축이 없을 것이요, 본주(本州 제주)에 다그쳐보아도 응할 길이 없을 것이요, 부호에게 권해보아도 나누어줄 재물이 없을 것입니다. 세 가지 중 하나도 가능한 것이 없다면, 형편상 바닷가 고을에서 곡식 총 몇 곡(斛)을 배편에 빌려다가, 혹은 건량(乾糧)으로 혹은 미죽으로 장부에 적힌 바에 따라 굶주린 백성에게 나누어주고 먹이되, 몇 차례 하고는 그칠 것입니다. 이런 것이라면 일개 감관(監官)이 하는 일일 뿐이지 주상께서 사신에게 명한 일은 아닐 터, 대부께서는 또한 무엇으로써 그 책임을 막으시렵니까?

기어이 말하라고 한다면 오직 충서(忠恕)가 있을 뿐입니다. 충(忠)이란 무엇입니까? 자신을 다하는 것일 따름입니다. 서(恕)란 무엇입니까? 자신을 미루어나가는 것일 따름입니다.[82] 제주 사람들은 본디부터 아침저녁으로 임금께서 보낸 사람이 자신들을 구하러 와주기를 바라고 있었으니, 대부께서 경내에 들어오셨다는 말을 들으면 분명 말발굽을 에워싸고 앞서거니 뒤서거니 따를 것입니다. 이러한 때에 대부께서 우리 임금의 마음을 나의 마음으로 삼지 않고서 그 힘이 미치는 곳임에도 힘을 다하지 않는다면, 비록 사흘 동안 사람들에게 1곡(斛)씩 먹여도 제주 사람들은 덕이라 여기지 않을 것입니다. 만약 능히 제주 사람

82 충(忠)이란……따름입니다 : 《논어》 〈이인(里仁)〉에 "부자의 도는 충서(忠恕) 뿐이다."라는 증자의 말이 나오는데, 주희는 이를 해석하여 "자신을 다하는 것이 '충'이고, 자신을 미루는 것을 '서'라 한다."라고 하였다.

들의 마음을 나의 마음으로 삼아 그 힘을 다하지 않음이 없었는데도 형편상 미치지 못하는 곳이 있다면, 비록 아흐레 동안 사람들에게 두 되씩밖에 못 먹여도 제주 사람들은 절대 원망하지 않을 것입니다.

대부께서는 오로지 충(忠)으로 주상을 헤아리고 서(恕)로 아랫사람을 편안케 함으로써 나의 마음에 부끄러움이 없게 하시고 백성에게 기댈 곳이 있게 하십시오. 백성에게 있는 부역을 모두 면해주심으로써 호구지책에 전념할 수 있도록 해주시고, 다급하게 세금을 재촉당하는 근심 걱정이 없게 하십시오. 인족(隣族)[83]이며 가렴주구(苛斂誅求)의 명령을 모조리 제거하시어, 살아남은 자는 자기 집안을 보존할 수 있게 하고 죽은 자는 구학(溝壑)에서 편히 쉴 수 있게 하십시오. 저 수고로운 백성들은 말라붙은 못에 처한 물고기와 같으니, 조심해야 할 바는 저들을 가만히 두면서 어지럽히지 않음으로써 스스로 살길을 도모하도록 해주는 데 있습니다. 저들에게 한 말의 곡식을 주어 하루를 연명하게 하면서 옥에 갇히고 매질 당하는 고초를 여전히 당하게 하는 것보다는, 마땅히 내주어야 하는 것으로써 마땅히 받아야 할 것을 면제해주어 저들로 하여금 배고픔을 견디며 편히 걸어 다니면서 잠시라도 통쾌하게 살게 해주는 것이 더 낫지 않겠습니까?

접때 기전(圻甸 경기)을 오가다가 한 부부가 갓난아이를 안고 걸어가는 것을 보았습니다. 제가 물었더니, 광주(廣州)에 사는 백성인데 고향을 떠나 양주(楊州)로 가는 길이라 하였습니다. 그래서 제가 말했

83 인족(隣族) : 인족침징(隣族侵徵)의 줄임말이다. 지방의 백성이 공금과 관곡(官穀)을 갚지 못하거나 군정(軍丁)이 도망, 사망하여 군포세(軍布稅)를 내지 못할 때 이를 억지로 그 이웃이나 일족(一族)에게 추징하는 일을 말한다.

습니다.

"양주에서 내주는 쌀이나 광주에서 내주는 쌀이나 마찬가지인데, 어찌하여 내 고을을 버리고 다른 곳으로 가는가? 너희는 광주 사람이라, 양주 사람들은 너희를 구제해주지 않을 것이다."

그러자 그 사람이 울며 말했습니다.

"제 고을은 부역이 너무 무거워서, 관가에서 내준 쌀을 받아 간신히 기어 돌아와 보면 서리가 이미 대문 앞까지 따라와서 성내며 호통을 칩니다. 사방을 돌아보아도 응할 방도가 없는지라 술상을 차려 그를 기쁘게 해주는데, 서리는 아침에 왔다가 저녁이나 되어서야 떠나가니, 이에 나의 보따리는 이미 텅 비어버리고 나의 굶주림은 여전합니다. 그런데도 서리의 요구는 그칠 때가 없으니, 내 차라리 길모퉁이에서 굶어 죽을지언정 우리 고을의 서리는 정말로 견딜 길이 없습니다."

이 일로써 미루어 보면 사람의 마음이란 그 거리가 서로 멀지 않은 법, 제주 사람들이 원하는 것이 무엇인지 또한 알 수 있을 것입니다.

대부께서는 아셨으면 반드시 따르시고, 따를 시에는 반드시 서두르되 또한 반드시 홀아비와 과부, 고아와 자식 없는 늙은이[鰥寡孤獨]를 우선시하시어 실제 은혜가 맨 아래까지 다 미칠 수 있도록 하십시오. 그런 다음 위엄과 존엄을 낮추고 여항 사이를 출입하면서, 농부를 권면하여 밭을 다시 손보게 하고, 가끔씩 농기구나 종자를 빌려주어 내년을 맞이할 계책으로 삼게 하십시오. 제주 사람들은 궁벽한 바다 바깥에 처해있어 나라의 은혜를 입는 것이 늘 내지의 읍에 비해 적기 때문에, 감동하기도 가장 쉽고 은혜를 마음에 새긴 것도 가장 깊습니다. 대부의 어진 명성이 미치는 곳마다 서로서로 전하게 되면 가가호호 찾아다니며 깨우치지 않아도 온통 흥기하는 기운이 가득할 것이니, 대부께서 시행하는 조치는 이때 이르러 쉬이 성공할 수 있을 것입니다.

사신 일을 마치고 돌아오신 뒤에도 여항과 거리에서 보고 들은 생민들의 처참한 광경을 울며 주상 앞에 반복하여 아룀으로써 측은지심이 싹튼 것이 견고해질 수 있도록 하십시오. 그리고 성주(成周) 시대에 문왕(文王)과 무왕(武王)과 성왕(成王)이 임금이 되고 주공(周公)이 신하가 되어, 서로 힘을 합쳐 생계를 마련하고 백성을 보호했던 방도를 뒤이어 진언하십시오.

위에서 말했듯이, 재난이 생기기 전에는 반드시 대비해야 하고 바야흐로 재난 상황일 때는 반드시 구제해야 하며, 재난이 끝난 뒤에는 반드시 백성을 길러야 합니다. 이와 같이 한다면 나라는 견고해지고 백성은 놀랄 일이 없어, 오래도록 다스려지며 위험에 이르지 않는 일도 가능해질 것입니다. 이런 것을 도모하지 않고 일괄 미봉(彌縫)하려는 구차한 정사를 행하고자 한다면, 비록 요행히 올해는 별 탈 없이 넘긴다 해도 만약 내년에 다시 기근이 들 경우 나라에서 무엇으로써 백성을 진휼하겠습니까? 3년 기근에 나라에 아무런 대비가 없는데도 백성이 변하지 않는다는 것은 오로지 지극한 덕으로 다스리는 시대에서나 가능한 일일 터, 대부께서는 이와 같을 수 있다고 보장하실 수 있습니까? 저는 심히 걱정스럽습니다. 만약 제가 걱정하는 지경에는 이르지 않을 것이라고 말씀하신다면, 그 위험은 이미 심각한 것입니다. 대부께서는 또한 제가 근심하는 바를 근심하셔야 합니다.

이밖에 또 크게 두려운 것이 있습니다. 자고로 나라의 우환은 늘 도적으로 인해 생겨났으며, 도적은 반드시 기근을 빌미 삼아 일어났습니다. 기근이 극에 달하면 인심이 동요하기 쉽습니다. 금상 4년(1728) 호령의 난〔湖嶺之難〕[84]이 일어난 이래, 국가의 덕위(德威)는 펼쳐지지 못하고 백성들은 의(義)를 알지 못합니다. 그런데도 난이 일어나는 이유와 순역(順逆)이 나뉘는 이유를 위에 있는 사람들은 드러내놓고 고하지 않고, 아래에 있는 사람들은 밝게 깨닫지 못합니다. 그러니 수택(藪澤) 사이에서 재난을 요행으로 여기고 화(禍)를 즐거워하는 무리가 몰래 어리석은 백성을 선동하면서, 이익으로 유혹하고 위세로 위협함으로써 한번 터뜨릴 기회를 엿보고 있지 않을지 또 어찌 알겠습니까? 그러나 지금 만약 아직 일어나지 않은 상황을 미리 짐작하여 너무 엄하게 제압하려 해서는 안 되니, 반드시 덕성스런 마음으로 차츰 젖어 들게 하여 그 마음을 바꾸고 그 도모를 흩어놓아야 할 따름입니다.

대부께서는 가시는 도중 백성들을 위로하실 제, 종종 향리의 부로(父老)를 향해 열성조(列聖朝) 이래 만백성을 낳고 기르신 덕과 성상께서 사방 백성을 구로(劬勞)[85]하신 뜻을 깊이 설명하시되, 간곡히 들을 만하게 하심으로써 부드럽고 선한 자로 하여금 인(仁)을 흠모하고 교화를 즐거워하게 하고, 드세고 사나운 자로 하여금 의를 두려워하고 운명을 편안히 여기게 하십시오. 또 빼어난 행실과 성대한 재주를 지닌 선비로서 향리의 성망(聲望)을 지닌 자를 수소문하여 조정에 천거함으로써 표창하고 권면하게 하십시오. 이 또한 대부의 직책이며, 더욱이 지금 세상에서 늦추어서는 안 될 일이니, 대부께서는 잘 살피십시오.

84 호령의 난 : 이인좌(李麟佐)의 난을 말한다. 호남과 영남에서 동시에 기병하였기에 호령의 난이라고 부른 것이다.

85 구로(劬勞) : 낳아 주고 길러 주신 부모님의 은덕을 말한다. 《시경》 〈육아(蓼莪)〉에 "슬프고 슬프도다 부모님 생각, 낳고 길러 주시느라 얼마나 고생하셨던가.〔哀哀父母 生我劬勞.〕"라고 하였다.

석서 노인에게 드리는 답장

答石西老人

편지를 보내시어 "〈어부사(漁父辭)〉 한 곡을 얻어서 나의 낚시하는 즐거움을 돕고 싶다."라고 말씀하셨는데, 저는 미천하여 아직 시(詩)에 있어 명성을 얻지 못하고 있으니, 어찌 감히 〈하리(下里)〉의 노래[86]를 어르신으로 하여금 부르게 할 수 있겠습니까. 감히 명을 받들지 못하겠습니다. 그러나 삼가 고인의 시 중에서 외우고 있는 것이 있어 어르신께 바치고자 합니다.

일민(逸民) 진회(陳洄)가 죽계(竹溪) 가에 살았습니다. 그는 밝은 달이 높이 떠올라 물빛이 일렁일 때면 허리에 짧은 퉁소를 차고서 작은 배를 저어가며 물에서 배회하였는데, 퉁소 소리는 마치 용이 깊은 못에서 우는 듯하였습니다.[87] 퉁소 불기를 마치고는 뱃전을 두드리며 노래하였습니다.

86 〈하리(下里)〉의 노래 : 〈하리파인(下里巴人)〉의 준말로 수준이 매우 낮은 노래를 뜻한다.

87 일민(逸民)……듯하였습니다 : 《명사(明史)》 권298 〈양항전(楊恒傳)〉에 다음과 같은 기록이 보인다. "당시 진회(陳洄)라는 자가 있었는데, 절강 의오(義烏) 사람이었다. 어려서부터 경전을 공부했고 자라서는 백가(百家)에 능통했다. 처음에는 공명을 얻어 이름을 드러내고자 하였으나 이윽고 은거하고는 청하관(青霞冠)을 쓰고 백록구(白鹿裘 : 흰 사슴 가죽옷)를 걸치고서 속세의 일에 간여하지 않았다. 사는 곳이 태계(太溪)와 가깝고 긴 대나무[修竹]가 많았기에 자호를 죽계일민(竹溪逸民)이라 하였다. 늘 작은 배를 타고서 단소를 불었고, 불기를 마치면 뱃전을 두드려 노래 부르면서 유유자적했다. 송렴(宋濂)이 그를 위해 전(傳)을 지었다."

옥퉁소를 불며 밝은 달 희롱하니　　吹玉簫兮弄明月
밝은 달이 비추어 머리에 온통 흰 눈이 내렸네　　明月照兮頭成雪
머리가 눈처럼 되었으니 장차 어이할까　　頭成雪兮將奈何
흰 갈매기 날아올라 하얀 물결 가르네[88]　　白鷗起兮銜素波

지금 어르신께서는 머리가 허옇게 센데다가 또한 피리를 잘 부시니, 비록 저에게 어르신을 위해 노래를 부르라 한들 여기에 더 보탤 것이 무엇이 있겠습니까. 어르신께서도 이 노래를 부르시면서 장차 진회와 함께 같은 곳으로 돌아가 보시지요.

88 옥퉁소를……가르네 : 송렴이 지은 〈죽계일민전竹溪逸民傳〉에 남유용이 인용한 내용이 기록되어 있다.

오백옥[89] 원 에게 드리는 편지

與吳伯玉 瑗

소란스러운 곳에서 빠져나와 밝은 창 아래에서 다시 만날 날을 발돋움하며 기다립니다. 누워서 책 한 권을 읽었는데, 의미가 자못 빼어난 듯 느껴지기에, 종일토록 분분하던 모습을 회상하며 다시금 큰 웃음을 터트렸습니다.

"남의 마음이 나의 마음과 같지 않고, 실행할 때가 말할 때와 같지 않다."[90]고 자양(紫陽)이 말하지 않았습니까? 졸렬한 서생은 작은 사업을 하면서도 늘 이런 것을 걱정하는데, 끝내 아무것도 이루지 못하고 그저 낭패만 보고 맙니다. 그러니 옛날 사람이 큰일을 하면서 세도(世道)와 군민(君民)의 책임을 떠맡고도 천하를 손바닥 위에서 경영하듯 한 일은 얼마나 대단한 역량입니까? 오늘날 우리 같은 자들은 정신을 모으고 마음과 힘을 하나로 합친다고 하더라도 한 가지 일조차 제대로 해내지 못할까 걱정인데, 만약 그 사이에 터럭만큼이라도 의심하여 서로 멀리하는 마음이 싹튼다면 다시 무슨 희망이 있겠습니까? 나는 이미 자장(子章)[91]에게 말하였으니, 이 뜻을 화백(華伯)[92]에게 전해주

89 오백옥 : 오원(吳瑗, 1700~1740). 본관은 해주. 자는 백옥(伯玉), 호는 월곡(月谷). 남유용·이천보와 자주 어울리며 각별히 지낸 사이였다.

90 남의……않다 : 이 말은 주희가 진동보(陳同父)에게 답한 편지에 나오는 "실행할 때가 말할 때와 같지 않고, 남의 마음이 나의 마음과 같지 않다.〔做時不如說時 人心不如我心〕"라는 구절을 변용한 것이다.《晦庵集 卷28 書 答陳同父書》

91 자장(子章) : 유욱기(兪郁基). 본관은 기계, 자는 자장이다.

시기 바랍니다.

일에 임해 의견이 맞지 않아 끝내 논쟁을 벌이게 되는 일은 옛날에도 있었습니다만, 모두가 일에 편의를 기하고자 했을 따름이지 애당초 다툼에 뜻이 있었던 것은 아니었으며, 다툼에 이르는 것은 불행히 여기는 바였습니다. 만약 자기를 내세우면서 남을 누르고자 다른 것은 아랑곳하지 않고, 일이 없는 데서 일을 만들어내고 다툼이 없는 데서 다툼을 일으켜 승부를 겨룬 후라야 그만두는 자라면, 이른바 길사(吉士)[93]는 아닐 것입니다. 만약 군자가 있다면 저들과 더불어 다투는 것을 수치스럽게 여길 터, 두 사람이 어찌 이런 일을 하겠습니까? 거듭 이 말로써 두 사람에게 고해주십시오. 화백은 분명 나를 충성스럽다고 여길 것입니다. 이만 줄입니다.

92 화백(華伯) : 원경하(元景夏, 1698~1761). 본관은 원주, 자는 화백(華伯), 호는 창하(蒼霞)·비와(肥窩). 영조의 뜻을 받들어 완소(緩少) 계열과 함께 정언(正言)으로, 붕당이 나라를 그르치는 화근임과 탕평책을 진언하였다. 아울러 신임사화로 화를 입게 된 조태억(趙泰億)·조태구(趙泰耉) 등을 신원하는 데 앞장섰다.

93 길사(吉士) : 어진 선비. 《서경》〈입정(立政)〉에 "나라에서 정사를 펼칠 적에 약삭빠른 사람을 쓰지 말아야 하니, 이들은 덕에 순하지 못하므로 광현(光顯)하여 세상에 있지 못할 것입니다. 지금부터는 정사를 세울 적에 약삭빠른 사람을 쓰지 마시고 오직 길사를 등용하시어 힘써 우리 국가를 돕게 하소서."라고 하였다.

오백옥[94]에게 드리는 답장

答吳伯玉

사곡(詞曲)은 끝내 염어(艶語)와 가까운지라[95] 대장부라면 짓지 않아도 그만입니다. 그런데 구양수(歐陽修)와 소식(蘇軾) 등 여러 공들이 평생토록 사곡을 즐겨 지으면서 '시여(詩餘)'라고 불렀던 것은 또 어째서입니까? 동국 사람들은 곡조와 음률을 잘 이해하지 못하는 데다가, 그 가사에 또한 춘사(春詞)나 패어(稗語)[96]가 많이 보이고 창기(娼妓)들의 음악과 노래에 가사를 입히니, 그 천하고 비루함이 이미 심하여 폐한 채 하지 않아도 그만입니다.

대저 사람이 문장을 스스로 좋아하여 진실로 그 아름다움을 추구한다면 그 흐름이 점차 경박하고 부화한 데로 흘러 들어가게 마련입니다.

94 오백옥 : 오원(吳瑗). 65쪽 주89 참조.

95 사곡(詞曲)은……가까운지라 : 사(詞)는 당나라에서 시작되어 송나라 때 가장 성행했던 문학 장르인데, 노래 가사라고 표현할 수 있다. 곡조의 이름을 칭하는 사패(詞牌)에 정해진 글자 수를 채워 넣는 형식으로 창작하므로 사를 창작하는 것을 '전사(塡詞)'한다고 부른다. 사는 가창용이라 화자가 여성이 되는 경우가 많으며, 꽃, 달, 나비, 여인, 사랑 등을 주로 읊어서, 풍격 면에서 화려함과 염정을 위주로 하는 완약(婉約)이 정격(正格)으로 여겨진다. 그러나 후대에는 신기질(辛棄疾), 소동파 등이 호방파(豪放派) 사풍을 개척하여 다양한 풍격이 등장하였다. 곡(曲)은 원나라 때 북방에서 전해졌으며, 곡조 이름은 곡패(曲牌)라고 부른다. 음악과 절주와 창법 등에 차이가 있으나, 기본적인 요소는 사와 비슷하다.

96 춘사(春詞)나 패어(稗語) : '춘사'는 남녀의 연정(戀情)을 읊은 글을 말하고, '패어'는 통속 소설 등에 자주 등장하는 이속어(俚俗語)를 말한다.

문장 중에서도 오직 시가 더욱 사람 마음을 뒤흔들어 놓고, 시 중에서도 사(詞)가 더욱 심합니다. 이것이 바로 진소유(秦少游)가 이천(伊川)에게 책망을 받은 까닭이지요.[97] 그런즉 곡조와 음률을 구분할 줄 안다고 하여도, 내버린 채 하지 않아도 그만입니다.

97 진소유(秦少游)가……까닭이지요 : 진소유(秦少游)는 북송 때 사(詞)로 명성을 날렸던 진관(秦觀)을 말한다. 그가 지은 〈수룡음(水龍吟)〉에 여인이 님을 그리워하는 마음을 노래하면서 "하늘이 내 마음 안다면 나를 위해 몸이 야위리.〔天還知道, 和天也瘦.〕"라고 한 구절이 있었는데, 정이(程頤)가 이를 보고 "하늘이 존엄하거늘 어찌 이렇게 함부로 모독할 수 있단 말인가?" 하였다.《西塘集・耆舊續聞》

오백옥[98]에게 드리는 편지

與吳伯玉

일전에 만나 조용히 이야기를 나누어 참으로 기뻤습니다. 그간 기체 편안하시겠지요.[99] 나는 아직도 한질(寒疾) 때문에 고생하고 있는데, 지금 이불을 끌어안고 깊은 방에 누워있는 형편으로 보아서는 남쪽 들녘 따뜻한 곳을 찾아가 보려는 계획이 언제쯤 성사될지 비록 알 수는 없습니다만, 요컨대 너무 추워지기 전에 아마도 그 사이 한번 찾아가 인사할 수 있을 것입니다.

돌아가신 형님의 유고(遺藁)는 이미 다 모았습니다. 응당 원고를 깨끗이 정리하는 일[100]이 끝날 때를 기다렸다가 한꺼번에 보여드리겠습니다. 돌아가신 형님께서 일찍이 족하(足下 편지의 2인칭)와 더불어 고시(古詩)의 원류(源流)에 관해 논하는 것을 저도 자못 같이 들었습니다. 하지만 형님께서 이미 돌아가셨으니, 원대했으나 미처 성취하지 못했던 평생의 뜻과 사업도 이제는 따라잡을 수 없게 되었습니다.

문장을 정리하고 저술하는 일은 그 가운데서도 작은 것이라, 문집이 완성되건 완성되지 못하건 구원(九原)에 있는 사람을 무겁게 하거나

98 오백옥 : 오원(吳瑗). 65쪽 주89 참조.

99 기체 편안하시겠지요 : 원문의 '學履'는 서간문에서 공부하는 사람의 안부를 물을 때 쓰는 표현이다. 주로 아랫사람에게 사용한다. 오원은 남유용보다 2살 아래이다.

100 원고를……일 : '洗補'는 문자를 깨끗이 제거하거나 점획(點劃)을 더하여 보태는 것이다

가볍게 하기에 부족할 것입니다. 그러나 기왕에 완성된 규모와 정해진 범례가 있었는데 그 사람이 불행히 죽었다고 해서 마침내 따라 민멸된 채 그치고 만다면 어찌 거듭 애달픈 일이 아니겠습니까! 나는 시에 익숙하지 않아 형님의 뜻을 이어 완성하고 싶어도, 비유하자면 마치 훌륭한 장인이 큰 집을 짓다가 반도 못 짓고 갑자기 일어나 떠나감에 졸렬한 장인이 옆에 있다가 망연자실 어찌해야 할지 몰라 하는 것과 마찬가지 형국입니다. 이 일은 또한 반드시 족하의 힘을 빌려야만 하며, 의숙(宜叔)[101]도 응당 도와줄 것입니다.

어제 우연히 구양수(歐陽修)의 문집을 읽었는데, 〈육일(六一)〉자전(自傳)[102]에 이르러서는 그 문장이 아름다운 것이 마음에 들었으나 좋아하는 것이 너무 많은 것이 싫었습니다. 책 1만 권을 가지고 있고 술 한 병을 놓았으면 술 한 잔 마시며 시 한 수 읊으면서 흐뭇하게 즐기기에 족할 것입니다. 작게는 득실(得失)을 나란히 여겨 영욕(榮辱)을 잊을 수 있고, 크게는 몸뚱이를 벗어나 생사를 하나로 여길 수 있을 터, 《집고록(集古錄)》 1천 권과 거문고 하나와 바둑판 하나는 또 해서 무엇 한단 말입니까? 구양공이 물건에 있어 마음에 두고 있는 것이 이처럼 많으니, 의당 떠나야 할 때 떠나지 못한 것도 당연합니다.[103] 저는 이미 의숙과 이 이야기를 하며 한바탕 웃고는 이에 기인하

101 의숙(宜叔) : 이천보(李天輔, 1698~1761). 본관은 연안, 자는 의숙(宜叔), 호는 진암(晉庵). 병조 판서 등을 거쳐 1752년 우의정에 승진하고, 같은 해 좌의정에 올랐다가 영돈녕부사로 전임되었다. 1761년 영의정에 올랐으나 장헌세자(莊獻世子)의 평양 원유사건(遠遊事件)으로 자결하였다. 남유용, 오원과 각별히 지냈다.

102 〈육일(六一)〉자전(自傳) : 구양수의 〈육일거사전(六一居士傳)〉을 가리킨다. 육일거사가 곧 구양수 자신이기에 '자전'이라고 칭한 것이다.

여 저의 당(堂)의 이름을 '삼일(三一)'[104]이라고 지었습니다. 내가 좋아하는 것이 이처럼 간단하니, 그 즐거움 또한 어찌 오롯하지 않겠습니까?

편지에서 이 이야기를 언급한 김에 기문(記文) 한 편을 얻어 그러한 지취(志趣)를 밝혀주기를 바라니, 반드시 도모해주십시오. 이만 줄입니다. 배수(拜手).

103 의당……당연합니다 : 〈육일거사전〉에 '떠나야 하는 이유'와 관련하여 다음과 같은 내용이 나온다. "무릇 사인이 젊어서 벼슬하고 늙어서 쉼에 70세를 기다리지 않는 자도 있어 내 본래부터 흠모해왔으니, 마땅히 떠나야 할 첫 번째 이유이다. 나는 세상에 쓰였지만 이제껏 일컬어질 만한 것이 없으니, 마땅히 떠나야 할 두 번째 이유이다. 젊어서도 이러했는데, 지금 이미 늙고 병들었는데도 억지로 힘써볼 수 없는 몸뚱이를 가지고 과분한 영록을 탐한다면 이는 본래 뜻을 위반하는 것이요 식언하는 셈, 마땅히 떠나야 할 세 번째 이유이다. 내게 세 가지 마땅히 떠나야 할 이유가 있으니, 비록 다섯 가지 물건이 없더라도 떠나는 것이 마땅할 뿐, 더 무슨 말을 하겠는가?" 그러나 구양수는 사망하기 바로 전 해까지 관직에 있었다가 치사(致仕)하고 영주(潁州)로 돌아간 이듬해에 죽었다.

104 '삼일(三一)' : 남유용의 《뇌연집》 권14에 〈삼일당기(三一堂記)〉가 수록되어 있다.

오백옥[105]에게 드리는 편지

與吳伯玉

날이 몹시 덥기는 하지만 편안하고 여유롭게 기거하고 계시겠지요. 돌아가신 형님의 유고(遺稿)는 다시 상세한 대조와 수정에 들어가셨습니까? 흰색 찌를 붙여 질문한 내용에 대해 성대하신 뜻은 어떠하신지 조목조목 알려주시기 바랍니다. 족하(足下 편지의 2인칭)께서는 근자에 어떤 책을 보시고 어떤 이치를 깨달으셨습니까?

옛날에 형님을 따라 족하와 어울릴 수 있었는데, 족하와 형님은 취미나 의론이나 마치 한 사람처럼 똑같았던 반면, 나와 족하는 같은 것이 열에 일고여덟이요 다른 것이 둘 셋이었습니다. 그 서로 다른 것에 대해서 비록 나의 형님께서도 족하를 위해 근심하지 않았던 것은 아니나, 나처럼 깊이 근심하지는 않았습니다.

족하는 부귀한 자리에 있으나 부지런히 배우고 선을 즐거워하는 실질이 있습니다. 능히 부지런히 배우고 선을 즐거워할 수 있기에, 사대부들은 기꺼이 족하와 더불어 벗이 되어 유익하기를 구하면서[106] 부귀하다는 이유로 싫어하지 않습니다. 그러나 부귀한 자리에 있기 때문에 사람들 중에는 혹 대문을 바라보고 찾아와 술이나 음식 얻어먹기를

105 오백옥 : 오원(吳瑗). 65쪽 주89 참조.

106 벗이……구하면서 : 《논어》 〈계씨(季氏)〉에 "유익한 벗이 세 가지이며, 해로운 벗이 세 가지이니, 곧고 진실되고 견문이 많으면 유익하다."라고 한 구절을 염두에 두고 한 말로, 서로 벗에게서 그런 유익함을 얻고자 하였다는 뜻이다.

바라는 자도 있고, 혹 연줄을 타고 교분을 맺어 훗날 녹리(祿利)를 바라는 자도 있습니다. 이와 같은 자들이라면 족하가 애달피 여겨 긍휼히 대하시고, 받아들여 접대해도 괜찮습니다. 게다가 족하는 시를 잘 짓는다는 명성이 자자하여 사람들과 창화(唱和)하는 것을 즐기니, 또한 보잘것없는 재주를 자부하며 명성이나 붙좇는 경박한 자들이 족하의 자리에 끼는 일도 있습니다. 이와 같은 자들이라면 족하가 천천히 살피어도 괜찮습니다.

족하의 사람됨은 시원스럽고 간소한데, 장점은 사람을 포용하는 것이요 단점은 사람을 알아보는 것입니다. 사람을 포용하는 아량이 있으되 사람을 알아보는 혜안이 없는 사람치고 사람으로 인해 패망하지 않는 자가 드뭅니다. 그래서 옛 책에서 말하기를, "널리 사람들을 사랑하되 어진 이를 친히 해야 한다."[107]라고 하였던 것이니, 어진 이를 가까이하지 못하고 한갓 널리 사람들을 사랑하려고만 한다면, 어진 자들은 날로 소원해질 것이요 불초한 자들은 도리어 날로 가까워질 것입니다. 율곡(栗谷) 선생은 흉금이 깨끗하여 외물과 나 사이에 간격이라고는 없었으며, 사람들에게 이야기할 때도 어진이나 옳지 못한 이나 가리지 않고 진실과 정성을 다 드러내 보였는데, 그렇기 때문에 군자들로부터 감복을 받았으나 또한 소인배로부터 속임도 당하셨습니다. 이런 일은 율곡에게라면 대덕(大德)에 손해를 입히지 않겠으나 율곡보다 못한 사람에게는 해가 되지 않으리라는 법이 없습니다. 하물며 족하의 어짊은 율곡에 미치지 못하며, 지금 세상은 율곡이 살았던 세상보다 더 쇠락했습니다. 그런데도 족하가 매일같이 저 불초한 자들과 한데 어울

107 널리……한다 : 《논어》 〈학이(學而)〉에 나오는 말이다.

리면서 말하기를, "천하에 교화하지 못할 사람은 없고, 큰일을 할 수 없는 때란 없다."라고 한다면, 나는 감히 믿지 못하겠습니다.

나의 형님께서 일찍이 논하시기를,

"공문거(孔文擧 공융(孔融))는 조공(曹公 조조(曹操))을 만나지 않았다 하더라도 종국에는 죽음을 면치 못했을 것이다. 자리에 객이 늘 가득 했으나 꼭 모두가 훌륭한 선비였던 것은 아니고, 술동이에 술이 빈 적이 없으나 꼭 모두가 좋은 자리였던 것은 아니었으니, 이런 식으로 쇄락한 세상을 살아간다면 죽음을 면하기 어렵다."[108]

라고 하였습니다. 나는 늘 이 말이 의미심장한 것을 좋아하였기에 족하를 위해 읊어드리는 것이니, 족하는 잘 살펴보십시오.

근자에 제 처와 아이가 연이어 병에 걸려 생사를 넘나든 것이 한 달입니다. 마을 사람 중에 혹 의약(醫藥)을 조금 써보라고 권하는 자가 있는데, 족하도 한번 지금 세상을 보십시오. 그 누군들 《서경(書經)》 한 부(部)를 읽지 않겠습니까마는 능히 이윤(伊尹)・부열(傅說)・주공(周公)・소공(召公)의 치국술로 나라를 다스릴 수 있는 자가 있습니까? 어진 사대부도 되레 이와 같을진대, 하물며 헌기(軒岐)[109]의 사람 살리는 방법을 여항의 사내에게 기대하며 그 목숨을 맡길 수 있겠습니까? 그러므로 의약은 모두 제가 급하다 여기지 않는 바요, 성격 또한

108 공문거(孔文擧)는……어렵다 : 공문거는 공융(孔融)이다. 명문가 자손으로 어려서부터 성품이 자유분방하였고 재능이 뛰어났다. 그는 손님들과 술 마시기를 좋아하여 "자리에 빈객이 항상 가득 들어차고, 술통 속에 술이 떨어지지만 않는다면, 더 이상 근심할 것이 없다."라고 말했다는 고사가 있다. 자신의 문벌을 믿고 조조(曹操)를 자주 비판하다가 나중에 조조에게 살해되었다. 《後漢書 卷70 孔融列傳》

109 헌기(軒岐) : 의술의 원조인 헌원(軒轅)과 기백(岐伯)을 병칭한 것이다.

게을러서 요 일년 남짓 동안 한 번도 집 밖을 나가 마을 사람들과 왕래하지 않았습니다. 찾아오는 사람이 있어도 또한 인사하지 않으니, 날로 사람들과 소원해져 산속 거처가 더욱 적막하기만 합니다.

작은 연못 동쪽에 오랜 홰나무가 있는데, 굵기가 열 아름이나 됩니다. 몹시 무료할 때면 그 아래에서 천천히 걸어 다니면서 가슴을 열고 맑은 바람을 맞는데, 어찌나 기분이 상쾌한지요. 족하가 보기에 나의 이러한 도(道)가 어떠합니까? 이만 줄입니다.

오백옥[110]에게 드리는 답장

答吳伯玉

일전의 유람은 즐거우셨습니까? 저는 자하(紫霞)에 사는 벗 퉁소쟁이 백시함(白時涵)과 약속하여, 장차 퉁소 하나를 가지고 존형을 백운봉(白雲峯) 꼭대기로 초대하려 하였습니다. 그런데 심부름꾼 편에 편지를 얻고 보니 장차 이틀 묵고 돌아갈 것이라 하였고, 또 찾아온 자의 말을 들으니 존가(尊駕)가 이미 길에 올랐다고 하였습니다. 이에 문밖으로 한 발자국 내딛기도 전에 흥이 이미 사라지고 말았습니다.

화산(華山 북한산)에는 본디 그윽한 승경이 많은데, 어찌 그리 급히 돌아갔습니까? 하지만 단풍과 국화라면 꼭 화산일 필요는 없을 터, 존형께서 빨리 돌아가셔서 저를 도봉산과 수락산 사이에서 기다려주시기 바랍니다.

110 오백옥 : 오원(吳瑗). 65쪽 주89 참조.

오백옥[111]에게 드리는 답장

答吳伯玉

이런저런 사연이 담긴 편지를 손에 쥐고 개탄하면서, 오직 존형이 불행한 때를 만난 것을 원망하였습니다.

지금의 논자들이 교문(敎文)[112] 중 한두 구절을 따와서 존형을 흠집 내고 있는데, 이는 옳지 않습니다. 나의 생각으로는 오로지 존형께서 애당초 고묘(告廟)에 관한 논의를 놓고 힘껏 싸우지 못한 것이 원망스러울 따름입니다. 만약 임금의 뜻을 되돌리지 못했다면, 후에 교문을 짓는 것을 사양하는 데도 할 말이 있었을 것이며, 조정에서도 이를 강요할 수는 없었을 테니 말입니다. 처음이 안 좋으면 후에 진퇴양난에 처하게 되는 것은 형세상 당연할 일인지라, 족히 안타까워할 만합니다.

저는 늘 왕 위공(王魏公)처럼 어진 사람이 천서(天書)의 미혹됨을 구제하지 못하고 마침내 봉선(封禪)을 찬성하는 실수를 범한 것[113]을

111 오백옥 : 오원(吳瑗). 65쪽 주89 참조.

112 교문(敎文) : 영조가 양위하겠다는 명을 거둔 뒤 교서를 반포하여 전국에 사면령을 내렸는데, 이 교서를 오원이 지어 바쳤다. 《承政院日記》 英祖 16年 5月 30日, 《영조실록》 16년 6월 5일 기록을 보면 오원이 "저번에 성상께서 예사롭지 않은 거조를 하시어……신이 성상의 명령을 제찬(制撰)하는 직임을 맡아 성상의 하교를 받들어 고묘(告廟)하는 반교문(頒敎文)을 지으면서 붕당을 혁파할 것을 말하였는데, 보잘것없는 신의 깊은 근심이 실로 여기에 있습니다."라고 말하였으니, 이때 시비에 오른 구절은 붕당과 당습에 관한 내용이었음을 짐작할 수 있다.

113 왕 위공(王魏公)처럼……것 : 북송의 재상 왕단(王旦)이다. 북송 진종이 거란과 전연지맹(澶淵之盟)을 맺고 화해하자 왕흠약(王欽若)이 이 굴욕을 씻기 위해 태산에

늘 이상하게 생각했는데, 어찌 다른 이유가 있어서였겠습니까? 그저 강단이 부족했을 따름입니다. 충성과 사랑은 남음이 있지만 강단이 부족한 자는 혹 임금의 뜻에 따르게 되는 지경에 이르기도 하니, 깊이 경계해야 합니다. 원컨대 존형은 한 번의 재앙으로 기죽지 말고, 뭇 사람들이 하는 말에 격노하지 마십시오. 강대한 기운을 더욱 길러서, 요컨대 만 가지 선(善)을 모아 한 가지 실수를 보완하는 것을 심지로 삼았으면 하는 것이 이 벗의 바람입니다.

바야흐로 아버님의 아문(衙門)을 찾아뵐 계획을 세우는 중이며 말도 이미 준비시켜 놓았습니다. 바빠 다 갖추지 못합니다.

봉선제를 올려 사해를 복종케 하고 나라의 힘을 외부에 과시할 것을 진종에게 건의하였다. 또 봉선제를 올리기 위해서는 하늘의 상서(祥瑞)가 있어야 한다면서 이를 위조할 것을 종용하였다. 당시 왕단이 재상으로 있었는데, 성품이 강직하고 어질어 이 일에 동의하지 않을 듯하였으나 결국 마지못해 동의하였고, 진종이 하사한 보물을 받고는 천서(天書)니 봉선이니 하는 일에 일체 이의를 제기하지 않았다.

이의숙[114] 천보 에게 드리는 답장

答李宜叔 天輔

편지를 받고 큰 위로를 받았습니다. 춘소(春沼)[115]는 뜻도 있고 재능도 있었지만 불행하게도 일찍 죽었기에 식암(息菴)[116]이 이를 매우 안타깝게 생각한 나머지 그를 높게 추켜세우고 칭찬했을 뿐입니다. 그러나 춘소의 재주는 높지 않았고 뜻은 크지 않아, 송(宋)에서 시작했으나 명(明)으로 끝맺음하였으니[117] 그에게 몇 년의 시간을 더 주었다고 해도, 어찌 갑자기 계곡(谿谷)과 나란히 달릴 수 있었겠습니까?[118] 이는

114 이의숙 : 이천보(李天輔). 70쪽 주101 참조.

115 춘소(春沼) : 신최(申最, 1619~1658). 본관은 평산, 자는 계량(季良), 호는 춘소이다. 신흠(申欽)의 손자이다.

116 식암(息菴) : 김석주(金錫冑, 1634~1684). 본관은 청풍, 자는 사백(斯百), 호는 식암(息庵)이다. 신최는 김석주의 외삼촌이자 스승이다. 김석주는 1682년에 《춘소자집(春沼子集)》을 활자본으로 간행하면서 서문을 지은 바 있다.

117 춘소의……끝맺음하였으니 : 신최의 문장과 사업이 처음에는 송나라 구양수·소식 등에 뜻을 두고 나아갔지만 끝내는 의고(擬古)나 소품(小品)을 위주로 했던 명나라 문인들 수준에 머무르고 말았다는 뜻이다. 여기서 송을 숭상하고 명을 폄하했던 조선 문인들의 생각을 읽을 수 있다.

118 계곡(谿谷)과……있었겠습니까 : 계곡(谿谷)은 장유(張維, 1587~1638)이다. 본관은 덕수, 자는 지국(持國), 호는 계곡·묵소(默所). 이정귀(李廷龜)·신흠·이식(李植) 등과 더불어 사대가로 불린다. 김석주가 지은 〈춘소자집서〉에 보면 "본조는 대개 명나라 선종 선덕제 이래로 학사대부들이 비로소 진한 고문을 익히기 시작하였으니, 간이 최공이 실로 앞에서 제창하고 계곡 장공이 뒤를 이어 그 사업을 크게 펼쳤다. 선생의 경우는 또 두 공 뒤에 나와 진실로 그 계통을 전수받을 수 있었다."라고 하여

아마도 식암이 입언(立言)한 뜻은 아닐 것입니다.

족하께서 백옥(伯玉 오원(吳瑗))의 시를 평하면서 향산(香山 백거이(白居易))에 비유하자 백옥이 몹시도 불쾌해했다고 합니다. 백옥이 어찌 향산에 만족하지 못한 것이겠습니까? 아마도 스스로도 향산과 닮은 것을 고민하고 있던 차에 족하께서 마침 그 병폐를 찔렀기 때문일 것입니다. 비록 그러하나 백옥은 맑고 담박하여 의경(意境)에 힘쓰고, 향산은 농밀하고 풍성하여 서사(敍事)로 나아가므로 기실인즉 크게 다른 점이 있습니다. 다만 구법(句法)이 가끔 비슷한 것을 가지고 족하께서는 억지로 같은 부류로 귀납시켰고, 백옥 역시 스스로 변명하지 못했을 따름입니다.

시를 선별하는 작업은 본디 하루아침에 해낼 수 있는 일이 아닙니다. 그러나 하루아침에 시작하지 않는다면 그 언제 해낼 수 있겠습니까? 당(唐)나라 사람의 시는 권질이 너무도 많아 선별하기가 가장 어려우니, 지금 의당 그 어려운 것부터 시작해야 할 것입니다. 저는 일찍이 천근한 견해를 가지고 당시(唐詩)를 편집한 적이 있는데, 감히 자신할 수 없는 부분이 있을 때마다 두세 명의 군자께서 보태거나 삭제해주시기를 기다렸다가 절충하고자 하였습니다. 여기 목차를 적어 보내니 모름지기 본질(本帙)과 일일이 대조 점검을 마치시고 그런 후에 가부의 결정을 내리시는 것이 어떠하십니까?

신최를 최립(崔岦)·장유와 나란히 놓았다.

이의숙[119]에게 드리는 편지

與李宜叔

보내오신 편지의 내용은 어쩌면 그리도 사람을 즐겁지 못하게 만드는지요.

"길함과 흉함, 후회와 부끄러움은 동(動)에서 생기는 것이다."[120] 이것이 어찌 제가 한 말이겠습니까? 《주역(周易)》의 가르침입니다. 제가 평소에 전전긍긍 두려워하는 것이 바로 여기에 있기 때문에 족하께 받들어 권면하는 것 역시도 감히 이것을 벗어나지 않았으며, 지난번 편지에서 언급한 '금함(金緘)'과 '옥성(玉成)'[121] 역시도 이 뜻일 뿐이었으니, 전적으로 근자의 어떤 일에 근거하여 이런 말을 한 것은 아닙니다.

선(善)을 권면하고 비방을 그치게 하는 것이 옛날 벗 사이의 의리라지만, 너무 자주 하면서 그칠 줄을 모른다면 제아무리 고명한 사람이라 하여도 되레 살피지 못할 수 있습니다. 천하의 교우(交友)의 도(道)라는 것이 참으로 아득하기도 합니다.

119 이의숙 : 이천보(李天輔). 70쪽 주101 참조.

120 길함과……것이다 : 《주역》 〈계사전 하(繫辭傳下)〉에 보인다.

121 '금함(金緘)'과 '옥성(玉成)' : '금함'은 말을 조심하라는 경계이다. 공자가 주(周)나라에 갔다가 태조 후직(后稷)의 사당에 들어갔더니 오른쪽에 금인(金人)이 서 있는데, 입은 세 겹으로 봉해져 있고, 등에는 "옛날에 말을 삼가던 사람이다."라고 새겨져 있었다고 한다. 《孔子家語 卷3 觀周》 '옥성'은 송나라 장재(張載)의 〈서명(西銘)〉에 "그대를 빈궁하게 하고 시름에 잠기게 하는 것은 장차 그대를 옥으로 만들어 주려 함이다.〔貧賤憂戚 庸玉汝於成也.〕"라는 말에서 따왔다.

이의숙[122]에게 드리는 답장
答李宜叔

편지를 받고 순선(巡宣)[123]하시는 일이 매우 잘 되고 있음을 알게 되었기에 실로 우러러 그리는 마음에 큰 위로를 받았습니다. 다만 성(城)의 역사(役事)가 방대하여 쉽게 완성되기 어려운지라 아마도 마음의 수고로움이 적지 않을 것입니다.

저는 부모님 모시고 그럭저럭 편히 지냅니다. 일전에 계장(季章)을 외직에 보임한 일에 대해 논의한 것은 삼사(三司)의 고사(故事)를 대략 보존하고자 한 것인데, 엄한 교지가 내려와 파직을 명하시니 황공하기 이를 데 없습니다.[124] 하지만 초가집에서 누웠다 일어났다 하면서 맑고도 한적하게 잠자고 먹으며, 책상 위 먼지를 털어내고 옛날 책들을 찾아 점검하는 것 또한 재미난 일이지요.

122 이의숙 : 이천보(李天輔). 70쪽 주101 참조.

123 순선(巡宣) : 순(巡)은 순찰의 뜻이고 선(宣)은 왕정을 편다는 뜻으로, 즉 순찰사가 되어 지방에 왕정을 펴는 것을 의미한다.

124 일전에……없습니다 : 계장(季章)은 윤봉오(尹鳳五, 1688~1769)의 자로 호는 석문(石門), 시호는 숙간(肅簡)이다. 동지의금부사・대사헌 등을 역임하였다. 영조 23년(1747) 1월 15일에 교리로 있던 윤봉오가 병조 판서 원경하를 비판하는 상소를 올리자 19일에 윤봉오를 홍천 현감으로 내보냈다. 이에 홍문관 응교로 있던 남유용이 24일에 상소하여 윤봉오를 구원하였으나, "윤봉오를 특별히 전보시킨 것은 참작에 참작을 더한 것이라고 할 수 있는데, 윤봉오의 마음과 같지 않은 자라면 어떻게 감히 그를 비호하겠는가?" 하고, 특별히 그의 관직을 체임하게 하였다. 이튿날 한광회(韓光會)가 연석(筵席)에서 남유용을 매우 힘껏 구제하자, 마침내 정지하였다. 《영조실록》

문밖의 풍색(風色)[125]이 비록 몹시 안 좋기는 하지만, 두문불출하는 사람을 어쩌지는 못한다니, 존형의 근심이 아마도 너무 과하신 듯합니다. 벗들 중에 간언했다가 견책을 당한 사람이 줄을 이은 탓에 조정의 반열 중에 돌아보며 이야기 나눌 만한 사람이 없으니, 몹시도 두렵습니다. 임금에게 간언하는 사람은 죄다 새로 뽑힌 사람들 뿐이라, 저 역시 자못 이를 구실로 경유(景孺)[126]에게 자랑을 했더니 경유는 아무 대답도 하지 못했습니다. 참으로 우습습니다.

보여주신 새로 지은 글은 광채가 사람 마음을 움직여, 손에 쥐고 완상하기에 참으로 좋았습니다만 실제 시행할 때도 능히 볼 때와 같을 수 있을지 모르겠습니다. 심부름꾼이 황급히 돌아가려 하여 많이 쓰지 못합니다.

125 풍색(風色) : 세상의 움직임, 동정, 분위기를 뜻하는 듯하다.

126 경유(景孺) : 윤급(尹汲, 1697~1770). 본관은 해평, 자는 경유, 호는 근암(近庵)이다. 판의금부사·이조 판서·좌참찬 등을 역임하였다.

영상 이의숙[127]에게 드리는 답장

答李領相宜叔

성대한 가르침은 잘 알겠습니다. 선배 중에 3품으로 문형(文衡)의 천거에 든 자는 지금 손에 꼽을 정도인데, 인망(人望)뿐만 아니라 자력(資歷)까지 모두 갖추어진 후라야 비로소 별격(別格)으로 의의(擬議)되어도 뒷말이 없을 수 있습니다. 지금 아무개 영감의 명성과 지망(地望) 정도면 모든 사람이 괜찮다고 말하지만, 괴원(槐院 승문원(承文院)) 제조(提調)와 같은 말석을 한번 내주는 것도 오히려 아끼면서 삼관(三館)의 높은 자리에 불어 올려주라고 시키다니, 이는 밖으로 헛소리만 내고 실제로는 그 진출을 막으려는 것이 아니겠습니까? 참으로 이해하지 못할 일입니다.

당하(堂下) 관직(館職)을 거치지 않고서 곧장 부제학에 배수된 김성옹(金醒翁)[128] 같은 전례도 절로 있거늘, 어찌하여 이와 같이 인색하게 군단 말입니까? 이 또한 알 수 없습니다. 참판 두 사람 중 한 사람의 경우, 문학을 논할 때 누가 감히 그보다 앞에 올 수 있습니까? 그러나 자급이며 성망이 아직 얕아 힘을 빌릴 만한 곳이 없습니다. 매사가 이와 같으니, 참으로 개탄할 만합니다.

혹자가 말하기를,

127 이의숙 : 이천보(李天輔). 70쪽 주101 참조.

128 김성옹(金醒翁) : 김덕함(金德諴, 1562~1636). 본관은 상주, 자는 경화, 호는 성옹(醒翁), 시호는 충정(忠貞)이다. 대사간・대사성・부제학 등을 역임하였다.

"이는 천거하는 자의 권형에 달려있는 것이지 어찌 자력(資歷)에 의지하는 것이겠는가?"

라고 합니다. 이는 절대 그렇지 않습니다. 조정에서 사람을 쓸 때 가장 중시하는 것은 계급(階級)입니다. 문형에게 비록 일시적인 권한이 있다 하더라도 어찌 감히 관방(官方)을 무너트리고 자신의 견해에 망령되이 맡겨 진짜 저울을 파는 사람처럼 행동할 수 있겠습니까? 권점하는 일이 잘못되면 다시 기용되어 천거 대상이 될 수 없는데, 만약 형세에 내몰리어 부득이하게 명에 응했다가 한두 가지 논의가 모두 수포로 돌아가고 말아 실로 도움을 청할 곳이 없어진다면, 그 답답하고 한탄스러움을 어찌한단 말입니까? 대감께서 재상으로서의 힘[129]을 조금 발휘하시어 요석(僚席)에서 잘 조절하시고, 괴원 제조 일을 서둘러 마치시기 바랍니다. 아울러 이 편지를 이조 판서에게 전해 보여주시어, 직접 홍문관 제학(提學) 자리 하나를 마련하여 두 사람이 뜻을 펼칠 장소로 삼게 해주심이 어떠하십니까?

일전에 지제교(知製敎)를 초계(抄啓)하라는 명을 받았는데, 그때 별 탈이 없는 듯하여 명에 응하면서 당상(堂上) 삼자함(三字銜 지제교의 별칭)에 경령(敬令) 한 사람을 선발해 넣음으로써 승진하는 계단으로 삼게 해주고자 하였습니다. 그러나 끝내 이 좋은 일마저 어그러지고 말았으니, 일에 마(魔)가 계속 끼는 것도 이상할 것 없습니다. 이만 줄입니다.

129 재상으로서의 힘 : '균력(勻力)'은 균형(勻衡)으로서의 힘이라는 뜻이다. 균형은 '鈞衡'으로도 쓰는데 국가 정무의 중임을 담당하는 재상을 이른다.

유수보[130] 수기 에게 드리는 답장

答兪守父 受基

보여주신 바닷가 갈매기의 비유는 어쩌면 그리도 사람으로 하여금 표연히 흥이 일게 하는지요? 어제 사냥을 나갔다가 기이한 경관을 보고는 배를 움켜잡고 웃었는데, 아낌없이 벗을 위해 말해드리겠습니다.

꿩이 썩은 쥐를 얻었는데, 굶주린 매가 내려와 쥐를 덮치자 사냥개가 또 뒤쫓아 와 코를 벌렁거렸습니다. 꿩은 본디 매의 적수가 아닌지라 썩은 쥐를 버리고 날아가 버렸고, 매는 꿩을 덮치지 않고 오직 쥐만 쪼아 먹었으며, 개는 쥐가 자신의 먹이가 아님을 알고 머뭇거리다 물러났습니다. 사람들은 또 매가 꿩을 버리고 쥐를 좋아하는 것을 싫어하며, 훌륭한 매가 아니라고 생각하여 쫓아버렸습니다.

저 꿩이야 썩은 쥐를 얻지 못한다손 무슨 걱정이 있겠습니까? 게다가 매가 귀한 까닭은 하늘을 높이 나는 기상이 있기 때문이요 먹이를 잡아 덮치는 의기가 있기 때문이거늘, 꿩이나 개와 더불어 먹이를 다투어서 장차 어디에 쓰려고 한단 말입니까? 그러나 세상에 금모(金眸)와 옥조(玉爪)[131]가 없는 것을 어찌하겠습니까.

130 유수보 : 유수기(兪受基, 1691~1729). 본관은 기계, 자는 수보(守甫) 혹은 수보(受甫), 호는 逸軒이다.

131 금모(金眸)와 옥조(玉爪) : 금모'는 황금처럼 맑고 반짝이는 눈동자를 가리키는데, 주로 시력이 뛰어난 매의 눈을 지칭한다. 옥조는 매의 이름이다. 《동도사략(東都史略)》 권124에 "연희(延禧)의 호칭은 천조황제(天祚皇帝)이다. 여진(女眞)에 좋은 매가 있는데, 첫 번째는 해동청(海東靑)이고 그다음은 옥조(玉爪)였다. 이 두 마리 매는 뛰어나 단번에 천 리를 날아간다."라는 기록이 보인다.

유자성[132] 묵기 에게 드리는 답장
答兪子成 默基

가르침을 받고 보니 저의 도(道)가 약간 노씨(老氏 노자)에 가깝다고 여기시는 듯하였으며, 노씨를 공격한 내용 또한 대단하였습니다. 제가 노씨에 가까운지 저는 정말 스스로 알지 못하겠거니와, 족하(足下 편지의 2인칭)의 저를 사랑하는 마음이 지극한 탓에 우려가 과했을 뿐인지라 감히 가르침을 받들지 못하겠습니다. 노씨를 공격한 내용 같은 것도 아마도 노씨를 심복하게 하기에는 부족한 듯합니다.

대저 밖으로는 '허무(虛無)'에 의탁하고 있으나 안 보이는 데서는 '크게 욕심내는 바'를 이루고자 한 것, 이것이 바로 노씨가 행한 도입니다. '허무'란 노씨가 듣기 좋아하는 말이고, '크게 욕심내는 바'란 노씨가 깊이 꺼리는 말입니다. 그러므로 세상에서 노씨를 공격하면서 '허무'라고 일컫는 것에 그치는 자라면, 그의 휼계(譎計)[133]에 빠진 것입니다. 그런즉 노자의 도가 오로지 허무만을 일삼고 있지 않음이 분명하고, 노자의 죄가 오로지 허무에만 있지 않음이 확실합니다. 반드시 먼저 그가 크게 욕심낸 바를 탐색하여 분명하게 사람들에게 내보여야만 '허무'가 결코 혼자 다니며 그 도를 행하지 못할 것입니다.

대저 허무라는 것이 어찌 진짜로 빈 것이요〔虛〕 진짜로 없는 것〔無〕

132 유자성 : 유묵기(兪默基). 생원시에 합격하여 참봉을 지냈다. 다음 편지에 나오는 유숙기(兪肅基)가 바로 밑의 아우이다.

133 휼계(譎計) : 간사하고 능청스러운 꾀를 말한다.

일 뿐이겠습니까? 지극히 빈 것을 채움〔實〕으로 삼고, 궁극의 없음을 있음〔有〕으로 삼는 것입니다. 서른 개의 바큇살이 하나의 수레바퀴에 같이 모여 있지만 그것이 없어질 때 수레의 쓰임이 생겨나고, 흙과 나무를 얽어 집을 짓지만 그것이 없어질 때 집의 쓰임이 생겨납니다. 수레는 비어 있기에 수레의 쓰임이 있는 것이고, 집은 비어 있기에 집의 쓰임이 있는 것입니다. 천하의 물건은 모두 여기서 벗어나지 않건만, 오직 사람만은 허무의 쓰임을 알지 못해 기어이 '채워져서 있는 것〔實有〕'의 이로움을 추구하기 때문에 분쟁이 여기저기서 일어나고, 서로를 해치는 지경에까지 이르는 것입니다. 이것이 바로 노씨가 드러내놓고 말한 내용입니다.

만약 천하가 수레일 때 나는 그 '없음〔無〕'이 되고, 천하가 문(門)일 때 나는 그 '빔〔虛〕'이 된다면, 사람들은 날마다 그 빈 곳을 드나들면서 그 쓰임을 알지 못하고, 날마다 몰면서 그 공(功)을 알지 못할 것입니다. 수레가 망가지고 집이 무너질 때에 이르러 비록 수레바퀴와 바큇살이 부서지고 꺾인다 해도 나는 아무 데도 다친 곳 없고, 창과 문이 무너지고 내려앉는다 해도 나와는 아무런 상관없을 것입니다. 그러나 천하가 수레이고 문이라 할 때 나를 버리고 능히 그것을 이용하는 자를 보지 못하였으니, 이것이 바로 노씨가 크게 욕심낸 바였던 것입니다. 또 오로지 숨기며 비밀로 하였기 때문에 족하처럼 현명한 사람도 도리어 깨닫지 못했던 것입니다.

지금 제가 드러내놓고 말해보겠습니다. 가령 노씨로 하여금 백대(百代) 이후 그 정실로부터 도망칠 곳이 없게 만든다면, 이것이 과연 더불어 그 도를 행하는 자의 부류이겠습니까? 또한 노씨가 어찌 족히 더불어 진정한 도를 행할 만한 자이겠습니까? 《시경(詩經)》에서 이르기를,

"주(周)나라로 가는 길은 숫돌처럼 평평한데, 그 곧기가 화살 같도다. 군자가 밟는 바요 소인들이 우러러보는 바이로다."[134]라고 하였습니다. 군자가 도를 말미암아 걸어가면 사람들은 모두 다 볼 수 있을 터, 무엇 때문에 비밀로 한단 말입니까? 비밀로 한 후에 행하는 것이라면 도적들의 도입니다. 저는 이런 일을 몹시 슬퍼하기 때문에 하지 않습니다.

134 주(周)나라로……바이로다 : 《시경》 〈대동(大同)〉에 보인다.

유자공[135] 숙기 에게 드리는 답장

答兪子恭 肅基

지금 보내주신 편지를 배독하고 열병 증세가 여름 들어 다시 도졌음을 알게 되었기에 놀라 염려하는 마음을 이길 길이 없습니다. 오직 스스로 잘 보양하시기를 바라니, 그러면 어떤 병인들 낫지 않겠습니까. 저는 멀쩡히 먹고 마시면서 차마 돌아가신 형님의 상사(祥事)[136]를 치렀는데, 가슴이 무너질 듯한 지극한 심정은 어찌 표현할 바를 모르겠습니다.

한 권의 경서에도 아직 숙달하지 못하였기에, 일명(一命)[137]이 급하지 않다는 것을 스스로 잘 알고 있으니, 옥에 갇히는 액운은 태반이 이것으로 말미암지요. 그러나 처음 지녔던 마음을 굳게 지키면 또한 분의(分義)에 해될 것이 없음을 잘 알고 있습니다. 다만 이 사람은 본디 고상한 부류가 아닌지라, 한번 나아가 사은숙배하고, 임금으로 하여금 별반 훌륭한 점이 없는 사람임을 알게 하여야 비로소 이 마음에 부끄러움이 없을 것입니다. 그 후의 거취는 제가 하고 싶은 대로 하여

135 유자공 : 유숙기(兪肅基, 1696~1752). 본관은 기계, 자는 자공, 호는 겸산(兼山)이다. 김창흡(金昌翕)의 문하에서 수학하였다. 교하(交河)에서 원근의 선비들을 가르쳤으며, 금구 현감 재임 시 선정으로 이름이 높았다.

136 상사(祥事) : 사람이 죽은 뒤 두 돌 만에 지내는 제사이다.

137 일명(一命) : 본래 조정으로부터 임명받는 최하등의 관직을 가리키는 말로, 조선시대의 첫 등급인 종9품과 같다. 주나라의 일명에서 구명(九命)까지의 관계(官階)에서 유래하였다.

도 여유가 있을 것이니, 비록 거듭 견책을 받는다 하여도 감히 근심하지 않겠습니다. 비루한 견해는 이와 같은데, 과연 큰 실수에 이르지는 않겠지요?

처음에는 편지로 의견을 여쭙고자 하였으나 사안이 미미하여 족하(足下 편지의 2인칭)를 번거롭게 해드리기에 부족하다 생각하던 차에 이렇게 편지로 가르침을 받게 되었으니, 족하의 깊은 사랑이 아니라면 어찌 여기까지 생각이 미쳤겠습니까? 참으로 많은 사랑을 받고 있습니다! '고아한 운치' 운운한 것에 이르면, 족하처럼 저를 두텁게 아시는 분께서 도리어 이런 말을 하시다니요. 온공(溫公 사마광(司馬光))이 어찌 족하의 스승이 아니겠습니까? 어찌하여 갑자기 이러한 황당한 말씀을 하신단 말입니까? 참으로 우습습니다.

지난 그믐에 수성(隋城 수원)을 찾아가 문안하였을 때 병환에 차도가 없었으니, 생각건대 족하께서는 근심스럽고 답답한 심경을 이길 길이 없으실 테지요. 보내오신 편지는 과천 가는 도중에 처음 받아보았는데, 지금에 이르러서야 인사를 올리니, 탄식할 노릇입니다. 이만 줄입니다.

민사원[138] 우수 에게 드리는 편지

與閔士元 遇洙

돌아가신 형님의 글들은 영남백(嶺南伯 영남 관찰사)이 힘 써주신 덕분에 장차 간행 시일이 잡혀 무사히 일을 마칠 수 있을 듯하니, 다행히 여기는 마음 한량없습니다. 그러나 이어 생각해봄에, 문집만 홀로 세상에 전해져서는 안 되며, 반드시 지언자(知言者)[139]의 한 마디 귀중한 말이 있어 이 문집이 가히 전할 만하다는 뜻을 실어준 연후라야 바야흐로 불후의 것이 될 수 있을 것입니다.

문장이 훌륭한지 훌륭하지 못한지는 문집에서 찾아보면 알 수 있으므로 서문(序文)을 쓰는 자가 크게 경중을 좌우하지는 않습니다. 그러나 문자를 가지고 찾아볼 수 없는 감추어진 덕과 어두운 빛과 같은 것이라면, 그것을 밝혀 드날리는 책임은 오로지 서문을 짓는 자가 무겁게 져야 합니다. 돌아가신 형님께서는 평소에 교유가 넓지 않아서, 오래도록 어울리며 서로 깊이 아는 사람이라고는 존형 등 한두 사람에 지나지 않습니다. 지금 이 글을 부탁드리면 차마 사양하지 못할 것이기에 감히 청을 드리는 것이니, 써보시겠다는 응답을 내려주시기 바랍니다.

138 민사원 : 민우수(閔遇洙, 1694~1756). 본관은 여흥, 자는 사원, 호는 정암(貞菴)이다. 서인의 학맥을 띠는 인물로서, 호락논쟁(湖洛論爭)과 노소(老少) 대립에서 주도적인 역할을 하였다. 대사헌을 역임하였으며 저서로 《정암집(貞菴集)》이 있다.

139 지언자(知言者) : 사람의 말을 듣고 그 진의를 잘 파악하는 사람을 말한다. 《맹자》 〈공손추 상(公孫丑上)〉에서 맹자가 "나는 말을 알며, 나는 나의 호연지기를 잘 기른다.〔我知言, 我善養吾浩然之氣.〕"라고 한 데서 유래했다.

민사원[140]에게 드리는 편지

與閔士元

소식이 막혀 있어 다만 우러러 그리는 마음만 간절합니다. 생각건대 늦가을 찬 서리에도 기체 편안하시고 심신도 강녕하시겠지요. 얼마 전에 교리 이공보(李功甫)[141]의 말을 들으니 단양의 서당[142]에서 말씀을 받들었다고 하던데, 정신과 기운이 자못 맑고 왕성하셨다고 하기에 기쁨과 위로의 심정이 그칠 줄 몰랐습니다.

아우는 우연히 서읍(西邑 황해도)에 임명을 받아 사폐(辭陛)[143]할 날이 장차 다가오고 있었는데, 곧이어 보양관(輔養官)이라는 차지해서는 안 될 자리에 임명되는 바람에 모친을 편히 모시고자 하던 소원이 어긋나고 말았습니다.[144] 사적인 계획이 어긋난 것이야 말할 겨를이 없다 치더라도, 이 사람이 이 직책을 맡는 것은 실로 참람됨이 심한 것이라 스스로 돌아봄에 부끄럽기 짝이 없어 몸 둘 바를 모르겠습니다. 조만간

140 민사원 : 민우수(閔遇洙). 92쪽 주138 참조.

141 이공보(李功甫) : 이양천(李亮天, 1716~1755). 공보는 그 자이다. 본관은 전주, 호는 영목당(榮木堂)이다. 홍문관 교리, 사간원 헌납 등을 역임하였다. 1752년에 영조가 관료들을 사방으로 찬배한 것에 대해 상소를 올린 후 영조의 분노를 사서 흑산도에 위리안치되었다가 1755년에 풀려났다.

142 단양의 서당 : 민우수는 이 편지가 쓰인 1754년에 61세의 나이로 단양을 방문하여 이윤영(李胤永)과 함께 《주역》을 읽고 돌아온 바 있다.

143 사폐(辭陛) : 외직이나 사신으로 가는 자가 임금께 하직 인사하는 것을 말한다.

144 아우는……말았습니다 : 남유용은 1754년에 8월에 안악 군수(安岳郡守)에 임명되다가 곧이어 9월에 민우수와 함께 원손 보양관(元孫輔養官)에 임명되었다.

장계를 올려 간곡한 뜻을 다 아뢰고자 하는데, 분명 해임될 수 있을 것입니다.

그러나 태형(台兄)[145] 같은 사람이라면 훌륭한 덕을 지니고 오래 전부터 높은 성망(聲望)을 지녀왔으며, 예전에 있던 자리에 거듭 나아가시는 것이라 기어이 사양해야 할 의리라곤 없을 것입니다. 게다가 원손께서 어려서부터 영민하시어 성상께서 특히나 일찍 가르치시는 것에 생각을 두고 계시니, 이 뜻을 줄곧 홀로 저버려서는 안 될 듯한데, 어떻게 생각하고 계시는지 모르겠습니다.

움직일지 움직이지 않을지 점을 치시어 이미 충분히 헤아리셨으리라 생각됩니다만, 지금 청리(廳吏 아전)가 떠난다고 고하는 김에 짐짓 어리석은 견해를 우러러 펼쳐 보고 겸하여 안부를 여쭈었습니다. 이만 줄입니다.

145 태형(台兄) : 동년배를 편지에서 높여 부르는 호칭이다. '태(台)' 자는 편지에서 상대방을 부르는 용어인데, 2품 이상 관직을 하던 사람에게 사용하였다.

민사원[146]에게 드리는 편지

與閔士元

소식이 막혀 있어 우러러 그리는 마음만 실로 간절합니다. 엎드려 생각건대 4월 들어서 기체 만강하시겠지요.

원손께서는 어려서부터 영민하심이 남다르시어 《소학(小學)》초해본(抄解本)의 강송(講誦)이 거의 끝나가고 있으니, 지금이야말로 사부(師傅)가 보좌하여 이끌 적기입니다. 그러나 스스로 돌아보아 비루하고 졸렬한 제가 외람되이 중임을 맡아 한 달에 세 번 나아가 만나 뵈오면서 한갓 허례(虛禮)만 갖추고 있으니, 어찌 털끝만큼의 보익(輔翼)이나마 바랄 수 있겠습니까. 이러한 때에 고아한 풍모를 아득히 멀리서 그리워하자니 평소보다 몇 배나 간절해집니다.

예전에 상소 하나를 올려 돈소(敦召)[147]를 더하실 것을 청하였는데, 유념하시겠다고 답하시었으나 벌써 한 해가 되었음에도 별반 부르시는 거동이 있다는 말을 듣지 못하였기에 답답한 마음 더욱 이길 길이 없었습니다. 그래서 일전에 감히 이전 올렸던 청을 다시 올리자 소조(小朝 세자)로부터 비로소 별유(別諭)가 내려왔는데, 그 뜻을 보니 매우 간곡하였으며, 갈망하고 기다리는 뜻이 범상한 정도를 아득히 뛰어넘었습니다. 존형께서는 이에 어찌 답하시려는지 모르겠습니다.

도암(陶菴)[148]도 일찍이 이 직책을 한껏 사양한 바 있었으나, 그때는

146 민사원 : 민우수(閔遇洙). 92쪽 주138 참조.

147 돈소(敦召) : 왕이 신하를 간곡한 말로 부르는 일이다.

원자께서 아직 강보에 계실 때라 한갓 보양관(輔養官)이라는 이름만 있었지 보양관으로서 실제 하는 일은 없었으니, 나아가지 않은 것도 또한 절로 하나의 의리가 되었습니다. 그러나 지금은 그때와 다릅니다. 서로 만나면 능히 절하고 읍할 줄 아시고, 함께 이야기하면 능히 한두 마디 응대할 줄 아시며, 문자를 알려드리면 능히 받아들여 읽을 줄 아십니다. 저 혼자 속으로 생각해 볼 때 이끌어 도와주고 훈도(薰陶)하는 일이야말로 지금의 급선무이니, 이때를 놓치고 나면 또한 혹여 막혀서 들어가지 않는 우환이 없지 않을 것입니다.

억만년의 종사를 맡기는 일은 오로지 보양(輔養)하는 일에 달려 있을 뿐입니다. 존형께서 비록 구릉과 골짜기에 고아한 뜻을 두고 계시지만, 속으로 생각하기에 나라와 휴척(休戚)을 함께하시는 의리인즉 세상을 잊고 사는 자들과 비교할 수 없을 터인데, 모든 일을 물리친 채 전혀 바뀜이 없어서야 어찌 마땅하겠습니까? 조만간 성상께 글을 올리실 듯한데, 만약 한번 서울에 들어오겠다는 뜻을 적어주신다면 위로는 자리를 비워놓고 기다려주신 보살핌에 보답할 수 있을 것이요, 아래로는 뭇 사람들의 기대를 저버리지 않을 수 있을 것입니다. 어떻게 생각하시는지요.

움직일지 움직이지 않을지 점을 치시어 이미 계산이 섰으리라 생각되오만, 기왕에 어리석은 견해가 있기에 감히 숨기지 못하였습니다. 깊이 헤아려주시기를 바랍니다.

일전에 원손께서 크게 네 글자를 쓰시어 하사하였기에 지금 여기에

148 도암(陶菴) : 남유용은 도암 이재(李縡)에게서 학문을 배웠는데, 이재는 또 민우수의 외사촌이다. 민우수 또한 이재를 스승처럼 섬겼다.

같이 부쳐 넣습니다. 또한 원손의 이른 깨달음이 타고나신 것임을 족히 볼 수 있으리나, 아우는 여전히 고인이 말한 "마음이 바르면 글씨도 바르다."[149] "뜻이 방만하면 황폐해진다."[150] 등의 말을 가지고 규간(規諫)을 바쳤을 뿐입니다. 이만 줄입니다.

149 마음이……바르다 : 이 부분은《구당서(舊唐書)》권165, 〈유공권전(柳公權傳)〉에 보인다. "글씨를 쓰는 것은 마음에 달려 있으니, 마음이 바르면 글씨도 바르다.〔用筆在心, 心正則筆正.〕"

150 뜻이……황폐해진다 : 이 부분은 주희의 〈서자명(書字銘)〉에 보인다. "마음을 놓으면 황폐하고 고움을 취하면 미혹된다.〔放意則荒 取姸則惑.〕"

이사수[151] 정보 에게 드리는 답장
答李士受 鼎輔

직접 써주신 편지를 연이어 받들고서 위로와 감사의 마음이 동시에 들었습니다. 알려주신 일의 경우, 외부의 의론이 이와 같다는 것을 저도 아주 잘 알고 있으니, 대개 첨(瞻) 영감[152] 등이 말할 때까지 기다릴 필요도 없을 것입니다. 다만 저의 생각인즉 참으로 치우침이 없는지라 중도에 바뀔 리 없습니다. 이 또한 성격이 편벽되어 교화되기 어려운 부분이기도 하니, 어찌하겠습니까.

시호(諡號)란 실제 행실 중에서 큰 것을 절취하여 짓는 것이니, 만약 혹시라도 사실에 부합하지 않는 것이 있다면 어찌 그 사람이라 할 수 있겠습니까. 고(故) 재상[153]이 임금을 섬긴 절개와 나라를 경영한 계책은 대개 임기응변과 술수에서 나왔습니다. 한번 억눌렀다 한번 들어올렸다, 때로는 풀었다 때로는 당겼다 함이 한 세대를 농락하고 목전의 일을 미봉하는 술법이었다고 아니할 수 없으며, 이른바 '시대를 구했다'는 것도 실제로는 나라를 병들게 함을 면하지 못하였으니, '충(忠)'이라 할 것이 어디에 있단 말입니까?

151 이사수 : 이정보(李鼎輔, 1693~1766). 본관은 연안이며 자는 사수, 호는 삼주(三洲) 또는 보객정(報客亭)이다. 이조 판서・대제학・예조 판서 등을 역임하고 만년에 벼슬이 판중추부사에 이르렀다. 이천보(李天輔)의 종형이기도 하다.

152 첨(瞻) 영감 : 미상.

153 고(故) 재상 : 내용으로 살펴볼 때 여기서 거론하고 있는 옛 재상은 이광좌(李光佐)인 듯하다. 그의 시호는 문충(文忠)이다.

수년 이래 혹 선량한 사람들을 지켜 보호하고, 늘그막에 공(功)을 수습한 감이 있기는 하지만,[154] 첨 영감 등이 운운한 것과 같은 것은 또한 시세를 따라 처신하며 스스로 편의를 점하고자 한 것에 지나지 않으니, 그것이 과연 지극한 성심과 가엾게 여겨 슬퍼하는 마음에서 나왔겠습니까? 존형께서 말씀하신 '선량한 사람을 도와 보호하였다.'라는 말도 시행한 조치에 뚜렷이 드러나는 바 없이 그저 추측하여 안배한 흔적만 보일 뿐이므로 그가 '충'을 행한 것은 실로 보이지 않습니다. 게다가 이른바 '충'이라는 글자는 오로지 하나의 덕으로 시종일관 견지한 자만이 감당할 수 있습니다. 설령 고 재상이 정말로 훌륭하게 변했다 하더라도 종국에는 전후 행실이 딴판인 사람일 뿐인데, 어찌 '충'이라 일컬을 수 있겠습니까? 선배들 중 '충' 자를 시호로 삼은 사람의 경우, 그 사람의 본말이 사람들 이목에 환히 보이고 들려 가히 고찰하여 알 수 있었습니다. 그러나 근세로 내려오면서 시법(諡法)이 엄격함을 잃음에 이 한 글자를 그저 응대하는 도구로 간주하기에 이르렀으니, 영감 등의 무리가 저를 고집스럽다고 여기는 것도 또한 습속에 젖었기 때문일 뿐입니다.

비록 여러 논의를 거스를 수 없음을 잘 알고 있으나, 이 마음을 저버릴 수 없는 것만 못한 것을 어찌하겠습니까. 얼마 전에 대경(大卿) 학사[155] 또한 외부의 의론을 전해주면서, 고 재상은 살아생전 심히 그대

154 늘그막에……하지만 : 이광좌는 영조의 간곡한 부탁으로 노론 민진원(閔鎭遠)과 제휴하여, 노론과 소론의 연립정권을 세우고, 재임기간 동안 격심한 당쟁을 없애는 데 힘썼는데, 이 일을 가리키는 듯하다.

155 대경(大卿) 학사 : 황경원(黃景源, 1709~1787). 본적은 장수, 자는 대경. 호는 강한유로(江漢遺老), 시호(諡號)는 문경(文景)이다. 홍문관 제학·대제학·공조 판

를 앙모했는데 그대는 어찌하여 그의 사후에 이리도 각박하게 대하느냐고 말했습니다. 이 말 또한 한바탕 웃을 만합니다. 무신년(1728) 적을 토벌할 적에[156] 고 재상이 일을 주선하고 해결하기 위해 도움을 준 공로가 없지 않은데, 이 공은 없앨 수 없으니 일에 대응하여 공효가 있음을 뜻하는 '민(敏)' 자로 포괄하면 충분할 것입니다. 그러나 '충'이라고 한다면 과분한 정도에 그치지 않을 것입니다. 고려에 넣어주시고 너무 탓하지 말아주시기 바랍니다.

어르신을 못 뵈온 지 며칠이 되었습니다. 내일 일찍 시좌(諡坐)[157]를 열고 오후에 나갈 생각이니, 황 학사(黃學士 황경원)와 함께 궁문이 닫히기 전에 들어오심이 어떠하신지요?

서 등을 역임하였다.

156 무신년……적에 : 이인좌(李麟佐)의 난을 가리킨다. 이때 이광좌는 영의정으로서 난을 평정하는 공을 분무원종공신(奮武原從功臣) 1등에 봉해졌다.

157 시좌(諡坐) : 시호를 서로 의논하여 정하기 위한 모임이다.

이문원 덕홍[158] 에게 드리는 답장
答李文遠 德弘

아무개가 이군(李君) 족하(足下 편지의 2인칭)에게 회답을 올립니다. 족하처럼 학업에 부지런한 사람이라면 그 발전을 막지 못할 것만 같은데, 나는 퇴보하는 것만 보았지 발전하는 것을 보지 못하여 마음속으로 늘 이상하게 여겨왔습니다. 그러다가 지금 편지를 받들고 보니, '문을 닫고 인사도 모두 물린 채 날마다 《장자(莊子)》를 읽고 있는데, 흉중에 도도하게 차오르는 것이 있는 것만 같아 마침내 끝까지 다 읽고 그 궁극에 이른 다음에 멈추고자 하였다.'라고 적혀 있었습니다. 저는 이에 족하의 근면함을 더욱 기뻐하게 되었으며, 발전하지 못하는 것에다 이유가 있었음을 또한 알게 되었습니다.

천하의 이치는 하나이지만 말하는 자들마다 달리하여 도(道)가 마침내 둘이 되고 셋이 되었으며, 진실도 생겨나고 거짓도 생겨났습니다. 이것이 문자로 드러남에 이르러서는 다시 실질적인 것〔實〕이 생기고 공허한 것〔虛〕이 생겨났으며, 각자 그 부류로써 드러났습니다. 맹자(孟子)의 글은 실질적입니다. 비유하자면 뭇 물줄기가 바다로 들어가는 것과 같아서, 지극한 곳까지 가서는 충만해지고 커집니다. 장주(莊周)의 도는 공허합니다. 비유하자면 뜬구름이 하늘을 흘러 다니는 것과 같아서, 지극한 곳까지 가서는 텅 비어 사라져버리고 맙니다. 그렇기 때문에 그 궁극을 말하면 황제(黃帝)도 듣고서 의혹스러워 하는

158 이문원 : 이덕홍(李德弘, 1697～1768). 자는 문원이고 호는 졸옹(拙翁)・백졸(百拙)이다. 남유용의 처남이기도 하다.

바요[159] 왕예(王倪)와 설결(齧缺)도 들어보지 못한 것들입니다.[160] 만약에 족하가 그 글을 외우고 그 도를 구하면서 그 지극한 것 끝까지 가게 된다면, 또한 한도 끝도 없고 텅 비어 아무 것도 없는 지경뿐일 것입니다. 그렇다면 그 어디에서 끝이 나겠습니까?

나무의 생명은 뿌리에 있고, 물의 생명은 근원에 있으며, 도의 생명은 인의(仁義)에 있습니다. 지금 뿌리가 기댈 곳이 없는데 무엇을 통해 나무를 알 수 있고, 근원이 고일 곳 없는데 무엇을 통해 물을 알 수 있으며, 인의가 기인할 곳이 없는데 무엇을 통해 도를 알 수 있겠습니까? 그 도를 알지 못하는데 오직 그 말만 좋아한다면, 이는 족하가 텅 빈 골짜기의 메아리를 듣고 메아리에 소리가 있다고 여기는 것과 한가지입니다. 오직 사람만이 소리를 낼 수 있으므로 텅 빈 골짜기의

159 황제(黃帝)도……바요 : '聽瑩'은 듣고서 의혹한다는 말이다. 《장자》 〈제물론(齊物論)〉에 보인다. "구작자가 장오자에게 물었다. '부자에게 듣기를, 성인은 업무에 종사하지 않고, 이익을 취하지 않고, 해로움을 피하지 않고, 구하는 것을 기뻐하지 않고, 도를 따르지 않는다던가, 말이 없지만 말이 있고, 말이 있지만 말이 없으며, 세속 바깥에서 노닌다던가 하는 말이 있다고 하였습니다. 부자께서는 이를 허무맹랑한 말이라고 여겼으나, 저는 현묘한 도를 행하는 것이라고 생각합니다. 그대는 어떻게 생각하십니까?' 그러자 장오자가 말하기를, '이는 황제가 듣더라도 어리둥절할 말이니, 공자가 어찌 알 수 있었겠는가'?(?')라고 하였다."

160 왕예(王倪)와……것들입니다 : 역시 《장자》 〈제물론〉에 보인다. 설결이 왕예에게 묻기를 "그대는 사물이 다 같이 옳다고 여기는 바를 아는가?" 하니, 답하기를 "내가 어찌 그것을 알겠는가." 하였다. 설결이 또 묻기를 "그대는 그대가 모른다는 사실을 아는가?" 하니, 답하기를 "내가 어찌 그것을 알겠는가." 하였다. 묻기를 "그렇다면 사물은 앎이 없는가?" 하니, 답하기를 "내가 어찌 그것을 알겠는가. 그렇지만 한번 말해보겠다. 내가 이른 안다는 것이 모르는 것이 아님을 어찌 알겠으며, 내가 이른 모른다는 것이 아는 것이 아님을 어찌 알겠는가." 하였다.

메아리는 애초부터 소리라 여기기에 부족합니다. 오직 족하만이 도를 이룰 수 있으므로 장주의 말은 애초부터 도라고 여기기에 부족합니다.

《시경(詩經)》에서 이르기를, "높은 산을 우러르고 큰길을 가는도다."[161]라고 하였습니다. 군자는 도를 따라 걸어가되 반드시 그 궁극의 멈추는 곳에 뜻을 두고서 멈추어야 합니다. 지금 족하의 뜻은 도달할 곳이 없습니다. 또한 힘을 다해 그 끝까지 가보지만, 가도 가도 다다르는 곳이 없으면 그저 다시 돌아와야 할 뿐입니다. 비유하자면, 진(秦)나라 한(漢)나라 때 임금이 바다 밖에서 신선을 구하느라 평생토록 방황했지만 끝내 신선은 만나지 못한 것과 같으니, 저들이 시작할 적에는 어렴풋한 가운데 마치 그 형체를 본 듯하고 그 소리를 들은 듯하였으나, 이윽고 마음도 권태로워지고 힘도 지치자 개연히 탄식하면서 그것이 허망한 일임을 알았습니다.

족하가 흉중에 도도히 차오르는 듯 느끼신 것 역시 그 시작일 따름인데, 나는 나중에 후회하게 될까 두렵습니다. 또한 족하가 말하기를,

"내가 보니 장자의 도는 반드시 음란한 소리와 삿된 빛을 없앤 후라야 가능하다. 이는 군자의 도에 있어 이미 반은 넘어선 셈이다."

라고 하였습니다. 정말로 이렇게 할 수 있다면 어찌하여 맹자의 도를 가져다가 그 위에 더하지 않습니까? 대저 도에 있어 그 진위(眞僞)를 분별하지 못하고, 문장에 있어 허실(虛實)을 가리지 못한다면, 학업을 제아무리 부지런히 하여도 발전하는 바가 드뭅니다. 발전하는 바가 드물다면, 퇴보하는 것 또한 이상할 것이 없겠지요. 족하는 한번 잘 살펴보십시오.

161 높은……가는도다 : 《시경》 〈거할(車舝)〉에 보인다.

이문원[162]에게 드리는 답장
答李文遠

족하(足下 편지의 2인칭)는 일찍부터 학문에 뜻을 두었으며 주자(朱子)의 책을 유독 좋아하였는데, 그 좋아함의 두터움은 대개 외부로부터 얻어진 것이 아니었습니다. 보여준 한 질(帙)의 책을 통해 뜻을 세운 것의 돈독함을 더욱 잘 볼 수 있었으며, 참으로 시작과 끝이 있었던지라 몹시 기뻤습니다.

서문(序文)은 제가 맡을 일이 아니니, 천천히 숙련될 때를 기다렸다가 직접 지으셔도 늦지 않을 것입니다. 고금(古今)의 문장을 논한 것 역시도 들을 만한 것이 많았습니다. 그러나 주자의 문장을 논한 부분인즉 나는 그렇게 생각하지 않습니다.

옛날부터 도(道)를 지닌 사람들은 그 사업이 행해지지 못하였을 시 말이 길어졌습니다. 공자(孔子) 이래 현인군자 중 저술하여 후세에 드러난 자가 한두 사람이 아니며, 그 책도 여덟아홉으로 헤아릴 수 있는 것이 아닌데, 세대가 더욱 쇠락할수록 그 말은 더욱 길어지더니 주자에 이르러 극에 달했습니다. 주자가 살던 시대에 중국이 쇠망하고 이적(夷狄)이 횡행하였으니, 사람마다 인의(仁義)의 본성을 잃었으므로 반드시 그들을 열어 이끌어주고자 하였고, 한쪽으로 치우친 말이 일어나고 바른 학문이 쇠미해져 사람마다 성현의 말씀을 무고할 수 있게 되었으므로 반드시 이를 닦아 밝히고자 하였습니다. 혼자서 천만

162 이문원 : 이덕홍(李德弘). 101쪽 주158 참조.

명의 입을 대적해야 하는데, 그 말이 어찌 길어지지 않을 수 있었겠습니까? 훈모(訓謨)[163]처럼 간략하게 말하는 것은 주자가 하고 싶지 않았던 것은 아니라 형편상 불가능했던 것입니다.

지금 사람들은 흉중에 반드시 이러한 뜻이 있는 것도 아닌데 부질없이 말만 길게 하면서 말하기를, "주자의 문장도 이러하였다."라고 합니다. 주자의 문장이 어찌 일찍이 이와 같았던 적이 있었습니까? 또 주자의 책을 읽으면서 그 뜻은 논하지 않고 문장만 논하는데, 이는 바다를 보면서 그 거대함은 보지 않고 색깔만 보는 것과 같습니다. 그 뜻은 없애버리고서 오직 문장만 남겨둔다면 제자(諸子)가 지은 문장만도 못할 것이고, 거대한 것을 떠나서 오직 색깔만 남겨둔다면 못 물의 색깔만도 못할 터, 이런 데서 무엇을 취하겠습니까?

그래서 나는 늘 말하기를 '주자의 책을 읽는 데는 방법이 있다.'라고 하였던 것이니, 반드시 맹자를 먼저 읽고 그 다음으로 한자(韓子 한유(韓愈))를 읽어야 합니다.[164] 이 세 군자는 모두 시대를 가슴 아파하고 도를 근심함이 깊어서, 안에 간직한 가엾게 여겨 슬퍼하는 마음을 문장으로 드러냄에 그 뜻이 같고 또 그 글의 기운이 같았던 것입니다. 따라서 맹자를 잘 배운 사람으로 한자만 한 자가 없고, 주자의 글은 그 근원이 한자에게서 나왔습니다. 그 사람의 책을 읽으면서 그 근본을

163 훈모(訓謨) : 《상서(尙書)》의 여섯 가지 문체 가운데 훈(訓)과 모(謨)를 병칭한 것이다.

164 한자(韓子)를……합니다 : 여기서 유가의 도통(道統) 사상을 읽을 수 있다. 물론 순정(純正)함과 잡박(雜駁)함의 기준에 따라 출입이 생기기는 하지만, 넓은 의미로 잡을 때 공맹(孔孟)으로부터 시작해 순자 · 양웅(揚雄) · 한유(韓愈) · 주희로 이어지는 계통을 보통 유가의 도통이라 여긴다.

몰라서는 안 됩니다.

먼젓번에 '전일하게 한다'는 말로 족하에게 답하였는데, 족하는 나의 말을 의심하고 있습니까? '전일'이란 이것을 오로지하면서 마음이 다른 곳으로 가지 않는 것을 말합니다. 그 도는 어디를 가건 통하지 않는 곳이 없으니, 군자가 능히 학업을 성취하는 것이나 농부와 상인과 백공(百工)과 기예를 일삼는 자들이 능히 그 본업을 성취할 수 있는 것이나, 이 도를 버리고는 가능하지 않습니다. 내가 보내온 편지에서 인용한 것을 가지고 몰래 족하가 책을 보는 방법을 살펴보건대 넓다고는 할 수는 있겠으나 전일하다고는 할 수 없습니다.

나는 늘 책을 볼 때면 천천히 읊조리며 이끌어서 그 문사(文辭)에 창달하고, 정신을 가다듬어 본받아서 그 뜻에 도달하였습니다. 종일토록 읽어도 불과 수십 번밖에 못 읽고 그쳤으나, 그렇게 했음에도 입과 마음이 서로 호응하지 못하여 들어가거나 빠진 것〔入脫〕이 늘 많고, 처음부터 끝까지 들어가거나 빠진 것이 없는 곳은 세어 보아도 열에 네댓밖에 되지 않아 걱정이었습니다. 이로써 책 읽기의 어려움을 알 수 있으며, 전일하지 않으면 성취할 수 없다는 것을 더욱 믿게 됩니다.

족하는 고금을 품평하면서 경사(經史)를 넓게 인용하였습니다. 그러나 편벽하여 혹 마땅함을 잃기도 하였으며, 지리멸렬 찢기거나 견강부회(牽强附會)하는 병폐가 많이 보였는데, 그렇게 된 이유를 미루어 보건대 어찌 많은 문사를 범람하는 것만 통쾌함으로 여기면서 깊이 사색하는 공부를 조금 빠트리신 탓이 아니겠습니까? 편지에서 먼저 말씀을 부탁하셨기에 이렇게 언급한 것이니, 오직 족하가 결정하십시오.

이문원[165]에게 드리는 답장

答李文遠

절의(節義)를 위해 죽은 선비라고 해서 다 학문을 아는 자일 필요는 없습니다. 저 사육신(死六臣)이나 삼학사(三學士)[166]와 같은 분들이 어찌 모두 학문하는 사람들이었겠습니까? 지금 만약 '학문하는 선비는 능히 절의를 위해 죽을 수 있다.'고 말한다면 이는 가능한 이야기이겠으나, 만약 '절의를 위해 죽은 사람은 모두 학문을 아는 사람이다.'라고 말한다면 아마도 꼭 그렇지만은 않을 것입니다.

정재(定齋)[167]야 당연히 굳센 자이지만 성격이 편벽되어 이기기를 좋아하였으니, 그를 '학문'이라고 일컫기에는 거리가 멀 것입니다. 그의 성격은 모두 가정과 사우(師友)로부터 얻었으며 당파의 치우친 견해에 물든 바가 많아서, 선한 곳을 따라 들어가면 결국 선이 되지만, 불선(不善)한 곳을 따라 들어가면 결국 불선이 되고 말았습니다. 기사년(1689)의 절의는 다행히 선한 곳을 따라 들어갔을 뿐입니다. 그러나 불선한 곳이라 해도 그저 본 것이 잘못되었을 뿐, 세속에서 물결 따라 더러운 것에 몸을 합치는 무리들과는 비교할 바가 아닙니다. 대개 군자의 허물일 따름이지요.

165 이문원 : 이덕홍(李德弘). 101쪽 주158 참조.

166 삼학사(三學士) : 병자호란 당시 척화(斥和)를 주장하다가 심양(瀋陽)에 잡혀가서 굴복하지 않고 죽은 홍익한(洪翼漢)·윤집(尹集)·오달제(吳達濟)를 말한다.

167 정재(定齋) : 박태보(朴泰輔, 1654~1689). 기사환국 때 인현 왕후의 폐위를 반대하다가 숙종의 노여움을 사서 심한 고문을 받고 진도로 귀양을 가던 중 사망하였고 사후에 이조 판서로 추증되었다.

윤경평[168] 심형 에게 드리는 편지

與尹景平 心衡

일전에 찾아와주셔서 조용히 이야기 나눌 좋은 기회를 가졌습니다. 선장(先丈)[169]의 증고(贈誥 추증하는 사령장)를 삼가 베껴 올립니다. 팔이 아파 고생하는 중이라 글씨가 더욱 졸렬하고 거친 듯하여 부끄럽고 송구스럽습니다.

죽은 아들의 부인인 안씨(安氏)[170]를 정려(旌閭)하는 장계(狀啓)에 관해 일전에 예조(禮曹)에서 복계(覆啓)[171]한 이래로 은혜로운 명령이 내려오니, 그 영예와 감격은 참으로 망극합니다. 정려의 편액은 어르신[172]의 글씨로 얻었으면 합니다. 이런 일에 어찌 글씨의 훌륭하고 훌륭하지 못하고를 따지겠습니까마는 그래도 벗 중에서 어르신과 같은 사람의 손을 빌려 써 주십사 바라는 것은 또한 영예롭고 성대하게 꾸며주고자 하는 마음에서 나온 것이니 부디 저버리지 말아주십시오.

168 윤경평 : 윤심형(尹心衡, 1698~1754). 본관은 파평. 자는 경평(景平), 호는 임재(臨齋). 이조 좌랑과 예조 참판 등을 역임하였다.

169 선장(先丈) : 돌아가신 남의 아버지를 높여 부르는 말이다.

170 죽은……안씨(安氏) : 영조 24년(1748)에 사망한 남유용의 아들 남공보(南公輔, 1721~1748)를 말한다. 그는 안종해(安宗海, 1681~1754)의 딸과 혼인하였다.

171 복계(覆啓) : 상소나 계(啓)를 통해 올라온 사안을 해당 관청에 내려 심의하여 임금에게 거듭 보고하는 일이다.

172 어르신 : 원문의 '태(台)'는 2품 이상 벼슬에 있는 사람에게 편지를 보낼 때 상대방을 높여 이르는 말이다.

또한 한 단락의 문자를 얻어 정표(旌表)의 시말을 기록하고, 나란히 돌에 새겨 어린 자손들에게 보여주고자 하니, 원컨대 유념하여 주십시오.

안씨는 우리 집안에 들어와 죽을 때까지 겨우 14년을 살았는데, 시부모를 섬길 때는 사랑하며 언제나 잊지 않았고, 방에서 경건하게 지낼 때는 어여삐 행동하며 능히 단정하였습니다. 대개 14년 동안 부드러움과 조심스러움으로 스스로를 지키면서, 처음 시집온 날처럼 행동하며 하루도 감히 해이해지지 않았습니다. 늘 옛날 열녀의 사적을 읊조리기 좋아하며 반드시 그들의 행동을 본받고자 하였습니다. 그 죽음은 비록 중도(中道)에 맞았다고 할 수 없으나[173] 의(義)를 세운 것은 환할뿐더러, 차라리 목숨을 버릴지언정 차마 그 마음을 저버리지 못하였습니다. 이와 같은 사람이라면 어진 이나 군자들이 응당 취하는 바가 있을 것입니다.

상세한 내용은 향당(鄕黨)의 여러 공들이 예부에 아뢴 장계 중에 있습니다. 원본을 돌려받으면 응당 한 통 베껴 보내어 채록(採錄)에 대비하겠습니다.

173 중도(中道)에……없으나 : 안씨가 자결하였기에 이렇게 말한 것이다.

윤경유[174] 급 에게 드리는 편지
答尹景孺 汲

보여주신 글을 읽고 배를 잡고 웃었습니다. 지금 여기 두 사람이 서로 다투어 뜻도 실로 어긋나고 사귐도 실로 끊어졌다면, 혹 자리도 따로 앉고 수레만 바라봐도 서로 피합니까? 아니면 들고 날 때도 같은 문으로 다니고 걸어 다닐 때도 같은 길로 다닙니까? 들고 날 때 기왕에 같은 문으로 다니고 걸어 다닐 때 기왕에 같은 길로 다닌다면, 이는 저들의 호오(好惡)와 취향에 합쳐지기를 기약하지 않고도 합쳐지는 바가 절로 있다는 것입니다. 그렇기 때문에 저들이 처음 헤어질 때 벗들은 혹 근심하기도 하였으나 저는 근심하기에 부족하다 여겼고, 저들이 후에 다시 합쳐질 때 모두 이상하다 여겼으나 저는 이상할 것 없다고 여겼습니다. 제가 앞을 미리 내다볼 줄 알아서 그런 것이 아니라 사마공(司馬公 사마광(司馬光))이 한 말을 들었기 때문입니다.

"이런 일이 있으면 반드시 이런 이치가 있고, 이런 이치가 없으면 반드시 이런 일도 없다. 세상 사람들이 이상하다고 여기는 것들은, 현명한 사람이 보기에 모두 이상하게 여길 만한 일이 아니다."[175]

이는 참으로 멀리 내다보는 군자의 말씀입니다. 족하께서도 한번

174 윤급(尹汲, 1697~1770). 83쪽, 주126 참조.

175 이런……아니다 : 사마광의 《우서(迂書)》 〈무괴(無怪)〉에 나오는 말이다. 앞부분은 남유용이 인용한 것과 같고, 뒷 구절은 "세상 사람들이 이상하다고 여기는 것은 이상하달 것이 없으니, 현명한 사람이 보면 천하에 이상하다 여길 만한 일은 없다.〔世人之怪, 怪所希見, 由明者視之, 天下無可怪之事.〕"라고 되어 있다.

생각해보십시오. 그렇지 않습니까?

안개 낀 물결에 일엽편주를 띄우는 일이라면, 저는 이런 꿈을 꾸지 않은 지 오래이거늘 보여주신 뜻이 어쩌면 그리도 저를 일어나게 하는지요. 저 또한 배 안 작은 공간에서 족하와 더불어 여유롭게 노닐고 싶습니다. 보여주신 후의는 정말 감사합니다만, 뭍을 버리고 뗏목에 올랐다가 한번 세찬 바람을 만나 둥둥 표류하여 괴안국(槐安國)[176]으로 들어가버리면 어찌합니까? 원컨대 족하께서도 또한 노 젓기를 멈추시는 것이 좋겠습니다.

176 괴안국(槐安國) : 당나라 전기소설 〈남가태수전(南柯太守傳)〉에 나오는 나라 이름이다. 순우분(淳于棼)이 회나무〔槐樹〕 아래서 잠이 들었는데, 꿈에 괴안국이란 나라로부터 초빙 받아 가서 남가군 태수가 되어 부귀영화를 실컷 누리다가 깨었다는 고사이다.

조석여[177] 귀명 에게 드리는 답장

答趙錫汝 龜命

문집의 서문(序文) 부탁을 받았는데, 족하께서는 아직 사실 날이 헤아릴 수 없이 많으니, 또한 50, 60세가 될 때까지 기다렸다 하셔도 아직 늦지 않을 것입니다.

일찍이 〈정체(靜諦)〉[178]의 내용을 읽었는데, 훌륭한 곳이 있긴 하였으나 허다한 말들 중에 한 글자도 도(道)의 커다란 근원에 대해 언급한 것이 없었으며, 훌륭한 곳은 또한 족하의 오묘한 경지에 그쳤을 뿐이었습니다. 스스로 즐길 뿐이라고 말씀하신다면 괜찮겠으나, 후생들이 이 글을 좋아하여 습관처럼 고묘(高妙)하고 남을 즐겁게 해주는 말을 일삼는다면 도리어 대도(大道)를 해치게 되지 않겠습니까? 도를 아는 선비들이 이 글을 가지고 족하의 깊이를 엿보지 않겠습니까? 저는 이것이 두렵습니다. 족하의 문집 중에서 반드시 이 한 편(編)[179]을 삭제한 후라야 저의 서문을 비로소 얻을 수 있을 것입니다. 생각이 어떠하십니까?

177 조석여 : 조귀명(趙龜命, 1693~1737). 본관은 풍양, 자는 석여(錫汝)·보여(寶汝), 호는 동계(東谿). 음사로 출사해서 공조 좌랑, 태인 현감, 세자익위사 익위 등을 지냈다.

178 〈정체(靜諦)〉 : 《동계집》 권8에 실려 있는 글이다.

179 이……편(編) : 조귀명의 《동계집》 권8에는 〈정체〉·〈논선제편(論禪諸篇)〉·〈분향시필(焚香試筆)〉 등 불교적인 내용을 담은 글이 주로 실려 있다. 여기서 이 한 편이라고 지칭한 것은 권8이 포함된 묶음인 듯하다.

뇌연집

제16권

書서

김치명[1] 시찬 에게 보내는 답장

答金稚明 時粲

어제는 큰 술잔에 곤욕을 치르고 또 등불 아래 급히 마신 술 때문에 곤욕을 치러, 돌아오는 길에 잔뜩 취하여서 반쯤 말을 타다 반쯤 가마를 타다 하였는데, 달빛이 땅에 가득하여 흥취가 더욱 도도하였습니다. 마침 심부름꾼 편에 밤새 안부를 물으려던 차에 먼저 안부를 물어주신 덕에 평온히 잘 주무셨음을 알게 되었으니, 참으로 다행입니다.

경평(景平)[2]은 어제 크게 취하지 않았던데, 제가 돌아온 후에 몇 잔 더 하셨습니까? 제가 자리에서 심기를 건드린 바가 있는 듯한데, 영감께서 어찌 용서해주지 않겠습니까마는 "온순함으로 이겨내는"[3] 주의가 부족하였던 듯합니다. 송구하고 송구합니다.

경평 영감과 동쪽 교외로 나가자는 약속을 원하건대 서둘러 성사시켜 주십시오. 동쪽 성으로부터 몇 리 떨어진 곳에 영미정(潁尾亭)[4]이라

1 김치명 : 김시찬(金時粲, 1700~1766). 본관은 안동. 자는 치명, 호는 초천(苕川)이다.

2 경평(景平) : 윤심형(尹心衡, 1698~1754). 본관은 파평, 자는 경평, 호는 임재(臨齋), 시호는 청헌(淸獻)이다. 신임사화로 노론이 추방당할 때 삭직당했고, 노론이 집권하면서 응교(應敎)·공조 참의가 되었으나 정미환국(丁未換局)으로 다시 파직당했다. 뒤에 부제학에 기용되어 예조 참판에 이르고, 이조 판서에 추증되었다.

3 온순함으로 이겨내는 : 《시경》 〈소완(小宛)〉의 "엄숙하고 성스러운 사람은 술을 마시되 온순함으로 이겨낸다."라는 말에서 따온 것이다.

4 영미정(潁尾亭) : 유한준(兪漢雋)의 〈영미산장기(潁尾山庄記)〉를 보면 낙산 동쪽에 영미산장이 있었다고 하는데, 영미정도 이곳에 있었던 듯하다.

고 불리는 곳이 있는데, 푸른 바위벽과 고송(古松)이 있어 앉기 좋게 그늘을 드리워줍니다. 비록 물소리는 들리지 않지만 앞으로 한 후지(帿地)[5] 정도만 걸어가면 졸졸졸 흐르는 샘 줄기 하나가 나오고, 흰 돌들이 빙 두르고 있어 갓끈을 씻을 수도 있고 술잔을 띄울 수도 있습니다. 대개 근교의 다른 명승지들은 거의 여기에 짝하기 어려울 것입니다.

저는 늘 정자 하나를 짓고 싶었지만 능력이 닿지 못하였습니다. 때때로 홀로 견여(肩輿)를 타고 오가면서 숲의 새, 내의 물고기와 더불어 저녁 내내 사이좋게 지내면서 유유히 홀로 즐거워하곤 합니다. 상원일(上元日 정월 대보름)에 경평 영감, 계장(季章 윤계장)[6] 어르신과 이곳에서 모일 것을 기약하고, 달빛 받으며 나란히 말을 몰아 오백옥(吳伯玉 오원(吳瑗))의 종암(鐘巖) 정자[7]를 찾아가 하룻밤 묵고 돌아오는 것은 어떻습니까? 경평 영감은 며칠 있다가 조정에 하직 인사를 해야 하는데, 이제부터 몇 년 동안 헤어져 있어야 하는 마당에 하룻밤 담소가

5 후지(帿地) : '사후(射帿)'라는 뜻으로, 활을 쏘아 살이 미치는 거리를 의미하며 우리말로는 '바탕'이라고 한다.

6 계장(季章) : 윤봉오(尹鳳五, 1688~1769). 본관은 파평. 자는 계장(季章), 호는 석문(石門)이다. 윤심형은 윤봉오의 조카이다.

7 오백옥(吳伯玉)의……정자 : 백옥은 오원(吳瑗, 1700~1740)의 자이다. 본관은 해주, 호는 월곡(月谷), 시호는 문목(文穆)이다. 생부는 공조정랑 오진주(吳晉周), 생모는 김창협(金昌協)의 딸이다. 숙부인 해창위(海昌尉) 오태주(吳泰周)와 현종의 딸인 명안공주(明安公主)에게 입양되었다. 이재(李縡)의 처질이며 문인이다. 1723년(경종3) 사마시를 거쳐 1728년(영조4) 정시문과에 장원급제했다. 1732년(영조8) 동지사의 서장관으로 청나라에 다녀왔으며 부제학·공조 참판 등을 역임하였고, 좌찬성에 추증되었다. 문집에 《월곡집》이 있다. 종암동에 있는 오원의 별장은 남유용과 이천보 등이 한데 모여 술 마시고 시를 짓던 장소였다.

없어서야 되겠습니까? 원명(原明)[8]도 쪽지를 보내서 부르는 것이 좋겠습니다.

8 원명(原明) : 이의철(李宜哲, 1703~1778)로, 원명은 그의 자(字)이다. 호는 문암(文庵)이고 이재(李縡)의 문인이다. 1752년(영조28)에 정언(正言)의 신분으로 왕이 언로를 막는다고 상소하여 영조의 노여움을 사서 제주도 대정(大靜)으로 유배되었다가 이듬해에 풀려나 승지와 예조 판서 등을 거쳐 홍문관 대제학에 이르렀다.

이자삼[9] 태중 에게 드리는 답장

答李子三 台重

한 해도 저물어가는데, 그리워하는 마음만 더욱 간절해집니다. 이러한 때에 서찰을 보내주시다니, 경모의 정과 위로의 마음이 어떠했는지 가히 알 수 있으시겠지요. 더구나 요사이 추위에도 대감의 기체 더욱 강건하시다는데, 저는 병에 한 번 걸린 이래 지루하게 낫지 않더니, 악창이 벌겋게 곪아서 한 달 내내 침상에 누워있느라 고생이 이만저만 아닙니다. 큰 병세는 조금 나아진 듯하지만, 아직 가시지 않은 증세인즉 우려할 만한 바가 많습니다. 하지만 이 또한 액운일 것을 어찌하겠습니까.

와룡사(臥龍祠) 비문(碑文)[10]이 비록 사륜(絲綸)을 대신 짓는 것과 비교해서는 차이가 있다고는 하나, 요컨대 중대한 글이거늘 현임 관각(館閣)을 놔두고 저 같은 사람에게 맡기시다니요. 비록 이런 것을 핑계로 끝까지 마다할 수는 없겠지만 또한 갑작스레 이 명에 응할 수도

9 이자삼 : 이태중(李台重, 1694~1756). 본관은 한산, 자는 자삼, 호는 삼산(三山)이다. 이희조(李喜朝)의 문인으로, 황해도・평안도 관찰사, 부제학, 호조 판서 등을 역임하였으며, 청백리에 녹선되었다.

10 와룡사(臥龍祠) 비문(碑文) : 선조 때 평안도 영유현에 사당을 세워 제갈량(諸葛亮)의 위패를 모셨고, 현종 때 와룡사라고 사액하였다. 숙종 때 악비(岳飛)를 배향하였고, 영조 26년(1750)에 문천상(文天祥)을 배향하면서 삼충사(三忠祠)로 고쳐서 사액하였다. 《영조실록》30년(1754) 11월 18일에 "병조 참판 남유용에게 악무목(岳武穆)의 비문을 짓게 하였다."라는 내용이 보인다.

없는 노릇입니다. 만약 조정으로부터 거듭 재촉이 내려오지 않는다면, 언제쯤이나 지어 바칠 수 있을지 날짜를 스스로 기약하기 어려우니, 어찌해야 할지 모르겠습니다. 글씨의 경우, 저 역시 누가 적합할지 상세히 알지 못하겠습니다. 퇴어옹(退漁翁)[11]께서 만약 안 쓰시겠다고 하면 경유(景孺)[12] 대감이나 사서(士舒)[13] 영감 중 하나일 것입니다.

영상(領相)이 당한 일은 지극히 낭패스럽습니다.[14] 높은 자리에 있으나 보좌해주는 사람이 없어 위태로운 징조가 보인 지 이미 오래되었는데, 저는 성의와 신뢰가 미더움을 얻지 못해서 조금도 구제하지 못하였습니다. 저버려 부끄러운 마음, 저나 대감이나 그 어찌 다르겠습니까?

윤경평(尹景平)[15]은 이미 저세상 사람이 되었지만, 그 어디를 가건

11 퇴어옹(退漁翁) : 김진상(金鎭商, 1684~1755)으로, 본관은 광산, 자는 여익(汝翼), 호는 퇴어이다. 대사성·대사헌·좌참찬 등을 역임하였다.

12 경유(景孺) : 윤급(尹汲, 1697~1770). 본관은 해평, 자는 경유(景孺), 호는 근암(近庵)이다. 윤두수(尹斗壽)의 5대손이며, 이재(李縡)·박필주(朴弼周)의 문인이다. 영조의 탕평책을 반대하다 여러 번 파직 또는 좌천되었으나 이조 판서·한성 판윤·좌참찬 등을 지내고 기로소(耆老所)에 들어갔다. 시호는 문정(文貞)이다.

13 사서(士舒) : 김양택(金陽澤, 1712~1777). 본관은 광산. 자는 사서, 호는 건암(健庵)이다. 숙종의 국구(國舅)인 김만기가 할아버지이다. 영조 때에 내외직을 두루 역임하였으며, 대제학을 다섯 차례나 역임하여 할아버지와 아버지에 이어 3대가 대제학을 지냈다. 정조가 원손일 때 사부였으며 정조 즉위 후에도 영의정을 역임하였으나, 3남인 김하재가 역신으로 몰려 사후에 관직이 추탈되었다가 복관되었다.

14 영상(領相)이……낭패스럽습니다 : 영상은 이천보(李天輔)를 가리킨다. 《영조실록》30년(1754) 11월 20일 기록을 보면 지평 조종부(趙宗溥)가 영의정 이천보가 남의 아내를 빼앗은 일을 탄핵하면서, "영의정 이천보가 남의 아내를 빼앗고 그 지아비를 병들어 죽게 하였다 하여 상서하여 통렬하게 탄핵하였다."라고 하였다.

이 사람 생각이 나지 않겠습니까. 슬프고도 슬픕니다. 《지촌집(芝村集)》[16]은 병들어 누워있는 중이라 자세히 읽어보지는 못했지만, 종종 오자(誤字)가 눈에 띄니 수정을 좀 더 하시는 것이 어떠하십니까?

15 윤경평(尹景平) : 윤심형(尹心衡, 1698~1754). 본관은 파평. 자는 경평(景平), 호는 임재(臨齋). 이조 좌랑과 예조 참판 등을 역임하였다. 윤심형은 1754년(영조30)에 사망하였다.

16 《지촌집(芝村集)》: 이희조(李喜朝, 1655~1724)의 시가와 산문을 엮어 1754년(영조30)에 간행한 시문집이다. 이희조의 아들 이양신(李亮臣)이 간행하였으며 권말에 그의 문인이었던 이태중(李台重)의 발문이 있다. 이희조는 본관은 연안. 자는 동보(同甫), 호는 지촌이다.

이자이[17] 덕중 에게 보내는 편지

與李子彛 德重

관록(館錄)[18]이 차질을 빚는 바람에 현로(賢路)가 막혀 지체되고 있으니, 몹시 답답하고 한탄스럽습니다. 다만 이 일은 지극히 판단하기 어려우니, 정밀하게 하건 거칠게 하건, 넓게 하건 간략하게 하건, 모두가 비방을 초래하는 계단이 되기 때문입니다. 말속(末俗)이 시끄럽게 떠드는 것이야 비록 신경 쓸 만한 것이 못 된다지만, 파란이 미치게 될 시 관록에 오른 여러 현자 중 온전한 사람이 어찌 다시 있겠습니까? 저는 이미 심사숙고한 끝에 수를 두지 않는 것을 고수(高手)로[19] 여기고자 하였으나, 부제학께서는 굳은 뜻으로 밀어붙이고 계십니다. 지금의 시세(時勢)와 우리들의 역량으로 명품(名品 지위와 등급)을 올리고 내치려 한다면 또한 어리석지 않겠습니까. 하지만 오늘의 일은 부제학께서 하시는 정사(政事)이니, 맡기는 수밖에요.

17 이자이 : 이덕중(李德重, 1702~?). 본관은 한산, 자는 자이, 호는 결재(潔齋)이다. 1739년(영조15) 밀양군(密陽君) 이완(李梡)이 진위사 겸 사은사(陳慰使兼謝恩使)로 청나라에 갈 때 서장관으로 수행하였고 그 뒤 승지·홍문관 부제학·대사간·이조참의 등의 요직을 두루 역임하였다.

18 관록(館錄) : 부제학 이하 관원들이 회동하여 홍문관의 관원이 될 만한 자의 성명 위에다 각각 권점을 찍어 그 점수의 많고 적음에 따라서 뽑는 것을 말하는데, 홍문록(弘文錄) 또는 본관록(本館錄)이라고도 한다.

19 수를……고수(高手)로 : 《채근담》〈한적(閒適)〉에 "세상일은 바둑판과 같아, 수를 두지 않아야 고수라 할 수 있다."라고 하였다.

어제 자리에서 논한 사람은 일곱 명에 지나지 않았는데, 오늘 또 세 명이 더해졌습니다. 일을 해결하기 어려움이 본디 이와 같습니다. 혹자는 논의에서 또 율곡(栗谷 이이(李珥))이 한 번에 40여 명을 후보에 올렸던 전례를 끌어들여 말하기를,

"선배가 후진을 성취시켜주고자 하는 뜻은 매우 간절하고 지극했으니, 차라리 넓게 함으로써 비방을 얻을지언정 간략하게 하여 명성을 얻으려 하지 않아야 한다."

라고 하였습니다. 그 말이 매우 관대하고 후덕한 듯하여, 갑자기 스스로의 규모가 넓지 못한 듯 느껴지더군요. 참으로 우스운 일입니다.

송회가[20] 명흠 에게 보내는 편지

與宋晦可 明欽

병들어 궁벽한 골목에 칩거하던 중에 얼핏 들으니, 구중궁궐에서 자리를 비워두고 기다리심에 편안한 수레[21]에 올라 조정에 나아갔다고 하였습니다. 이에 평생 신뢰하고 사모하던 정성으로 실로 너무 기쁜 나머지 잠들지 못하였습니다. 엎드려 생각건대 요즈음 기거와 동정 모두 편안하시고 만복이 더해지셨겠지요.

나는 심정이 서글프고 쓸쓸한 데다 병도 좀체 낫질 않고 있습니다. 요사이에는 다리 병으로 움직이기가 불편하여 지엄한 소패(召牌)를 거듭 어겼기에 사사로이 출입하는 데 의리상 편치 못한 바가 있습니다. 그래서 마침 거마에 올라 종복을 거느리고 서울로 들어가시는 때를 만났는데도 즉시 댁을 찾아가 절하지 못하였으니, 옛사람이 이른바 '한 자리 모여 좋은 대화 나누는 것도 역시 그날의 운수에 달려 있다.'라

20 송회가 : 송명흠(宋明欽, 1705~1768). 본관은 은진, 자는 회가(晦可), 호는 역천(櫟泉)이다. 송준길(宋浚吉)의 현손이자 이재(李縡)의 문인이다. 영조 30년(1754)에 특별히 서연관(書筵官)을 제수하여 별유(別諭)를 내렸으나 글을 올려 사양하였다. 1755년(영조31) 옥과 현감(玉果縣監)이 되었으나 모친상을 당하여 사직하였다. 3년상을 마친 뒤, 집의·승지·참의 등의 벼슬이 주어졌으나 모두 글을 올려 거절하였다. 만년에 정국이 다소 안정되면서 1764년(영조40) 부호군에 임명되고 찬선(贊善)으로 경연관이 되어 정치문제를 논의하는 가운데 영조의 비위에 거슬리는 발언을 하여 파직되었다. 시호는 문원(文元)이다.

21 편안한 수레 : 은퇴한 원로나 중망 있는 인사를 부를 때는 앉아 타는 편한 수레를 내려 예우하였다.

고 한 말은 거의 빈말이 아닙니다.

또한 생각해보건대 성상께서 자리를 비워놓고 기다리심은 수십 년 이래 찾아보아도 지금처럼 간곡했던 적이 없었으며, 세도(世道)가 요동침은 십수 년 동안과 비교해보아도 오늘날처럼 땅에 떨어졌던 적이 없습니다. 그런데 집사(執事 편지의 2인칭)께서 마침 지극히 어려운 때를 당하여 예사롭지 않은 돌아보심을 처음으로 입었으니, 엎드려 생각건대 평소 배운 바를 펼침으로써 위아래의 기망(期望)에 부응하는 일은 오직 지금에 달려 있을 것입니다.

옛날 효종(孝宗)께서 처음 왕위에 오르셨을 적에 문정(文正 송시열(宋時烈)) 선생께서는 《중용(中庸)》을 시강(侍講)하시면서, 먼저 만세(萬世) 심학(心學)[22]의 연원에 대해 설명하셨습니다. 그 후 앞자리에서 펼쳐 아뢰었던 것인즉 한 마디도 임금의 마음에 근본을 두지 않은 것이 없었으니, 크게는 의리(義理)를 밝히고 풍속을 바로잡는 것에서부터 세세하게는 백관(百官)의 득실과 생민의 질고에 이르기까지, 천 조목 만 가지 내용이 그 안에 모두 포괄되어 있었습니다. 마침내 명주(明主)의 성청(聖聽)을 움직여 종사에 의지할 바가 있게 하는 데 이르렀으니, 선정(先正 송시열)의 공은 속일 수가 없습니다.

집사께서 짊어지고 계신 책임이나 조야(朝野)에서 기대하고 바라는 바나, 또한 오직 선정의 뜻과 사업을 조술(祖述)하는 것뿐이니, 집사께

22 만세(萬世) 심학(心學) : 《서경》 〈대우모(大禹謨)〉의 "인심은 위태롭고 도심은 은미하니 정밀하게 살피고 순일하게 하여야 진실로 중도를 잡을 수 있다.〔人心惟危 道心惟微 惟精惟一 允執厥中.〕"라는 16자를 말한다. 〈심경찬(心經贊)〉에 "순(舜)과 우(禹)가 전수한 것이 16자이니 만세의 심학에 이것이 연원이도다."라고 하였다.

서 어찌 남이 말해줄 때를 기다려 권면하시겠습니까? 선을 펼치고 삿됨을 막는 것이 본디 대인(大人)의 책임이기는 하지만, 교제가 얕은데 말이 깊은 것은 예로부터 깊이 경계해오던 바였습니다. 두 가지 모두 몹시 처신하기 어려운 듯 느껴지지만, 만약 선정께서 지금 세상에 계셨다면 말씀하시지 않으면 그만이거니와 말씀하신다면 분명 일에 처신하기 어려운 바가 있다는 이유로 하고자 하는 말을 그만두고 이리저리 둘러 다른 말을 하시지는 않았을 것입니다. 어떻게 생각하십니까?

군자께서 말할 때나 침묵할 때나, 나아갈 때나 은거할 때나 늘 도와 더불어 행하시리니, 본디 식견이 얄팍한 자가 간여할 바는 아닐 것입니다. 그러나 덕을 좋아하는 구구한 정성으로 실로 가만히 있을 수는 없기에, 감히 편지를 받들어 올림으로써 대면하여 토론하는 것을 대신하였습니다. 하량해주시리라 생각합니다. 이만 줄입니다.

송회가[23]에게 보내는 답장

答宋晦可

덕의(德義)를 우러러 그리워하는 마음, 그 어느 날인들 간절하지 않겠습니까? 예전에 인편을 통해 서찰을 받았습니다. 이것은 수년 전에 올린 편지였는데 지금 비로소 답장을 받았으니, 구구한 저의 감사하는 마음은 보통 편지보다 몇 배나 더합니다. 더구나 기체가 천지신명의 도움으로 곤경에 처하신 중에도 더욱 평안하심을 알게 되었으니, 스스로도 위로되고 기쁘거니와, 겸하여 사림(士林)을 위해서도 경하하는 바입니다.

저는 늙고 병들어 정신마저 흐릿하니, 남은 날이 얼마나 되겠습니까? 지난겨울에는 또 누이의 상까지 당했는데, 봄에 하관하는 일을 겨우 치르자마자 심정이 찢어질 듯 아파 와 차라리 죽고만 싶었습니다.

보내오신 다소간의 내용을 받들어 읽었으나, 성대한 뜻이 가리키는 바가 무엇인지 실로 알지 못하겠습니다. 그래도 다행스러운 것은 품어오신 생각을 열어 보이심으로써 편지를 주고받으며 가르침을 받을 수 있게 해주셨다는 것입니다.

돌아가신 증조부[24]께서는 두 선생[25]에게 있어 비록 사제(師弟)가 되

23 송회가 : 123쪽 주20 참조.

24 돌아가신 증조부 : 남용익(南龍翼, 1628~1692)이다. 자는 운경(雲卿), 호는 호곡(壺谷), 시호는 문헌(文憲)이다. 형조 판서, 예문관 제학 등을 역임하는 등 청화요직을 두루 역임하였다.

어 학업을 청하지는 못하였으나, 마음으로 진실로 감복한 것은 송나라 여러 현자들이 이정(二程) 부자(夫子)에게 했던 것과 다르지 않았습니다. 또 조상께서 근신(謹愼)을 가법으로 삼으신 이래, 비록 교제하는 동년배들 간에 응대하는 말이라 하여도 혹여 가벼이 우열을 논하는 법이 없었는데, 하물며 스승과 진배없이 여기는 분들에서 어찌 좌우로 품평하고 경중을 논하려는 뜻이 있었겠습니까? 지금 선장(先狀)[26] 중 한두 곳을 살펴보아도 똑같이 존중하고 섬기면서 조금의 차이도 두고 있지 않음을 대략 볼 수 있습니다.

보내오신 편지 중에서 필법(筆法) 운운한 부분인즉 어떤 구절을 가리키는지 정말로 모르겠습니다. 그런데 행장(行狀)을 지문(誌文)이라고 부른 것은 아마도 어쩌다 점검하고 대조하는 일을 소홀히 하신 탓이겠지요? 안정(安定 호원(胡瑗))과 온공(溫公 사마광(司馬光)) 운운한 부분은 제가 지은 교문(敎文)[27] 중에 나오는 말입니다. 몰래 생각하건대, 선생의 성대한 덕과 큰 업적은 임금을 바로 잡고 일을 바르게 한 것과

25 두 선생 : 송시열과 송준길을 가리킨다.

26 선장(先狀) : 선대의 일생을 기록한 글로서, 작고한 선대의 행장 · 묘지 · 묘지명 · 묘갈 · 묘갈명 등을 가리킨다.

27 교문(敎文) : 영조 32년(1756)에 송시열 · 송준길을 비로소 문묘에 종사할 것을 명하였다. 《영조실록》 그해 2월 15일 기록에 "임금이 명정전(明政殿)에 나아가 친림하여 교문을 반포하였다. 대개 문정공 송시열과 문정공 송준길을 14일 사시(巳時)에 문묘에 종향(從享)했기 때문이었다."라는 내용이 나오고 뒤이어 예문 제학 남유용이 지어 올린 교문이 수록되어 있는데, 문장 중에 "안정(安定)의 4조(條)는 인재를 가르쳐 각각 성취에 이르게 했고, 속수(涑水)의 한결같은 정성은 자신을 단속하여 평생에 다 쓰지 못했노라. 이는 명세(命世)의 자태로 승당(升堂)의 반열에 부끄러움이 없도다."라는 구절이 나온다.

자신을 수양하여 남에게 미친 것뿐입니다. 저는 망령된 생각으로 한 구절을 가지고 이 뜻을 발휘하고자 하여 옛날 군자에게서 찾아보았는데, 오직 온공의 지극한 정성과 거짓 없는 행실, 그리고 안정의 인재를 즐겨 기른 업적만이 가히 견줄 수 있을 듯하였습니다. 그래서 감히 경솔히 썼던 것인데, 각각 한 절목에만 근거했을 뿐이지 애초에 감히 두 선생의 전체적인 큰 쓰임을 이런 말로 다 드러낼 수 있다고 여겨 함부로 논단한 것은 아닙니다.

대개 당시 문묘(文廟) 배향 기일이 몹시 임박했던지라 두 선생의 교서(敎書) 및 교문을 삼사일 내에 지어 바쳤어야 했는데, 저의 고루한 식견과 졸렬한 글로 두 선생의 도덕과 광휘를 어찌 모두 남김없이 드날림으로써 사우(士友)들의 책망을 막을 수 있었겠습니까? 이런 것으로써 탓을 당한다면 본디 도망칠 곳이 없습니다. 그러나 금 저울로 쟀다 운운한 것과 같은 경우 크게 실상에서 벗어나는지라 감히 죄를 인정할 수 없어 오직 스스로 송구하고 불안할 따름입니다.

선인(先人)의 문집에 서문(序文)을 지어달라는 청을 드린 것은 실로 제게 애틋한 정성이 있기 때문이었습니다. 선인께서는 실로 지극한 행실과 감추어진 덕을 지니고 계셨습니다. 그러나 안으로만 간직한 채 밖으로 드러내지 않았기에 아는 자가 드물었고, 자식이 있으되 불초하여 그 만분의 일도 드러내지 못하였습니다. 집사의 한 마디 말씀을 구함으로써 중망(重望)을 빌려 후세에 드리우고자 하는 것은 오로지 문자만은 아니니, 그 뜻인즉 지극히 슬픕니다. 선대의 정의를 생각해볼 때 거절당하는 데 이르지는 않을 것이라 망령되이 생각했는데, 수년을 기다렸음에도 끝내 의도한 바를 이루지 못하게 되었으니, 사적인 마음의 부끄러움과 아쉬움을 또 무슨 말로 형용하겠습니까.

만약 성대하신 뜻이 편지 중에 언급한 것에 대해 끝내 석연치가 않으시어 마침내 소외당하게 된다면, 감히 다시 번거롭게 해드리는 일은 없을 것입니다. 그러나 만일 그렇지 않다면 다시금 바라건대 세 번 생각하시어 큰 은혜를 입게 해주신다면 천만 지극한 다행이겠습니다.

김백춘[28] 원행 에게 보내는 편지

與金伯春 元行

봄에 받은 답장은 지금까지도 펼쳐보고 위안으로 삼고 있습니다. 늙고 병든 몸을 애처로워하시는 뜻이 진중하여, 우러러 바라보며 그리워하는 지극한 마음 더욱 이길 길이 없었습니다. 엎드려 생각건대 찬 서리 내리는 중에도 기체 더욱 만강하시겠지요. 저는 두 해 동안 관외(關外)에 머물면서 한번 병에 걸려 깊이 앓아눕고 말았는데, 머물자니 지루하고 돌아가자니 의탁할 곳이 없어 일신을 위한 계책이 몹시도 평온치 못합니다. 이 또한 노년에 맞은 액운인 것을 어찌하겠습니까?

두 대(代)의 문집은 살아 있는 동안 기어코 간행하고자 하였으나 사정과 능력이 미치지 못해 몇 달을 경영한 끝에 지금에서야 비로소 작업을 마쳤습니다. 여기 두 질(帙) 다섯 책(冊)을 한번 살펴봐 주십사 바치니, 받아주심이 어떠하십니까? 책머리에 놓을 글로 집사(執事 편지의 2인칭)의 귀중한 말씀 한 마디를 얻어 불후를 도모하고자 합니다. 집사께서 선대의 정의를 돌아보시어 차마 마다하지 못하실 터이니, 엎드려 바라건대 조속히 글을 써주시어 저의 큰 바람에 부응해주심이 어떠하십니까? 선인(先人)과 가까이 지내던 벗 중에서 노성(老成)하

28 김백춘 : 김원행(金元行, 1702~1772). 본관은 안동. 자는 백춘, 호는 미호(渼湖)·운루(雲樓)이다. 신임사화 때 조부 김창집(金昌集)이 노론 4대신으로 사사되고, 생부 김제겸(金濟謙)과 친형인 김성행(金省行)·김탄행(金坦行) 등이 유배되어 죽임을 당하자 벼슬할 뜻을 버리고 학문에 전념하였다.

신 분들이 거의 다 돌아가셨다고는 하나, 그 중에 어찌 이 일을 부탁할 사람이 없겠습니까? 그런데도 유독 집사를 이렇게 번거롭게 해드리는 것은 선인의 유자(儒者)로서의 조행(操行)과 조촐하고 질박했던 뜻을 잘 알고 계시기 때문이니, 다시금 바라옵건대 굽어 살피어 유념하여 주십시오.

선인 문집의 서문은 찬선(贊善) 송회가(宋晦可) 영감에게 부탁드렸는데, 이 존형께서 또한 어찌 거절하시겠습니까? 선조의 사적은 행장(行狀)과 묘지(墓誌) 안에 다 갖추어져 있으니 선별해 쓰시면 됩니다. 다만 벼슬에 오른 초기에 관각(館閣) 문자[29]로 선배 명공들 사이에서 칭송을 받았으나 일찍 작고하시는 바람에 대업을 이루지 못하였는데,[30] 이는 입언(立言)하는 군자가 더욱이 의당 크게 드러내야 할 곳입니다. 만약 허락해주신다면 기어이 조속히 은혜를 입었으면 하니, 병든 늙은이의 이 뜻을 저버리지 말아주시기를 간절히 바랍니다.

29 관각(館閣) 문자 : 홍문관과 예문관에서 왕명에 의하여 지어 올리는 시문을 이르던 말이다.

30 다만……못하였는데 : 주로 조부인 남정중(南正重, 1653~1704)을 이야기하는 듯하다. 남정중은 홍문관 수찬·교리·헌납·사간 등을 역임하였으며, 52세의 나이로 사망하여 "일찍 작고했다."는 표현에 비교적 부합한다. 부친 남한기(南漢紀, 1675~1748)는 74세까지 살아 기로소에 들어갔다.

황대경[31] 경원 에게 보내는 답장

答黃大卿 景源

의숙(宜叔)[32]이 소씨(蘇氏 소식(蘇軾))를 애호하는 것은 젊었을 적부터 심했던지라 그 병은 하루아침에 고칠 수 없습니다. 그러나 제가 볼 때 의숙이 소씨를 좋아하는 것은 습관일 따름입니다. 족하(足下 편지의 2인칭)께서 소씨가 유술(儒術)을 좋아하지 않는 것은 아니지만 끝내 종횡가(縱橫家)의 학술로 들어갔다고 말씀하신 것 역시도 그의 습관일 따름입니다. 습관이란 바꿀 수 있으며, 본성이 밝고 통달한 자라면 비록 그 습관이 고질이 되었다 하더라도 하루아침에 깨달을 시 두말할 필요도 없이 고칩니다.

31 황대경 : 황경원(黃景源, 1709~1787). 본관은 장수(長水). 자는 대경, 호는 강한유로(江漢遺老)이다. 이재(李縡)의 문인으로, 1740년(영조16) 문과에 급제한 후 대사성・대사간・대사헌・대제학과 형조・예조・공조의 판서 등 청화직과 요직을 두루 역임하였다. 남유용・ 오원(吳瑗)・이천보(李天輔) 등과 교유하여 영조조 사가로 불리기도 하며, 예학에 정통하고 고문(古文)에 밝았다. 항상 춘추대의(春秋大義)를 자임하여 중국 명(明)나라 의종(毅宗)의 추사(追祀)를 건의하여 실시하게 하였으며, 《남명서(南明書)》를 편찬하고 《명조배신전(明朝陪臣傳)》을 저술하였다. 문집으로 《강한집》이 남아 있으며, 시호는 문경(文景)이다.

32 의숙(宜叔) : 이천보(李天輔, 1698~1761). 본관은 연안(延安), 자는 의숙, 호는 진암(晉庵)이다. 1739년(영조15) 알성 문과에 을과로 급제하였다. 이후 정자・교리・헌납・장령 등 주로 언관직을 역임하다 1749년(영조25) 이조 참판에 오른 후 이조 판서・병조 판서・우의정・좌의정의 자리에 올랐다. 1761년(영조37) 영의정에 올랐으나 장헌세자(莊獻世子)의 평양 원유사건(遠遊事件)으로 인책당하고 음독 자결하였다. 《진암집》이 남아 있다. 시호는 문간(文簡)이다.

그러나 소씨처럼 밝고 통달한 이가 한번 변하여 도(道)에 이르지 못한 데는 다 이유가 있습니다. 그의 문장과 명절(名節 명예와 절조)은 걸출하여 한 시대가 귀의하는 바였던지라, 스스로 한 시대를 압도하여 텅 비게 만들 수 있을 것이라고 여겼습니다. 그러나 유독 정씨(程氏)의 문인들에게는 내침을 당하자[33] 도(道)로써 이기고자 하였는데, 정씨가 바야흐로 유종(儒宗)으로 군림하고 있는 터라 유학(儒學)을 해서는 정씨를 이길 방도가 없었습니다. 그래서 물러나 본디 하던 것을 지키며 종신토록 후회하지 않았던 것이니, 이는 대개 분격(憤激)한 바가 있어 그렇게 된 것일 뿐입니다.

의숙은 습관이 고질이 된 것이 소씨처럼 심하지 않으며, 그의 밝고 통달함이라면 취할 것과 버릴 것을 족히 알 터, 그저 깨달음에 이르고 늦고의 차이가 있을 뿐입니다. 어찌 그가 깨닫지 못할까 걱정이겠습니까. 다만 그를 분격게 하는 자가 있을까 두려울 뿐입니다. 제가 요사이 그가 지은 문장을 보았더니, 종횡하며 치닫는 모습이 나올까 봐 부끄러워하고 있었으며, 그 언사가 공순한 것이 선비의 풍모가 있었습니다. 제가 바야흐로 이것 때문에 기뻐하고 있는 것이나 족하가 바야흐로 이것 때문에 근심하고 있는 것이나 모두 의숙을 사랑하는 마음일 터이나, 의원이 병을 고칠 때는 쾌차되어 가는 때를 잘 타야 합니다. 그런 다음 병의 근원까지 미루어 나아가 약을 처방한다면 그 낫는 것이 응당

33 정씨(程氏)의……당하자 : 소식과 정이(程頤)는 많은 갈등을 빚어, 정이를 중심으로 하는 낙당(洛黨)과 소식을 중심으로 하는 촉당(蜀黨)으로 나뉘기에 이르렀다. 소식이 먼저 정이를 무시하고 조롱하는 듯한 태도를 취한 것이 화근이 되었는데, 소식이 지은 책문을 꼬투리 삼아 정이의 문하인 주광정(朱光庭)이 소식을 탄핵하였고, 급기야 낙촉당쟁이 벌어졌다.

더욱 빨라지겠지요. 의숙이 족하의 편지에서 힘을 얻은 바도 응당 더욱 많아질 것입니다.

황대경[34]에게 보내는 편지

與黃大卿

보내주신 뜻은 모두 받들었습니다. 앞서가는 수레가 넘어지면 뒤따라 가는 수레가 경계하는 법이지만, 이는 길 가는 사람의 일일 뿐, 저의 마음은 애초에 이런 것에 이르러보지 못했습니다. 다만 지극히 험난한 길이 앞에 놓여 있는데, 족하(足下 편지의 2인칭)가 처음으로 좁은 길에 당면하여 섣불리 움직이다 일을 그르치는 우환이 생길까 봐 지난번 편지에서 운운했던 것입니다. 그런데 그토록 빨리 받아들여 주시다니, 현명한 자와는 더불어 말하기가 쉽다는 것을 비로소 믿겠습니다.

34 황대경 : 황경원(黃景源). 132쪽 주31 참조.

김사서[35] 양택 에게 보내는 답장
答金士舒 陽澤

새로 내려온 어명을 이미 나아가 받들었다니 기뻐할 일입니다. 나의 처지는 시간이 오랠수록 더욱 불안하기만 했습니다. 비록 속히 들어오라는 명령이 있었으나 감히 갑자기 서울에 들어갈 계획을 세우지도 못하겠고, 근교에서 배회하고 있자니 이 또한 편치가 않았습니다. 이번 참에 영남(嶺南) 관아로 연로하신 어머님을 찾아뵙고 싶었지만 내가 멀리 나가고 대감 또한 제때 숙배하지 못하면 원손(元孫)의 일강(日講)[36]이 중단되는 일을 면하기 어려운지라, 이로 인해 주저하며 결정을 내리지 못하고 있었습니다. 그러나 이제는 아무런 구속도 없이 훌쩍 떠나고자 하는 생각이 더욱 커져만 갑니다. 상서(上書)의 원본은 이미 초본을 구비하여 필사해놓고 있는데, 아침을 기다려 주가(州家 주를 다스리는 목사)에게 올릴 것입니다. 비답(批答)이 내려오는 날 응당 길을 나설 터, 이로부터는 만나 뵐 날을 쉬이 기약할 수 없는 것이 참으로 슬플 뿐입니다.

원손의 학문은 이제 막 솟아난 샘물과 같아서, 동쪽으로 갈지 서쪽으로 갈지는 누군가가 물길을 터주는 방향에 달려 있을 따름입니다. 덕을

35 김사서 : 김양택(金陽澤). 119쪽 주13 참조.

36 원손의 일강(日講) : 내용으로 보아 김양택이 원손사부가 된 때 보낸 편지인 듯한데, 《영조실록》34년(1758) 7월에 "남유용과 김양택을 원손의 사부로 삼았다."라는 내용이 보이는바, 이때 보낸 편지인 듯하다.

깨우치고 선을 아뢰는 방법이라면, 대감께서 또한 어찌 제가 말해줄 때를 기다리시겠습니까마는 반드시 나에게 있는 것이 진실된 연후라야 남을 깨우치는 것이 미더울 수 있습니다. 감히 옛사람이 향을 사르고 편지를 보냈던 뜻을 가지고 면려하였는데, 대감께서는 어찌 생각하시는지요?

또 일찍이 들으니 속담에 부모의 마음을 기쁘게 해드리는 것 중 글 읽는 소리만 한 것이 없다고 하였는데, 이 말은 인지상정에 매우 가깝습니다. 지금 양궁(兩宮)께서 애통해하시는 중에 계시온데,[37] 원손의 학문이 날로 진보하여 두 분의 성심을 기쁘게 해드릴 수 있다면, 효 중에 이보다 더 큰 것이 어디 있겠습니까. 이 뜻은 대감께서도 필시 잘 헤아리고 있을 것입니다.

인편에 부치느라 하고픈 말을 다하지 못합니다. 만약 남쪽으로 가는 인편을 만나게 되거든 다시 제 안부를 물어주시기 바랍니다.

37 지금……계시온데 : 양궁은 일반적으로 대전(大殿)과 자전(慈殿)을 말하는데, 1757년(영조33)에 정성왕후가 승하하였으므로 사도세자와 혜경궁 홍씨를 가리키는 말인 듯하다.

김사서[38]에게 보내는 답장

答金士舒

《진암집(晉菴集)》의 발어(跋語)[39]는 대체적으로 원만하게 완성되었더군요. 다만 더 완벽하기를 다그쳐보자면, 이 문장을 반드시 '궁(窮)' 한 글자로 귀결시킬 필요는 없습니다.[40] 진암은 낭묘(廊廟)에서 문장으로 이름난 선비이며, 관직에 오른 초기에는 언론이며 풍채며 모두 볼만하였습니다. 비록 만년의 조정을 위한 도모 중에 사람 마음에 흡족하지 못한 부분이 있기는 하지만, 이는 그의 성격이 성글고 기운이 거칠며, 안으로 지키는 바가 굳세지 못하여 유속(流俗)을 넘어서지 못한 탓일 뿐이지, 문장 때문에 그렇게 된 것은 아닙니다. 이런 내용으로 글을 짓는다면, 진암도 빙그레 웃으며 받아들일 것입니다.

대감이 운운한 낭묘에서 궁지에 몰린 일과 같은 것이야 어찌 쉬이 말할 수 있겠습니까? 가까운 옛날에서라면 오직 정송강(鄭松江)[41]만

38 김사서 : 김양택(金陽澤). 119쪽 주13 참조.

39 《진암집(晉菴集)》의 발어(跋語) : 《진암집》은 이천보의 문집이다. 문집 뒤에 김양택이 지은 발문이 붙어 있다.

40 문장을……없습니다 : 김양택이 지은 발문을 보면 중간 부분부터 거듭 '궁(窮)' 자를 언급하며 이천보의 처지를 설명하고 있다. 또 마지막에서 "시문에 대한 품평은 남유용·황경원 제공이 이미 다 했기 때문에 '궁' 한 글자만을 따서 이처럼 그 감추어진 뜻을 드러낸다."라고 적었다.

41 정송강(鄭松江) : 송강은 정철(鄭澈, 1536~1593)의 호이며 자는 계함(季涵), 본관은 연일이다. 벼슬이 좌의정에 이르렀으나 56세 때 왕세자 책립 문제인 건저문제(建儲問題)가 일어나 광해군의 책봉을 건의했다가 선조의 노여움을 사서 "대신으로서 주색

이 혹 해당할 수 있을 듯한데, 어찌 생각하시는지 모르겠습니다. 게다가 대감에게 있어 진암은 장려하고 이끌어주는 의리를 실로 시종 견지해준 사람이었는데, 이는 선배로서 할 수 있는 훌륭한 일입니다. 대감이 기왕 이 글을 지으면서 어찌 이를 빠트리고 전하지 않을 수 있겠습니까.

에 빠졌으니 나랏일을 그르칠 수밖에 없다."라는 논척을 받고 파직됐다.

김사빈[42] 문행 에게 보내는 답장

答金士彬 文行

편지를 받고 큰 위로를 받았습니다. 즐거운 일에 있어 가장 꺼려야 하는 것은 둥글고 가득 차는 것입니다.[43] 저의 시가 두 편에 그친 것은 대개 반쯤 피고 살짝 취한다는 뜻[44]을 간직하려 함입니다. 그런데 의숙(宜叔 이천보)은 황음(荒淫)에서 돌아올 줄 모르고 기쁜 일을 당하여 슬픔을 생각하였으니, 그가 감옥에 이르게 된 것도 당연합니다.[45]

안목 있는 자의 평(評)을 얻고 싶다고 하셨는데, 훌륭함을 자랑하고 기이함을 다투는 것이 어찌 우리들이 마땅히 해야 할 일이겠습니까? 강산(江山)을 만나면 성정을 도야하고, 글과 술이 있으면 함께 즐기면 그뿐입니다.

42 김사빈 : 김문행(金文行, 1701~1754). 본관은 안동, 자는 사빈(士彬), 호는 화음(華陰)이다. 증조부는 김수증(金壽增)이며 부친은 돈녕부 도정을 지낸 김치겸(金致謙)이다. 1726년(영조2) 진사에 합격하여 해주 판관이 되었으며, 1746년(영조22) 문과에 급제하여 부교리・수찬・부교리・응교・사간・보덕・익선 등을 역임하였다. 1748년(영조24)에 동지사 서장관이 되었으며 이후 승지와 대사간의 자리에 올랐다.

43 즐거운……것입니다 : 달이 둥글어지면 이지러지고, 물도 가득 차면 넘치듯이, 가득 차는 것은 언제나 경계해야 한다는 뜻이다.

44 반쯤……뜻 : 소옹(邵雍)의 시 〈안락와에서 읊다〔安樂窩中吟〕〉에 "좋은 술 마시고 반쯤 취한 후에, 반쯤 핀 어여쁜 꽃을 보네.〔美酒飮教微醉後, 好花看到半開時.〕"라는 구절이 나온다.

45 의숙(宜叔)은……당연합니다 : 132쪽 주32 참조.

홍 상서[46] 봉한 에게 드리는 답장
答洪尙書 鳳漢

대감께서 멀리서 보내주신 서찰을 받들고서 기거가 평안하심을 알게 되었기에 감사와 위안을 받았습니다. 병사 훈련을 감독하는 자리로 옮기셨던데,[47] 깃발로 광채를 드러내며 군무를 다스리는 여가에 허리띠를 느슨히 하고 투호를 할 수 있는 흥이 능히 있을 수 있는지요? 구구한 마음 그리움이 치닫습니다.

저는 숲속에서 한가로이 지내며 인연에 따라 먹고 마시다 보니 일신의 계책이 조금이나마 편안해진 듯 느껴졌는데, 뜻밖에 또 급히 부르시는 명령을 받게 되었습니다. 이처럼 처지가 위태로운 와중에 고달픈 병마저 더해진 통에 도성으로 들어갈 날짜를 스스로 결정할 길이 없으니, 지극히 황송하고 위축된 마음 어찌 표현해야 할지 모르겠습니다.

한 보따리의 쌀과 한 수레의 땔감을 보내주시다니, 성대한 글을 삼가 받들고서 감읍하는 마음 한량없었습니다. 다만 이 가난이 본래 분수임을 잘 알고 있는데도 집사(執事 편지의 2인칭)께서는 매번 살뜰히 근심해 주시면서 전후로 저의 다급함을 구제해 주신 것이 한두 번이 아니었습니다. 저를 돌아봐 주시는 뜻이 어디 있는지 너무도 잘 알고 있는 터라

46 홍 상서 : 홍봉한(洪鳳漢, 1713~1778). 본관은 풍산. 자는 익여(翼汝), 호는 익익재(翼翼齋). 영의정을 역임했으며 사도세자의 장인이기도 하다. 평안도 관찰사·좌참찬 등을 거쳐 영의정에 올랐다.

47 병사……옮기셨던데 : 홍봉한은 1758년(영조34)에 훈련대장이 되었다.

감히 번번이 마다할 수는 없지만, 마침 나라에서 갖가지 쓰임을 절약하는 때를 당하여 봉급 외의 귀중한 물건들을 누차 보내주시니, 사적인 마음 편치 않아 참으로 무어라 말로 형용하기가 어렵습니다. 집사께서 이런 것들을 내려주시는 뜻이 오로지 옛사람이 재용(財用)을 보태주려 한 뜻에서 나왔음을 모르는 바 아니나, 저의 생활을 돌아보건대 구렁으로 떨어지기 직전인 포의(布衣)와는 또한 다름이 있거늘, 어찌 매번 번거롭게 굽어 염려해주시며 내버려 두시지 않으십니까?

정성으로 보내주신 것에 감격하여 감히 속내를 말씀드렸으니, 헤아려주시기를 엎드려 바랍니다. 이만 줄입니다.

김강백[48] 이건 에게 드리는 답장

答金剛伯 履健

일전에 보내주신 편지를 인편에 전해 받고서 당시 체후가 맑고 평온하심을 대략 알게 되었기에 그리운 마음에 참으로 위로가 되었습니다. 다만 답장이 늦어져 송구합니다.

저는 이달 초에 회양(淮陽)[49]으로 길을 나서 금강산에 들어갔다가 열흘 하고도 닷새를 노닌 후 고성(高城)으로 나와 바닷길을 따라 돌아왔습니다. 처음 약관의 나이일 때부터 이런 산이 있다는 것을 이미 알고는 있었으나, 지금 백발이 다 되고서야 비로소 한번 보았으면 하는 소원을 이루게 되었으니, 사람이나 산수나 또한 만나고 만나지 못하는 때가 따로 있어 인력이 미칠 수 있는 바가 아님을 알게 되었습니다. 오직 한스러운 것은 노쇠한 다리로 샅샅이 탐방하기에 겁이 났기에, 토정(土亭)과 삼연(三淵)의 유람[50]에 견주어볼 때 유감이 없을 수 없었

48 김강백 : 김이건(金履健, 1697~1771). 본관은 안동, 자는 강백, 호는 간옹(澗翁)이다. 김상용(金尙容)의 5대손이다. 여러 고을의 수령을 역임했는데, 청도 군수 때의 출중한 치적으로 당상관에 올라 청주 목사로 승진하였다. 청주에서도 환곡 관리를 잘하여 흉년에 빈민의 진휼에 힘써 선치수령(善治守令)으로 뽑혔다.

49 회양(淮陽) : 강원도 회양군(淮陽郡)을 가리킨다. 회양군의 동쪽에 금강산이 있다.

50 토정(土亭)과……유람 : 토정 이지함(李之菡)은 금강산에 들어가 기이한 산수를 구경한 후 한 암자에서 잠을 자다가 한 신령이 나타나 임진왜란을 예언하는 꿈을 꾸었다고 전해진다. 삼연 김창흡(金昌翕)은 1671년(현종12) 청년기부터 1713년(숙종39) 노년기까지 금강산을 일곱 번이나 유람하고 그 진면목을 시를 지어 표현했다.

다는 점이지요. 서리가 내리고 단풍이 들 때를 잠시 기다렸다가 다시 한번 찾아가 보고자 하는데, 다만 조물주에서 분수를 모른다고 비웃지나 않을지 모르겠습니다.

〈몽영기(夢瀛記)〉[51]가 마침 대영대(大瀛臺) 아래에 배를 대고 있을 때 도착하여 졸로(拙老)[52]와 함께 읽고, 〈임강선(臨江仙)〉 소사(小詞)를 지어 그 뜻에 답하였습니다. 또 이를 적어 인편에 부치고 싶었으나, 세간의 호사가들이 '몽(夢)'이라는 한 글자에 홀려서 우리 세 사람이 모여 술 마신 것을 소자미(蘇子美) 등 여러 현자들이 비방을 얻은 일[53]

51 〈몽영기(夢瀛記)〉 : 김이건이 지은 작품이다. 《뇌연집》 권8에 〈배에서 간옹의 〈몽영기〉를 보고 짓다〔舟中見磵翁夢瀛記有述〕〉라는 시가 수록되어 있다.

52 졸로(拙老) : 이덕홍(李德弘, 1697~1768). 본관은 전주, 자는 문원(文遠), 호는 졸옹(拙翁) 혹은 백졸(百拙)이다. 남유용의 매제이기도 하다.

53 소자미(蘇子美)……일 : 자미는 북송 소순흠(蘇舜欽)의 자(字)이다. 그의 부친 소이간(蘇易簡)은 태종 때 참지정사를 지냈고, 장인은 당시 재상이었던 두연(杜衍)이었다. 당시 저명했던 시인 왕익유(王益柔)·채양(蔡襄)·매요신(梅堯臣) 등을 집안에 있던 죽헌(竹軒)으로 초대하여, 술 마시고 시 짓는 모임을 자주 가졌는데, 그때 지은 〈죽헌〉 시에 "안타깝구나, 혜강과 완적은 방탕하여, 당세에 용납되지 못하였네. 우리들에게 고아한 정취 있어, 천년 뒤에 높은 자취 따르고자 하네.〔惜哉嵇阮放, 當世已不容. 吾儕有雅尚, 千載挹高踪.〕"라는 구절이 조정을 비방했다는 누명을 썼다. 그 뒤 진주원 사신(進奏院祠神)으로 있을 때 휴지를 팔아 얻은 공금으로 많은 빈객들을 모아서 기악(妓樂)을 불러 놀았는데, 이 일로 탄핵되어 조적(朝籍)에서 삭제되었다. 이후 소주(蘇州)에 창랑정(滄浪亭)을 짓고 은거하였는데, 《시화(詩話)》에서 소순흠의 시 "시간이 흘러가는 것은 온통 꿈과 같고, 경물이 소소한 걸 보니 또 가을이 되려나 보다.〔時光荏苒都如夢, 風物蕭蕭又變秋.〕"를 기록하고는 "후에 끝내 다시는 등용되지 못하였다." 하였고, 〈춘수(春睡)〉에 "몸은 걸상 위에서 선탈한 듯하고, 꿈은 천 리를 날아가는 버들개지 같구나.〔身如蟬蛻一榻上, 夢似楊花千里飛.〕" 구절을 인용한 뒤 "구양수가 이를 보고 크게 놀라, '자미여, 안타깝도다.' 하였는데, 이윽고 41살의 나이로 죽었다."라

처럼 이해할까 봐 몹시 두려워서 또한 그만두었습니다. 만나 뵙는 날 한번 읊어드리겠습니다. 참으로 우습지요?

고 기록하였다.

소청의 제군에게 드리는 답장

答疏廳諸君

편지에서 저를 앉아서 의심만 품고 오로지 편의만을 도모한다고 말씀하셨는데, 이는 결코 저의 생각이 아닙니다. 대저 마음이 불안한데 구차하게 영합하려 하는 것은 고식적인 사귐일 뿐이고, 마음이 하고자 하지 않는데 억지로 뜻을 굽히는 것은 시정배의 사귐일 뿐이니, 이것이 제가 두려워하는 바입니다. 일전의 일이 어찌 사림(士林)에서 통쾌히 여기기에 족하겠습니까? 위로는 시비(是非)를 밝히 펼치어 아직 시행되기 전에 임금의 부족함을 바로잡지 못하고, 아래로는 의리(義理)를 크게 언급함으로써 바야흐로 무너져가는 선비들의 기상을 진작하지 못하여, 결국 성조(聖朝)로 하여금 그릇된 결정을 내리게 하고 많은 선비들로 하여금 수치와 모욕을 당하게 하였으니, 이것이 제가 부끄럽게 여기는 바입니다. 어떤 일을 할 때도 아니고 사람의 마음이 다 같지는 않다는 것을 알기에, 마음으로 계획하여 더 이상 입을 열어 의론을 꺼내지 않으리라 맹세함으로써 지난번의 허물을 조금이나마 메워보고자 하니, 이것이 제가 고수하고 있는 입장입니다. 그렇지 않다면 지금의 의론이 관계된 바가 지난날보다 더 큰데, 제가 어떻게 감히 한 치라도 물러설 수 있겠습니까? 제가 감히 나아가지 못하고 있는 이유는 실로 필부(匹夫)가 견지하는 바를 스스로 빼앗기고 싶지 않기 때문입니다.

게다가 선비에게 있어 무거운 바는 그 품은 생각이 결백한 것이고, 그 행동이 구차하지 않은 것입니다. 일이 성사되고 성사되지 못하고를 근심하지 않고, 오로지 의(義)에만 근거하기에 능히 사람 마음을 복종하게 하는 것입니다. 저의 뜻은 처음과 같으며 바뀌지 않았습니다. 그런데 저의 이름이 장첩(章帖)에 나열되어 있고 여러 군자들 사이에 끼어있어서 저는 몹시 당혹스러웠습니다. 이름이란 반드시 직접 써야 하는 법, 직접 쓰는 일을 당사자가 스스로 하지 않았다면 거짓으로 해서는 안 됩니다. 그런데 제 이름을 대신 서명한 사람이 그 누구란 말입니까? 이는 결백하지 않은 일이요 구차한 짓이니, 어찌 족히 사람 마음을 복종하게 할 수 있겠습니까? 또한 나의 진심을 아룀으로써 주상께서 한번 깨닫기를 바라고 있는 터에, 먼저 기만을 자행해서야 되겠습니까? 위로는 임금을 깨닫게 하기에 부족하고 아래로는 사람 마음을 복종케 하기에 부족하니, 이 일은 그만두는 것이 좋겠습니다.

정 상서[54] 형복 에게 드리는 편지

與鄭尙書 亨復

공은 저보다 열두 살이나 위이지만 평소에 겸손함을 지키시며 달리 호(號)를 정하지 않으셨습니다. 그래서 친구들 간에 주고받는 서찰에서 공에 대해 이야기를 할 때면 번번이 자(字)로 부르곤 하지요. 《춘추(春秋)》의 예(例)에서 대부 중에 현자(賢者)는 자(字)로 부른다고 하였으니, 자로 부른다 해도 안 될 것은 없습니다. 그러나 세속에서 이를 알지 못하고서, 혹시 저를 너무 오만하다고 여기지는 않을까요?

옛사람은 대부분 당실(堂室)로 사람 이름을 삼아서 덕을 대표하기도 하고 부르기에 편하게 하기도 하였으니 그 뜻이 실로 두텁습니다. 지금 '정(靖)'이라는 한 글자로써 공의 헌(軒)을 명명하여 공의 겸손함을 이루어주고 저의 오만함을 피해 보고자 하니, 공께서도 빙그레 웃으실 수 있을 것입니다. 도(陶) 선생은 자전(自傳)에서 "한가롭고 고요히 지내며 말이 적었으며〔閒靖少言〕, 영화와 이익을 흠모하지 않았다〔不慕榮利〕."라고 하였습니다.[55] 저는 늘 이 글귀를 즐겨 외우면서 마치

54 정 상서 : 정형복(鄭亨復, 1686~1769). 본관은 동래. 자는 양래(陽來). 호는 정헌(靖軒). 성균관 유생으로 재학 중 1720년(경종1) 송시열과 송준길의 문묘 배향을 상소하였고 세자시강원 설서·홍문관 응교·대사간·전라도 관찰사·형조 판서·호조 판서 등을 역임하였다.

55 도(陶) 선생은……하였습니다 : 도연명의 〈오류선생전(五柳先生傳)〉에 나오는 구절이다. 다만 여기서는 '閒靖少言'이라고 하였으나 〈오류선생전〉에는 "閒靜少言"으로 되어 있다.

그 사람을 본 듯이 여겼습니다. 돌이켜 생각해보건대 제가 공을 좋아하는 것도 이 여덟 글자 바깥에 있지 않습니다.

선물 받은 것이 그다지 풍성하지도 않은데, 이를 받으신들 어찌 지나친 일이 되겠습니까?

함열[56]의 최생[57] 두장 에게 주는 편지

與咸悅崔生 斗章

일전에 족하(足下 편지의 2인칭)가 내게 편지를 보내와서 이르기를,

"우리 마을에 남궁 사인(南宮舍人)이라는 자가 있는데, 부자(夫子 공자)의 화상(畫像)을 중국에서 사 와서는 방을 깨끗이 치우고 모셔놓은 다음 자손들에게 감히 더럽히지 못하도록 주의를 주었습니다. 지금은 벌써 백여 년이 지난 일인데, 우리 마을 사람들이 서로 모여서 의논하기를, '부자의 화상이라면 한 고을 선비들이 모두 같이 우러러야 마땅하지, 남궁씨만 혼자 간직하게 할 수는 없다.'라고 하였습니다. 장차 조정에 아뢰어 고을에 사당을 세워 모셔놓고 봄가을로 학교에서 하듯 사채례(舍菜禮 석채례(釋菜禮))를 올리고자 하는데, 뜻이 어떠하신지요?"

라고 하였습니다.

나는 처음 들었을 때 그것이 부당하다고 생각하지 않았는데, 천천히 생각해보니 부당한 일 중에 이보다 더한 것이 없기에, 감히 편지를 올림으로써 어리석은 생각을 바치는 바이니, 족하는 잘 살펴봐주십시오.

56 함열 : 전라북도 익산의 옛 이름이다.

57 최생 : 《영조실록》2년(1726) 3월 27일, 송시열과 송준길을 문묘(文廟)에 배향할 것을 청하는 전라도 진사 이준림(李俊林)의 상소를 보면 여기에 연명(連名)한 사람 이름 중에 유학(幼學) 최두장이 보인다.

사당을 짓고 상(像)을 놓는 것은 공경하는 도리가 아닙니다. 부처가 아녀자들 앞에서 허탄(虛誕)한 소리를 하며 자랑하고자 할 때 상을 두었고, 모든 갖가지 음사(淫祠)에서 아녀자를 현혹시키고자 할 때 상을 두었습니다. 그러므로 성현의 사당에 신주(神主)를 두지 상을 두지 않는 것이니, 대개 성현을 높이는 이유가 도(道)에 있지 그 모습에 있지 않기 때문입니다. 게다가 남궁씨의 생각이 어떤 것이었는지 나는 잘 알고 있습니다. 그 사람이 이 화상을 샀던 것이 어찌 진짜 부자의 화상이라고 여기며 의심하지 않아서였겠습니까? 누군가가 부자의 화상을 가지고 그 사람을 찾아왔는데, 내가 미리 그것이 진짜가 아닐 것이라고 의심하여 거절하는 것은 불가한 일이라고 여겼기에, 보따리에서 돈을 꺼내 그것을 샀을 따름일 것입니다. 그러나 조정에 아뢰는 일인즉 망설이며 감히 하지 못했습니다.

지금 제군들의 논의는 남궁씨의 생각이 아닙니다. 조정에서 이를 살피지 못하고 정말로 그 청을 따라준다면, 이는 가짜 화상을 진짜 부자로 예우하여 한 고을의 선비를 권면하는 일이 될 것입니다. 선왕께서는 선비들을 신의로써 권면하면서도 도리어 그것이 거짓일까 두려워했거늘, 거짓을 가지고 권면한다면 무엇으로써 가르침을 행할 수 있겠습니까? 게다가 성인의 말씀도 감히 무고할 수 없으며 무고하면 곧 죄가 될진대, 하물며 그 용모를 가지고 무고해서야 되겠습니까?

대저 성인의 말씀은 책에 기록되어 있고 군자들이 대대로 지키지만, 그럼에도 착간(錯簡 순서가 뒤바뀐 곳)과 궐문(闕文 빠진 문장)이 있어 후세에 의심을 사곤 합니다. 하물며 그 용모를 누가 보았고 누가 구별할 수 있겠습니까? 그런데도 '이것은 진짜 부자이다.'라고 말한다면, 그 거짓됨이 무엇이 이보다 더 심할 수 있겠습니까? 속임수가 무엇이 이

보다 더 클 수 있겠습니까?

사서(史書)에서 칭하기를, "부자의 모습은 양호(陽虎)와 닮았다."[58]라고 하였고, 또 "정(鄭)나라 사람이 말하기를, 그 이마는 요(堯)임금을 닮았고, 그 목은 고요(咎繇)를 닮았고, 그 어깨는 자산(子産)을 닮았고, 허리 아래로는 우임금에게 세 치〔寸〕가 모자란다."[59]라고 하였습니다. 또 말하기를, "유약(有若)이 공자를 닮았다."[60]라고 하였고, 《공자가어(孔子家語)》에서 이르기를, "공자는 정수리가 오목하고, 이〔齒〕가 드러나 보였으며, 눈이 움푹 파이고 입이 바다처럼 컸다."[61]라

58 양호(陽虎)와 닮았다 : 공자가 광(匡) 땅을 지나가다가 포위되었을 때 그곳 사람들이 공자를 보고 양호와 닮았다고 하였다. 양호라는 자가 광 땅에서 포학한 짓을 한 적이 있었는데, 공자의 모습이 양호와 닮았기 때문에 사람들이 공자를 양호로 오인한 것이다. 《論語 子罕》

59 정(鄭)나라……모자란다 : 《사기》 권47 〈공자세가(孔子世家)〉에 나온다. "공자가 정(鄭)나라에 갔을 때 제자들을 잃어버리고 홀로 동문에 서 있었다. 그때 정나라 사람이 자공(子貢)에게 말하기를, '동문에 한 사람이 있는데 이마는 요임금 비슷하고, 목은 고요(皐陶) 비슷하며, 어깨는 자산(子産) 비슷합니다. 그런데 허리 아래로는 우임금에게 세 치가 모자라며, 추레한 것이 얻어먹지 못한 상갓집 개와 같았습니다.'라고 하였다."

60 유약(有若)이……닮았다 : 《사기》 권67 〈중니제자열전(仲尼弟子列傳)〉에 이르기를, "공자가 죽자 제자들이 공자를 사모하였는데, 유약의 모습이 공자와 비슷하다고 하여 제자들이 서로 함께 유약을 세워 스승으로 삼아 섬기기를 공자 때와 같이 하였다."라고 하였다.

61 공자는……컸다 : 《사기》 권47 〈공자세가〉에 "공자는 태어나면서 정수리가 오목하여 이름을 '구(丘)'라고 하였다."라는 말이 나온다. 이가 드러나 보였다는 말은 후대에 공자의 용모를 묘사할 때 많이 나오지만, 정확한 출전은 알 수 없다. "동문 밖에 어떤 사람이 서 있는데, 키가 9척 6촌이나 되고, 눈이 움푹 파이고〔河目〕 이마가 솟았다."라는 말이 《공자가어》 〈곤서(困誓)〉에 나오지만, "공자의 입은 바다처럼 크고 윤기가

고 하였습니다. 이 모든 말의 기록들은 징험하기에 부족하며, 설령 징험할 수 있다 하더라도, 요임금의 이마며 고요의 목이며 자산의 어깨며 우임금의 키며 유약(有若)과 양호의 생김새 같은 것을 또 누가 보아 할 수 있단 말입니까? 움푹 파인 눈이건 바다처럼 큰 입이건 오목한 정수리건 드러난 이이건, 그 어디에 가져다 붙인들 사람 모습이 되지 않겠습니까? 그렇다면 이 화상을 그린 자가 《사기(史記)》와 《공자가어》에서 전한 말에 의거하여 창작하면서, 그 어깨와 이마와 입과 이를 조금 남다르게 그림으로써 사람을 기망하여 물건을 팔아먹은 것이 아닌지 또 어찌 알겠습니까? 그렇지 않다면 무엇인가를 본떠서 베꼈을 것입니다.

지금 뛰어난 화공(畵工)이 있어 누군가의 화상을 그리는데, 몇 번씩 돌아보고 소상히 살펴가며 보탰다 뺐다 하면서 비슷하게 그린다 해도 외려 7푼만 비슷하고 3푼은 다릅니다. 지금은 성인(聖人 공자)의 시대로부터 거의 백 대(代)나 멀리 떨어져 있으며, 화상을 본떠가며 베낀 화공만 해도 몇백 명이 바뀌었을지 모릅니다. 그런데다가 매 사람마다 3푼씩의 차이가 나니, 지금 남아 있는 것이 옛날 모습에서 1푼이나마 비슷함을 간직하고 있으리라 능히 보장할 수 있습니까?

게다가 족하는 제(齊)나라 사람만도 못합니다. 제나라 사람 중에 기이한 것을 좋아하는 자가 있었는데, 보화를 싣고 연(燕)나라 시장에 갔습니다. 연나라의 한 가난한 사람이 그가 기이한 것을 좋아한다는 사실을 알고는 옛날 와뢰(瓦罍)[62]를 가지고 와서 이 사람을 만나자마자

난다."라는 말은 《효경원신계(孝經援神契)》에 나온다. 따라서 각기 출전이 다른데 남유용은 《공자가어》라고 착각하였다.

돈을 달라고 했습니다. 이 사람이 말했습니다.

"내가 구하는 것은 천하에서 기이하게 여기는 물건인데, 이런 것을 어디다 쓰란 말입니까?"

그러자 제나라 사람이 웃으며 말했습니다.

"그대는 참으로 기이한 것을 좋아하기만 하고 기이한 것이 무엇인지는 알지 못하는군요. 옛날 우순(虞舜)이 처음 질그릇을 빚을 때 오직 이것만을 보고서 본떴는데, 사서(史書)에서 칭하기를, '질그릇이 조악하거나 찌그러지지 않았다.'[63]고 하였습니다. 저의 조상 30여 대(代) 이래로 감히 떨어트리지 않고 있다가 지금 그대가 기이한 것을 좋아한다는 말을 듣고 공경스럽게 안고 와서 바친 것인데, 사지 않으시겠다니 받들어 가지고 돌아가겠습니다."

이 사람이 깜짝 놀라 사례하며 말했습니다.

"그대가 말해주지 않았으면 하마터면 잃을 뻔했습니다."

그리고는 마침내 백금(百金)을 주고 샀습니다.

이 사람이 노(魯)나라에 갔더니 노나라 사람 역시 그가 기이한 것을 좋아한다는 말을 듣고 다 헤진 지팡이를 들고 와서 그를 만났습니다. 이 사람이 말했습니다.

"이런 것을 어디다 쓴단 말입니까?"

노나라 사람이 말했습니다.

62 와뢰(瓦罍) : 흙으로 구워 만든 술잔

63 질그릇이……않았다 : 《사기》 권1〈오제본기(五帝本紀)〉에 "순임금이 역산(歷山)에서 밭을 가니 역산 사람들이 모두 밭두둑을 양보하였고, 뇌택(雷澤)에서 물고기를 잡으니 뇌택 사람들이 모두 물고기 잡는 자리를 양보하였고, 하빈(河濱)에서 질그릇을 구우니 하빈의 질그릇이 모두 조악하거나 찌그러지지 않았다." 하였다.

"《예기(禮記)》에서 이르기를, '공자가 일찍 일어나시어 상장(喪杖)을 끌며 문 앞을 소요하면서 노래하기를'[64]이라고 하지 않았습니까? 이것이 바로 그 지팡입니다."

이 사람이 말했습니다.

"그렇습니까? '원양(原壤)이 걸터앉아 기다리니 지팡이로 그 정강이를 두드렸다.'[65]라고 한 것 역시 이것입니까?"

이렇게 말하고는 자신의 보화를 주고 바꾸었습니다. 제나라 사람은 우순(虞舜)과 공자를 흠모할 줄 알아 깨진 술잔과 헤진 지팡이도 모두 귀히 여기는 지경에 이르렀지만 오직 그 도를 흠모할 줄은 몰랐습니다. 그래서 사람들이 그를 속일 수 있었고, 그는 천하의 웃음거리가 되었던 것이지요.

지금 그대의 고향 사람들이 정말로 부자를 높이고 싶어 한다면, 이것 말고 다른 방법은 없겠습니까? 부자의 말씀을 외고 부자의 도를 행하는 일이나, 부형(父兄)을 봉양하고 자제를 가르치는 일 그 모두가 부자를 높이는 일이 아님이 없습니다. 족하가 나의 이 말을 가지고 돌아가 제군들에게 답하시는 것이 어떻겠습니까?

64 공자가……노래하기를 : 《예기》 〈단궁 상(檀弓上)〉에 보인다.

65 원양(原壤)이……두드렸다 : 《논어》 〈헌문(憲問)〉에 보인다.

김유문[66] 순택 에게 보내는 답장

答金孺文 純澤

보내준 편지 아주 고맙습니다. 종이 두 장은 이미 공필(公弼 남유용의 조카)에게 명해 심부름 온 사람 편에 찾아 맡기게 하였으니, 아마도 시킨 대로 했을 것입니다.

주자(朱子)께서는 일찍이 조조(曹操)의 서체(書體)를 배운 적이 있는데, 노공(魯公 당나라 안진경(顔眞卿))의 서체를 배운 사람에게 굴욕을 당한 바 있지요.[67] 보내온 편지에서 운운한 것은 우리 스승께서 일찍이 말씀하셨던 것과 꼭 닮았습니다. 그렇지만 주자가 주자인 까닭은 조조의 서체를 배워서가 아니라 공자(孔子)를 잘 배워서이기 때문입니다. 공자를 잘 배운 자로 주자만 한 이가 없는데, 지금 사람들은 이런 것을 들어 스스로 분발하려 하지 않고서, 조조의 서체를 배운 것에 이르러서

66 김유문 : 김순택(金純澤, 1714~1787). 본관은 광산, 자는 유문, 호는 옥계(玉溪)·지소재(志素齋)이다. 군수를 지냈으며 남유용과는 인척 관계이다. 《뇌연집》 권12의 〈김생의 명자에 대한 서〔金生名字序〕〉에 의하면 남유용이 이름을 은택(殷澤)으로, 자를 유문으로 지어주었는데 이름의 '은(殷)' 자를 후에 '순(純)'으로 고쳤다.

67 주자(朱子)께서는……있지요 : 주희(朱熹)의 〈조조 첩에 쓰다〔題曹操帖〕〉에 "내가 소싯적에 조조의 〈하첩표(賀捷表)〉를 학습하였는데, 그때 유공보(劉共父: 劉珙)는 한창 당나라 안진경(顔眞卿)이 쓴 〈녹포첩(鹿脯帖)〉을 배우고 있었다. 내가 자획에 고금의 차이가 있다고 기롱하자, 공보가 나에게 '내가 배우는 것은 당나라의 충신이고, 공이 배우는 것은 한나라의 찬적(簒賊)이다.'라고 말했는데, 그때 나는 묵묵히 아무 말도 할 수 없었다."라는 말이 나온다. 안진경은 안사의 난이 일어났을 때 반란군을 평정해 충신으로 일컬어졌다.

는 즐겨 주자를 일컬으며 남의 입을 막으려 드니, 저는 이를 몹시 이상하게 생각해 왔습니다.

옛날에 미수(眉叟)[68]의 전서(篆書)를 본뜨는 자가 있었는데, 그 이유를 따져 물었더니 그의 대답에서도 역시 맨 먼저 주자를 거론하였습니다. 가만히 생각해보건대, 일이 자잘하나 마음을 병들게 하는 것 중에 이것보다 더 심한 것이 없습니다. 조조의 예서(隸書)와 미수의 전서는 모두 지극히 훌륭한 것들이라, 이사(李斯)나 여불위(呂不韋)나 범엽(范曄)의 문장과 마찬가지로 폐해서는 안 되니,[69] 비록 배운다 한들 무슨 병폐가 있겠습니까? 하지만 주자를 끌어들이는 지경에 이른 연후에는 그 병폐가 이내 드러나고 맙니다. 마치 관리 노릇 하면서 수치심을 잊은 자가 다른 사람의 헐뜯는 평가가 두려우면 기어코 정자(程子)의 서감(西監)의 뜻[70]을 거론하면서 스스로 해명하는 것과 한가지인데,

68 미수(眉叟) : 허목(許穆, 1595~1682). 본관은 양천이고, 자는 문보(文父)·화보(和甫), 호는 미수, 시호는 문정(文正)이다. 전서(篆書)와 문장에 뛰어났다.

69 이사(李斯)나……되니 : 이사는 비록 후대에 좋은 평가를 받지 못하지만 글재주가 뛰어나서 〈간축객서(諫逐客書)〉등 훌륭한 작품을 남겼다. 여불위 역시 진시황 때 상국이 되어 중부(仲父)로 불리면서 권력을 휘둘렀으나, 전국시대 말 귀중한 사료로 평가받는《여씨춘추(呂氏春秋)》를 편찬하였다. 남조(南朝) 송나라의 범엽은 역모를 꾀하였다가 참수당했지만 문장에 능해《후한서(後漢書)》를 저술하였다.

70 정자(程子)의……뜻 : 서감은 서경 국자감(西京國子監)이다. 정이(程頤)가 휘종(徽宗)이 즉위한 1100년에 귀양지인 부주(涪州)로부터 풀려나 곧바로 서경 국자감의 관직에 취임하자 정이의 문인 화정(和靖) 윤돈(尹焞)이 나아가지 않을 자리에 나아갔다고 스승을 의심하였는데, 이에 정이는 "주상이 즉위하여 맨 먼저 큰 은혜를 입었으니, 이렇게 하지 않으면 무엇으로 덕의를 우러러 받들겠는가. 그러나 내가 더 이상 벼슬하지 않는 것은 이미 결정된 일이다. 한 달의 봉록을 받고 난 후에는 내가 하고 싶은 대로 할 뿐이다."라고 하였다.《二程全書 卷50 伊川年譜》

저들은 식자(識者)들이 그런 소리를 들으면 그 말까지 한데 아울러 혐오한다는 사실을 전혀 모르고 있습니다. 만약에 그것이 의(義)라면 반드시 정자를 거론할 필요가 있겠습니까? 그것이 훌륭하다면 반드시 주자를 끌어들일 필요가 있겠습니까? 실로 그 마음에 흡족하지 못한 바가 있는 데서 말미암았을 따름이지요.

여기는 선장(仙庄)[71]으로부터 멀지 않습니다. 서울 올라갈 때 청회(清淮)[72]에서부터 귀래산(歸來山)[73] 오솔길을 취하시면 여기에 닿을 때 더욱 가깝습니다. 여기를 통해 서울로 올라간다 해도 큰길에 비해 겨우 10리 돌아가는 것밖엔 되지 않는데, 늙은 벗을 위해 십 리 길 수고를 잊어주실 수는 없으신지요? 한번 생각해보시기 바랍니다.

71 선장(仙庄) : 상대의 집을 높여 부르는 말이다.

72 청회(清淮) : 경기도 평택 진위현(振威縣).

73 귀래산(歸來山) : 경기도 평택시와 충남 아산시 경계에 있는 산이다.

김유문[74]에게 보내는 답장
答金孺文

멀리서 편지를 보내, 누님이신 유인(孺人)의 뇌문(誄文)을 부탁하셨더군요. 대저 생사(生死)의 사이에서는 처신하기가 지극히 어렵습니다. 처음 유인의 이야기를 들었을 때 감히 경솔하게 포폄(褒貶)하지 못하였는데, 후에 유인이 살았던 시대에 그분이 처신했던 의(義)를 생각해 보고서야 유인의 마음을 알 수 있었고, 그의 죽음을 어질다 여기게 되었습니다.

유인이 어진 것은 그 마음을 저버리지 않았기 때문입니다. 이는 예로부터 열사(烈士)들이 늘 생각하고 돌아보던 일이었는데,[75] 지금 아녀자 중에서 이런 행실을 얻었으니 어찌 기이하지 않겠습니까. 그러나 후에 군자가 있으면 반드시 저술하여 넣음으로써 우뚝한 행실이 민멸된 채 사라지지 않게 할 터이거늘, 어찌 제 말을 기다리겠습니까? 다만 제가 생각하기에 세속의 사람들이 의명(義命 정도(正道))을 미루어 생각하지 않고 한갓 입으로 시비나 따질 것 같아 실로 두렵기에, 애사(哀辭) 한 장(章)을 지어서 일단 유인의 마음을 밝히 드러냄으로써 후세의 군자들이 참고해 볼 수 있도록 할 뿐입니다.

74 김유문 : 김순택(金純澤). 156쪽 주66 참조.

75 이는……일이었는데 : 《시경》 〈실솔(蟋蟀)〉에 "너무 편안하지 않은가, 직분에 맡은 바를 생각하라. 즐기기를 좋아하더라도 황폐하지 않기를, 어진 선비가 생각하고 돌아보듯 하라.〔無已大康 職思其居 好樂無荒 良士瞿瞿.〕"라고 하였다.

김유문[76]에게 보내는 답장

答金孺文

조정의 일은 본디 듣고 싶지 않았습니다. 그러나 근자에 대책(對策) 문자를 지어야 해서 매번 현재의 사무에 맞닥치곤 하는데, 막연히 뭐라고 적어야 할지 알지 못해 늘 탄식만 하고 있습니다.

나는 반드시 가의(賈誼)나 유향(劉向)이나 조조(鼂錯)나 동중서(董仲舒)[77] 같은 선비라야만 가히 박아(博雅)하다 이를 만하다고 여겨왔습니다. 지난번 편지에서 말한 것도 그저 이런 생각에 기인하여 꺼냈을 뿐입니다. 그러나 공자께서 《춘추(春秋)》를 지을 때 정공(定公)과 애공(哀公) 사이에 이르렀으니 모두가 그 당시 일이었으며, 자료로 사용한 것이라곤 그저 오늘날의 시정기(時政記)[78]와 같은 것에 지나지 않았습니다. 족하(足下 편지의 2인칭)는 다른 책이 있었을 것이라고 여기는 것입니까? 만약 반드시 육경(六經)과 같은 의리(義理) 문장이어야만 눈으로 접하고, 그렇지 않은 경우에는 눈으로 접하지 않았다면, 공자께서 어떻게 《춘추》를 지을 수 있었겠습니까?

그렇다고 족하가 오직 시무(時務)에만 마음을 써서 함부로 조정의 시시비비를 따지기를 바라는 것은 아닙니다. 다만 조보(朝報)를 대략

76 김유문 : 김순택(金純澤). 156쪽 주66 참조.

77 가의(賈誼)나……동중서(董仲舒) : 모두 서한(西漢)의 학자들이다. 실무와 학술 전반에 두루 조예가 깊어 많은 저술을 남겼다.

78 시정기(時政記) : 춘추관에서 편한 국정 기록물을 말한다.

읽어보고 조정에서 오늘 어떤 일을 하였고 어떤 사람을 기용하였으며, 내일은 어떤 일을 하고 어떤 사람을 기용할지를 대략 파악해서, 그 득실과 장단을 마음속으로 가늠했으면 하는 것뿐입니다. 이런 것이 유자(儒者)의 일에 있어 무슨 해 될 것이 있겠습니까? 나의 생각이 이러하니, 탓하지 말아 주시기 바랍니다.

군자라면 본디 그 큰 것을 알고 그 간략한 것을 지켜야 하겠지만, 세세한 것을 자세히 알지 못하고서 어찌 그 큰 것을 선별하여 알 수 있겠습니까? 넓은 것〔博〕을 구하지 않고서 어찌 간략한 데로 돌아가 그것을 지킬 수 있겠습니까?

김유문[79]에게 보내는 답장

答金孺文

편지가 마침 그리워하던 차에 당도하였기로 큰 위안이 되었습니다. 다만 몸이 편치 않다니 걱정입니다. 바둑 역시도 마음을 수고롭게 하는 일입니다. 마음이 수고로우면 기(氣)가 위로 올라가지요. 족하(足下 편지의 2인칭)의 병 같은 것은 그 치료법이 의당 기를 내려보내는 데 있을 터인데, 기를 내려보내는 방법에 관해서는 내 일찍이 기(氣)가 막히는 증세가 있어 돌아가신 이징하(李徵夏)[80] 의원에게 물어본 적이 있습니다.

눈이 쳐다보는 곳으로 마음이 돌아오고, 마음이 있는 곳으로 기운이 따라옵니다. 그래서 눈으로 배꼽 아래를 보면[81] 마음이 상초(上焦)[82]의 꽉 막힌 기운을 배꼽 아래로 끌어모아 내려보냅니다. 기가 내려가는지는 배에서 소리가 나는 것을 가지고 징험해볼 수 있습니다. 매일 두세

79 김유문 : 김순택(金純澤). 156쪽 주66 참조.

80 이징하(李徵夏) : 1655~1727. 의관으로 어의까지 지냈다. 병조 좌랑 · 장령 등의 벼슬도 역임했다.

81 눈이……보면 : 주희의 〈황자경에게 보내는 답장〔答黃子耕〕〉에 비슷한 내용이 보인다. 주희는 정좌(靜坐)를 강조하면서 "가부좌를 하고 정좌한 채 눈으로 코끝을 보고 마음을 배꼽 아래로 내려보내면 한참 뒤 저절로 따뜻해지면서 점차 그 효험을 볼 수 있다.〔但加趺靜坐, 目視鼻端, 注心臍腹之下, 久自溫暖, 卽漸見功效矣.〕"라고 하였다.

82 상초(上焦) : 삼초(三焦: 상초 · 중초 · 하초) 가운데 하나이다. 가로막의 부위로 심과 폐를 포함한다.

차례씩 반복해가며 오래도록 그만두지 않는다면 병이 절로 낫습니다. 저도 일찍이 대략 이를 시험해 본 적이 있는데, 자못 효험이 있었습니다. 하지만 이 방법은 지나치게 마음을 써가면서 해서는 안 되고, 그저 유의하고 유의하지 않는 사이에 두어야만 바야흐로 딱딱하게 막히지 않고 절로 오래 갈 수 있습니다. 한번 시험해 보심이 어떠한지요? 병을 치료하는 데 유익할 뿐만 아니라 고명(高明 편지의 2인칭 높임말)께서 존양(存養)[83]하는 공부에도 도움이 될 것입니다.

83 존양(存養) : 본래의 마음을 보존하고 본성을 기른다는 존심양성(存心養性)의 준말로, 《맹자》 〈진심 상(盡心上)〉의 "마음을 보존하고 본성을 기르면 하늘을 제대로 섬길 수 있다."라는 말에서 나온 것이다.

김유문[84]에게 보내는 답장
答金孺文

새해에 받은 편지 한 통을 지금까지도 침상 머리에 두고 있으니, 이곳에서 그리워 잊지 못해 하는 심정을 가히 상상할 수 있겠지요. 끄트머리 추위가 아직도 풀리지 않았는데, 시중(侍中 2인칭)의 기체는 어떠하신지요? 오직 끊임없이 그리워하는 마음만 하루에도 아홉 번이나 오고 갑니다. 나는 나이가 먹어 갈수록 병이 더해져만 가더니, 어느새 환갑이 되었습니다. 그러나 고로(孤露)의 감회[85]는 더더욱 떨칠 길이 없습니다.

나는 평생 어리석고 졸렬하여 백 가지 쓰임 중에 마땅한 것이 한 가지도 없더니, 마침내 이렇게 게을러져서 더 이상 이 세상에 대한 생각이 털끝만큼도 남지 않았습니다. 그런데 장자(長者)의 추천을 외람되이 입어 섬독(剡牘)[86]으로 번거로움을 끼치기까지 하였습니다. 스스로 돌아보아도 부끄럽기 짝이 없어, 마치 병 하나가 보태진 것만 같으니, 이를 어찌하면 좋습니까? 현재에 만족하며 졸박(拙朴)함을 지키는 것이 곧 생계를 꾸려 나가는 수단이 되었고, 세 사람이 걸어갈 때면 반드시 뒷줄에 서는 것은 저의 본래 뜻이 그러했기 때문입니다. 그런데 지금 갑자기 뭇 사람들이 힘써 경쟁하는 자리에 많은 사람들을

84 김유문 : 김순택(金純澤). 156쪽 주66 참조.

85 고로(孤露)의 감회 : 부모가 세상을 떠나 안 계신 것에 대한 슬픔이다.

86 섬독(剡牘) : 인재를 천거하는 공문서를 이른다.

밀어내고 앞줄에 오르게 되었으니, 후에 시기하고 노여워하는 자가 나타나지나 않을지 또 어찌 알겠습니까?

혹자는 선대(先代)의 아름다움을 이었다며 축하하는데, 나는 바야흐로 선대를 더럽힐까 봐 두려울 뿐입니다. 오늘날의 문교(文敎)와 사풍(士風)을 보건대 어찌 다 썩은 나무가 능히 지탱하여 일으킬 수 있는 상황이겠습니까? 이는 본디 예전에 저와 족하(足下 편지의 2인칭)가 함께 근심하던 바였거늘, 지금 편지의 뜻을 상세히 살펴보건대 갑자기 근심을 바꾸어 기쁨으로 여기시는 듯하니, 내가 생각하기에 이는 과한 요량이신 듯합니다.

지금 교외로 나가 가마를 맞이해야 하기에 바빠서 이만 줄이겠습니다.

김유문[87]에게 보내는 답장

答金孺文

일전에 슬픈 일을 당하였는데, 선인의 묘지(墓誌)[88]의 내용 중 한두 단락에 대해 굽어 물어 오신 바가 있기에 삼가 받들고 반복해 읽어보고는 효자(孝子)의 마음이란 다할 날이 없다는 것을 알게 되었습니다.

돈부(敦府 돈녕부)라는 직함은 말씀하신 대로 첨가하였습니다. 그러나 총론(總論) 한 절목인즉 글을 쓰기 시작하던 때부터 구상하느라 큰 힘을 쏟아가며 누차 원고를 고친 후에 결정한 것이므로 이제 와서 고치고자 한다면 내용이 중첩되는 병폐가 생겨날 뿐만 아니라, 아마도 실질적인 덕(德)에도 크게 영향을 미치지도 못할 것입니다.

공자(孔子)께서 번지(樊遲)를 위해 효를 설명하며 말씀하시기를, "살아 계시면 예(禮)로 섬기고, 돌아가시면 예로 장사 지내고 예로 제사 지내는 것이다."[89]라고 하였으니, 이밖에 다시 효라고 말할 것이 어디 있겠습니까? 지금 내가 "돌아가신 분을 섬김에 예를 다하되, 감히 늙었다는 이유로 그만두지 않았다."라고만 적었어도 거상(居喪)을 얼마나 훌륭하게 했는지는 그 말로 표현하지 않은 것에 다 담겨 있습니다. 생각건대, 선장(先丈)의 효우(孝友)의 행실은 행여 실추시킬세라

87 김유문 : 김순택(金純澤). 156쪽 주66 참조.

88 선인의 묘지(墓誌) : 《뇌연집》 권23에 실린 〈지중추부사 김공 묘갈명(知中樞府事金公墓碣銘)〉을 말한다. 이 묘지명은 김순택의 부친인 김진동(金鎭東)에 대해 쓴 것이다.

89 살아……것이다 : 《논어》 〈위정(爲政)〉에 나온다.

아침저녁으로 전전긍긍한 데 근본을 두고 있었기 때문에 자제가 흥하고 향당(鄕黨)이 순종하는 데 이르렀던 것이니, 효 중에 이것보다 더 큰 것이 어디 있겠습니까? 그러므로 종신토록 부모를 사모하는 마음을 지녔던 것이니, 비록 삼 년 동안 피눈물을 쏟았다는 말을 적지 않았다 하여도 그 효를 해치지는 않을 것입니다.

효 중에서 귀한 바는 처음과 끝을 한결같이 하는 것이지만, 이 처음과 끝의 예절이란 한 가지 절목으로 일괄할 수 없습니다. 그래서 증자(曾子)의 말로써 끝맺음하였던 것인데,[90] 내가 마음으로 좋아하는 말인지라 이를 적으면서 부끄러움이 없었을 따름입니다.

비록 그러하나 옛사람의 말은 간략하면서도 법도가 있어서, 이미 말한 것에 나아가 보면 아직 말하지 않은 것도 모두 믿을 수 있었습니다. 반면 후세의 말은 번다하고 자질구레해서 이미 말한 것도 반드시 다 믿을 수가 없습니다. 만일 후세 사람이 나를 옛사람으로서 보아준다면 그 말이 여기에 그쳐도 족할 것이요, 만약 그렇지 않다면 비록 수백 수천 마디 말을 더 보탠다고 하여도, 그 말이 많아지면 많아질수록 더욱 싫어할 터이니, 그러면 어찌하겠습니까. 이것이 곧 내가 매우 두려워하는 바이니, 비록 그 글이 슬프다 할지라도 어찌 옛사람으로서 나를 보아주겠습니까? 비록 그렇다고는 하나, 나는 사람들이 나를 보는 것을 가지고 가벼이 스스로 뜻을 낮추어 그 뜻을 따를 수 없습니다. 부디 굽어 헤아려 주기를 바랍니다.

90 증자(曾子)의……것인데 : 〈지중추부사 김공 묘갈명〉의 마지막 부분에서 남유용은 증자가 병이 났을 때 제자들을 불러서 했던 말, "지금에야 내가 몸 훼상됨을 면한 줄 알겠다."를 인용하였다.

이광문 연[91]에게 보내는 편지

與李廣文 演

지난밤에 잠깐 편지를 읽고서 기쁨과 위로의 마음이 실로 컸습니다. 엄동설한에 시중(侍中 2인칭)의 기거는 어떠한지요? 나는 이제 막 서재에 당도했는데, 다행히 머리를 어지럽게 하는 일이 없기에 이렇게 조금 한가한 틈을 타서 문사(文史)를 다시 공부해볼까 생각했습니다만, 게으르게 내팽개쳐 놓은 시일이 오래되다 보니 전혀 마음에 들어오지 않습니다. 응당 며칠 동안 정좌하고서 정신을 불러 모아 마음 빈 곳으로 거두어 집어넣은 연후라야 시작할 수 있을 것 같습니다.

접때는 여러 현자들께서 저버리지 않아 주신 덕분에 문장 짓는 일로써 서로 도움을 주고받을 수 있었는데,[92] 나처럼 실로 어리석고 고루하고 아는 것이 적은 사람이 어찌 족히 이런 자리에 이를 만하겠습니까? 그저 나이가 여러 현자들보다 조금 많아 분전(墳典 옛날의 경서(經書)) 사이에 마음 써온 지가 그나마 오래되었고, 보고 들어 알게 된 것 중에 혹 여러 현자들보다 한두 가지 앞선 것이 있기에 감히 마다하지 못했을 뿐입니다.

대개 내가 들었던 옛사람의 말과 보았던 옛사람의 행실에는 모두

91 이광문 : 이연(李演). 본관은 덕수, 자는 광문. 남유상의 딸과 혼인하였으므로 남유용에게는 조카사위가 된다.

92 서로……있었는데 : 《예기》〈학기(學記)〉에 "가르치고 배우면서 서로 진보한다.〔教學相長〕"라는 말이 보인다.

도(道)가 깃들어 있었는데, 귀한 바는 오직 각자 자기가 좋아하는 것에 힘쓰며 세속의 논의에 얽매이지 않은 것이었습니다. 사람의 도는 본디 하나였는데, 후세에 나뉘어 셋이 되었습니다. 그중 나아가 상류(上流)가 된 경우는 이름이 높아 뒤를 이을 수가 없고, 물러나 하류(下流)가 된 경우는 뜻이 낮아 교훈으로 삼을 수가 없습니다. 통유(通儒)가 아니고서는 폐단이 없을 수가 없으니, 공순히 그 중류(中流)로 나아가서 감히 황폐히 하여 실추시키지 않아야 합니다. 이 길을 따라가다가 성현의 뜻을 스스로 알게 되고, 그 지식이 족히 먼저 할 바와 뒤에 할 바를 알게 되면, 상류도 거의 발돋움하여 따라잡을 수 있을 것입니다. 이 길을 따라가다가 세속의 변화에 통달하여 장단고하(長短高下)를 오직 자기 뜻대로 하게 되면, 하류도 거의 허리를 굽혀 취할 수 있을 것입니다. 이것은 제가 감히 세속에게 말하지 않고 여러 현자(賢者)들에게만 즐겨 말하는 것인데, 여러 현자들 또한 저의 말을 그렇지 않다고 여긴 적이 없습니다.

비록 그러하나 이것이 어찌 목소리와 용모와 웃는 모습을 두고 말하는 것이겠습니까? 응당 그 실질이 있어야 하니, 그 실질이 있기 때문에 능히 커지고 오래 가는 것입니다. 그래서 옛날에 능히 그 업(業)을 이루었던 사람들은 이름〔名〕이 앞서는 것을 꺼리고 실질〔實〕이 뒤따르지 못하는 것을 두려워하면서, 간절한 마음으로 감히 남들과 다르게 행동하지 않았고 사람들 또한 그들을 범부(凡夫)로 보았습니다. 그러다가 한번 나서서 떨치고 일어난 연후에는 비로소 우뚝 드높아져서 바라볼 수조차 없게 되었지요.

일전에 자못 많은 사람들에게서 아무개 아무개가 고문(古文)을 잘하느냐는 질문을 받았습니다. 혹자는 말하기를, "고문에 뜻을 두고서 거자업(擧子業 과거 공부)을 우습게 여긴다."라고 하던데, 여러 현자들께서 어떻게 이런 소리를 들었는지 모르겠습니다. 나는 족하와 함께 살지 않은 지가 오래라, 그간 학업에 진보가 있었는지 없었는지는 본디 감히 알 바가 아닙니다. 그러나 혹자의 말로써 미루어보건대, 감히 큰소리를 일삼고 실제 공부에 힘쓰지 않았음을 가히 알 수 있습니다. 게다가 족하(足下 편지의 2인칭)는 이른바 고문이라는 종류가 있다는 것만 알 뿐, 일찍이 한 부(部)의 경서(經書)도 익혀 본 적이 없는데, 사람들이 갑자기 고문이라는 제목 하에 족하를 귀속시키다니, 말하는 자들이야 본디 망령되었거니와 이런 말을 듣는 사람 역시 부끄러워할 만합니다.

게다가 공령문(功令文)이라는 것은 옛사람들이 중히 여기던 바요 나라에서 인재를 등용하고 내치던 기준이었는데, 오늘날의 선비만 어찌 감히 이를 소홀히 여길 수가 있겠습니까? 내가 지금 세상 사람들에게 답답하게 여기는 것은 그 근원을 다스릴 줄 모르는 채 말단에만 전념하고, 안을 돌아보지 않고서 밖에만 급급해하며, 날로 명리(名利)를 향해 나아가면서도 부끄러운 줄을 모르고, 날로 진실을 어지럽히면서도 돌이킬 줄을 모른다는 것입니다. 족하의 무리처럼 어진 사람이건 불초한 사람이건 불문하고 거인(擧人)이라는 이름만 붙으면 일체 얕잡아보고, 글이 훌륭하건 졸렬하건 따지지도 않고 시문(時文)이라는 이름만 붙으면 일체 업신여기며 뒤도 안 돌아보고 가버리면서, 마치 기름이 몸을 더럽히는 것처럼 행동하는 것이 과연 가한 일인지 모르겠습니다. 게다가 족하는 태부인(太夫人)을 모시고 있는 처지인지라 태부인을 하루 봉양하는 일이야말로 족하가 의당 급선무로 삼아야 하는 일일진대, 거자업을 버리고 어떤 길을 가려고 합니까? 족하는 한번 생각해 보십시오.

소매에 손을 넣고 텅 빈 산을 바라보니 밤빛이 고요하기만 합니다. 유생(兪生)과 함께 여러 현자들 이야기를 하다 보니 한번 모였으면 하는 생각이 간절하지만 그러지도 못하고, 다시 이 한 몸의 일을 헤아려 생각해 봄에 부끄러움과 두려움이 한데 밀려옵니다. 이에 눈 한 움큼을 집어다가 붓을 적신 후 몇 줄 글을 써서 스스로 경계로 삼았습니다. 또 여러 현자들과 헤어져 지낸 지 오래라 벗들 간에 서로 책려(策勵)하는 도움을 잃어 혹 평소 안일하게 지내는 독(毒)에 빠졌을까 봐 염려되어 이에 감히 받들어 면려하는 것이니, 족하는 잘 살펴봐 주십시오. 이만 줄입니다.

이광문과 오경보[93] 찬 에게 보내는 답장

答李廣文 吳敬父 瓚

상사일(上巳日 삼월 삼짓날)에 한번 노닐었던 것은 또한 우연한 만남이었을 뿐입니다. 여러 공들께서는 기어코 이를 그림으로 남겨놓으시려고 하는데, 이렇게 놀았으면 족할 뿐인 것을 다시 일을 크게 벌여서 무엇 하려 하십니까?

남쪽 언덕 아래 우거진 수풀 사이에 한 줄기 맑은 샘물이 있는데, 물이라고 해야 겨우 사람 수염과 눈썹을 비출 수 있을 정도이지만, 잔잔한 물결은 가히 즐길만하였습니다. 다만 사람들이 물길을 파고 뚫지 않아서 물이 끊기다 흐르다 하는 바람에 술잔을 흘려보낼 수가[94] 없을 뿐이지요. 경보(敬父)가 돌아가고 난 뒤에 조카인 공필(公弼)과 위아래를 찾아다녀 보았는데, 너무도 안타깝게도 샘의 상류 수십 보(步) 되는 곳에 대략 깊고 고요하고 굽이진 곳이 있었던 것을, 결국 술잔 한 번 띄워보지도 못하고 말았더군요! 이는 사람의 일이 미치지 못한 것일 뿐, 물이야 무슨 죄가 있다고 이를 빠트린 채 쓰지 않을 수 있겠습니까? 나는 이 일이야말로 그리지 않을 수 없다고 생각합니다. 숲이며 바위며 모두 한창 담담하여 아련한 빛을 띠고 있고, 종종

93 오경보 : 오찬(吳瓚, 1717~1751). 본관은 해주, 자는 경보, 호는 청수재(淸修齋)이다. 오원(吳瑗)의 동생으로 여러 차례 직간하다가 함경남도 삼수(三水)로 귀양 가 결국 그곳에서 죽었다.

94 술잔을……수가 : '流觴'은 상사일에 굽이지게 흐르는 물가에 늘어앉아서 술 따른 술잔을 물에 흘려보내고, 시 지으며 놀던 풍속이다.

탁 트인 언덕도 펼쳐져 있어 새들이 가지에서 지저귀고 나귀와 말이 풀을 뜯어 먹고 있으니, 눈앞의 진경(眞境)을 가히 볼 수 있을뿐더러, 사람과 만물이 함께 즐기는 뜻을 언어 바깥에서 느낄 수 있습니다.

보내주신 편지가 실로 간곡하기에 내가 본 바를 이야기하다가 쓸데없는 말이 여기까지 이르고 말았습니다. 편지를 열어보시고 서로 한번 웃어도 좋습니다.

짧은 기문(記文)은 비록 대충 지은 것이기는 하나 누구를 시켜 베끼면 좋을지 모르겠습니다. 또 한 번 웃으십시오.

이광보[95] 광 아우에게 보내는 편지

與李弟光甫 珖

병마(病魔)는 도대체 어디에서부터 생겨난 것일까요? 일전에 오래도록 습한 곳에 거하면서 찬 음료를 너무 많이 마신 것이 풍증(風症)을 일으켜 담질(痰疾)을 부채질했는데, 병 기운이 몸속으로 들어왔는데도 스스로 알아채지 못한 것 아닙니까? 기왕에 말로써 남에게 설명할 수 없으면 또한 자세히 글을 써서 전달해야만 치료할 수 있을 터인데, 정신은 또렷하여 말할 수 있지만 입이 마음에 호응하지 못한 것 아닙니까?

하지만 말세의 화(禍)는 모두 말이 그 빌미가 되나니, 지혜로운 자의 입장에서 보자면 마침내 벙어리가 된다고 하여도 또한 해될 것은 없습니다. 절대 상심하지 마십시오. 입이 벙어리가 된 자라고 해서 반드시 마음마저 벙어리가 되라는 법은 없습니다.

근자에 《강목(綱目)》을 보면서 훌륭하다고 여겨지는 곳이 있었습니까? 훌륭한 곳을 남들과 말할 수 없다면, 홀로 책 속의 인물과 서로 마주 보며 웃는 것도 또한 훌륭한 일이겠지요. 옛날의 군자 중 불행히도 불구의 몸이 된 사람들은 스스로 마음을 너그럽게 가지는 것을 묘책으로 삼았습니다. 그렇게 해야 심기가 다치지 않고 고치기도 쉬워지니까요.

95 이광보 : 이광(李珖). 왕족 출신으로, 봉호는 하은군(河恩君)이다.

유경명[96] 언순 에게 보내는 답장

答兪景明 彦淳

보내온 글은 그 뜻이 매우 간략하면서도 예스러웠습니다. 비록 가리키는 바를 다 알 수는 없었으나 대략인즉 실제 학문을 지향하고 헛된 명성을 피하고자 한다는 것이었기에, 구구한 마음에 탄복함을 이길 길 없었습니다. 그대의 청명한 자질과 뛰어난 재능에 선장(先丈)과 그대 숙부의 교훈의 힘까지 옆에서 돕고 있으니, 이를 받들어 행동하면서 감히 실추시키지 않으려면 이 학문을 버리고 어디로 나아갈 수 있겠습니까? 부디 힘쓰십시오.

일전에 그대가 저의 누추한 집을 찾아와 칠, 팔일 동안 머문 덕에 들어보지 못했던 이야기를 들을 수 있었는데, 그대는 대체로 말하고 논의하는 사이에 고매하고 출중한 것에 힘쓰면서, 기꺼이 차례를 따르거나 일상적인 것을 지키고자 하지 않더군요. 이러한 태도는 타고난 기질이 보통 이하라 진취하기에 부족한 사람과는 차이가 있습니다만, 만사에 있어 병폐의 근원은 모두 여기로부터 나오므로 학문하는 초기에 더욱 크게 힘써 바로잡아야 합니다. 나는 감히 정명도(程明道)의 "굳세기만 하고 크지 못하면 머물 수가 없다."[97]라는 한 마디 말로써

96 유경명 : 유언순(兪彦淳, 1715~1748). 본관은 기계, 자는 경명, 호는 태소재(太素齋)이다. 영의정을 지낸 유척기(兪拓基)의 종질이다.

97 굳세기만……없다 : 이 말은 《이정유서(二程遺書)》 〈명도선생어(明道先生語)·4〉에 보인다. "증자(曾子)가 말씀하기를 '선비는 도량이 넓고 뜻이 굳세지 않으면 안 되니, 책임이 무겁고 갈 길이 멀기 때문이다.' 하였다. 선생께서 말씀하시기를, '크기만

그대를 위해 읊어드리고자 합니다. 그대는 이 말을 능히 버리지 않을 수 있겠는지요?

문장이란 하찮은 기예인지라 저는 바야흐로 부끄러워하고 후회하느라 겨를이 없는데, 어찌 감히 스스로를 망친 것을 가지고 다시 남을 망쳐놓을 수 있겠습니까? 접때 그대가 물어왔기에 대략 한두 마디 언급하기는 했으나, 이는 절대로 제가 즐기는 바도 아니요 또한 그대에게 기대하는 바도 아닙니다.

마음은 살아있는 물건이거늘 어찌 한 가지 물건을 용납하지 못하겠습니까? 겨우 한 가지 물건도 용납하지 못한다면, 이 마음은 이내 죽은 것입니다. 천하는 온통 먼지이지만 강과 바다에는 먼지가 없습니다. 없는 것이 아니라 흘려보내고 남겨두지 않은 것이지요. 저라고 어찌 남들과 호오(好惡)가 하나로 같겠습니까. 그저 흘려보내고 싶어할 뿐이나 그렇게 하지 못할 따름입니다.

명성이란 하늘에 떠 있는 구름이라, 이것이 있다 하여도 나에게 있다 하기에 부족하고, 없다 하여도 나에게 없다 하기에 부족합니다. 그러므로 지혜로운 자가 힘써야 할 것이라면 오직 나의 실질을 위해 힘쓰는 것뿐입니다. 그대는 선(善)을 행하고 싶어 하면서 거꾸로 명성을 근심하고 있는데, 이것이 어찌 족히 근심할 만한 것이겠습니까? 구하지 않아야 할 따름입니다.

하고 굳세지 못하면 법도가 없어 서기가 어렵고, 굳세기만 하고 크지 못하면 비루하여 머물 수가 없다.' 하셨다."

유경명[98]에게 보내는 답장
答俞景明

열흘 사이에 두 번이나 편지를 받다니, 이 또한 새해 들어 맞이한 한 가지 기쁜 일입니다.

평소에 나는 문장이란 기(氣)로 짓는 것이지만 지(志)가 이 기를 이끌 수 있는 연후라야 기가 병들지 않으며, 기가 병들지 않은 연후라야 문장도 또한 병들지 않는다고 생각했습니다. 한번 당송(唐宋) 시대의 대가(大家)를 취하여 그 글을 읽어본다면 그들이 함양(涵養)한 바가 무엇인지 알 수 있을 것이니, 천년이 지났다 한들 어찌 스스로 속일 수 있겠습니까? 이것이 제가 몹시 두려워하는 바입니다.

제가 매번 보니 족하(足下 편지의 2인칭)의 기질에는 치우친 면이 있는데, 지난번 편지의 경우 내용과 이치에 분명하고 우뚝 빼어난 느낌이 적었기에 혹 족하의 양기(養氣)의 공력(功力)이 조금 부족한 것이 아닌가 하고 망령되이 몰래 근심하였습니다. 양기의 공력을 얻지 못하면, 기운을 통해 저술한 글이 지극히 훌륭할 리가 결코 없기 때문입니다. 그래서 감히 한 마디 말로써 어리석은 생각을 바치면서 현명한 사람의 마음을 움직이기에 부족하지나 않을까 걱정하였던 것인데, 지금 보내온 글을 읽고 나서 모든 근심이 다 풀렸습니다.

족하는 세운 뜻이 견고하니, 원컨대 지금부터 더욱 성신(誠身)과 명선(明善)[99]에 마음을 써서 옛사람의 넓고 굳세고 온후한 기상을 추

98 유경명 : 유언순(俞彦淳). 175쪽 주96 참조.

구하심으로써 기(氣)와 문장이 서로 성장하고 서로 완성되도록 하고, 한갓 문인이 되는 데 그치지 마십시오. 이것이 곧 나의 바람입니다. 나의 몸 안에서부터 찾아 말하면 만 마디 말이 다 순리이지만, 나의 몸 바깥에서부터 찾아 말하면 만 마디 말이 다 거짓됩니다. 근자에서야 조금씩 이 이치가 매우 환하게 보였습니다. 문장에 대해 질문해오기에 답하기가 매우 어려웠습니다만, 그 지극한 것에 이르면 결국은 서로 다른 것이 아닐 터, 오로지 힘쓰는 데 달려 있을 뿐입니다. 이만 줄입니다.

99 성신(誠身)과 명선(明善) : 《중용》 제20장에 "선을 분명하게 알지 못하면 몸을 성실하게 하지 못한다.〔不明乎善, 不誠乎身矣.〕"라고 보이는데, 이를 명선과 성신으로 요약하여, 명선은 지공부(知工夫), 성신은 행공부(行工夫)라고 한다.

오생[100] 재순 에게 보내는 답장

答吳生 載純

말씀하신 선인(先人)의 묘지(墓誌)[101] 중 두 조목에 대해서는 그 성대한 뜻이 무엇인지 다 알았습니다. '대개 광운(光運)을 가리킨 것이다.〔盖指光運〕' 네 글자를 삭제하면 풍채는 비록 줄겠지만 위 아래 문맥은 여전히 통할 것입니다. 그러나 만약 '몰래 엿보다〔窺覘〕' 이하 한 단락의 말을 전부 없앤다면, 선공(先公)께서 악을 미워하던 뜻이 전부 '홀(笏)로 내려치다'[102] 한 마디에 들어 있는 것을 어떻게 삭제할 수 있겠습니까? 총론은 이렇게만 쓰면 족할 뿐, 만약 허다한 말을 덧붙인다면 아마 선공의 본래 뜻이 도리어 어두워져 밝게 드러나지 못할 것입니다.

경신년(1740) 진전(眞殿)에 입시(入侍)한 이래로[103] 선공은 이미 홀

100 오생 : 오재순(吳載純, 1727~1792). 오원(吳瑗)의 아들이다. 자는 문경(文卿), 호는 순암(醇庵) 또는 우불급재(愚不及齋).

101 선인의 묘지(墓誌) : 남유용이 지은 〈오백옥 묘지명(吳伯玉墓誌銘)〉(《뇌연집》 권20)을 말한다.

102 '홀(笏)로 내려치다 : 〈오백옥 묘지명〉 중 다음 단락을 두고 한 말이다. "공은 평소에 오광운(吳光運)의 사람됨을 싫어했다. 한번은 주상 앞에서 그의 간사하고 아첨하는 정상에 대해 지적하여 아뢴 뒤, 물러 나와 또 소장을 올려 말하기를, '몰래 엿보고 영합하여 임금을 노리개로 삼으니, 참으로 임금에게 무례한 자입니다. 제가 정녕 홀로 그를 내려치고 싶습니다.'라고 하였으니, 대개 광운을 가리킨 것이다."

103 경신년……이래로 : 영조는 재위 중 석위(釋位)의 분부를 몇 차례 내려 신하들을 곤경에 처하게 한 바 있다. 영조 16년(1740) 5월 25일 기록에 보면 임금이 숙묘(肅廟)의 진전(眞殿) 문 밖에 가서 남무(南廡) 아래에 자리 하나를 깔고 북으로 향하여 차가운

을 반납할 생각을 가지고 있었습니다. 그러나 조정과 휴척(休戚)을 함께 하는 것이 의(義)인지라 차마 바로 결단을 내리지 못하였을 따름이지요. 희디흰 이 마음은 내가 외람되이 오래 어울린 친구들 사이에 끼어있었던지라 실로 말과 얼굴빛 바깥에서 읽을 수 있었기에 문장 전체를 이 뜻으로 엮어 구상했던 것입니다. 삼사(三司)에 있을 때부터의 의론 중에서 명의(名義)와 관계된 것은 또한 취하여 수록함으로써 선공께서 임금을 사랑하고 나라에 충성하신 큰 절개의 본말이 모두 드러날 수 있도록 하였습니다. 후에 글을 제대로 읽는 사람이 나오면 앞의 의심을 모두 풀고 일찍부터 품은 뜻을 잘 알아, 백 대(代)토록 전하여 어떤 의혹도 가지지 않게 할 것입니다.

나의 뜻인즉 본디 선공의 언행에 근거하여 그 본래 뜻을 밝히고자 하였을 뿐, 단 한 글자의 사심어린 내용을 적어 아부한다는 기롱을 취하고자 하지 않았습니다. 또 이 글을 짓느라 오랜 시일을 보내면서, 매번 붓을 들 때마다 한 구절이라도 사실에 어긋나는 것이 있어 구천에 있는 사람의 뜻을 저버릴까 두려워하였으니, 어찌 감히 은미한 말로써 포폄(褒貶)하는 일을 하였겠습니까? 다시 한번 상세히 살펴봐 주기를 바랍니다.

데에 엎드렸는데 큰비가 바야흐로 쏟아져 임금이 진흙탕 가운데에서 어의가 죄다 젖으니 대신들이 "이것은 다 신들의 죄이니, 엄한 주벌을 받겠습니다."라면서 울며 고하였다. 당시 대제학으로 있었던 오원도 입시하여 영조를 만류하였다.

이생 윤지[104] 윤영 에게 보내는 답장

答李生胤之 胤永

이씨(李氏)가 지은 《명사(明史)》[105]는 기재가 상세하지 않은 것은 아니나 강령(綱領)이 그다지 훌륭하지 않습니다. 또한 기년(紀年)이 숭정(崇禎)에서 그쳤으며, 남명(南明)의 홍광(弘光)에서 영력(永曆)까지는 모두 부록에서야 볼 수 있으니, 진실로 참람하다 생각됩니다. 《명사》를 지으면서 이처럼 무심하다면 어찌 사서(史書)라고 부를 수 있겠습니까? 제가 지은 것은 그저 의례(義例)를 조금 간직하고서 대강이 바로잡히게 하였을 뿐입니다. 그 사실에 이르러서는 모두 간략함을 따르면서 개인적으로 상고하고 열람하기에 편리하게 하였을 뿐이지, 세상에 전하는 데 뜻을 두지는 않았습니다.

명나라 사람들의 문자는 너무 번다하고 요지가 부족한데, 이는 사가(史家)들이 크게 기피하는 바입니다. 저는 이 책을 지으면서 뒤섞이고 넘치는 것들을 베어내고 그 가리키는 바를 밝히는 데 힘쓰느라 종종 그 문장을 바꾸어 문맥이 통하게 한 곳이 자못 있습니다. 그러나 그 뜻을 곡진히 보전함으로써 사실을 모두 갖추었습니다. 이로 인해 마음

104 이생 윤지 : 이윤영(李胤永, 1712~1759). 본관은 한산. 자는 윤지, 호는 단릉(丹陵)·담화재((澹華齋)이다. 시·서·화에 뛰어나 삼절이라 일컬어졌다.

105 이씨(李氏)가……《명사(明史)》: 이현석(李玄錫, 1647~1703)이 지은 《명사강목(明史綱目)》을 말한다. 명나라의 역사를 태조 고황제부터 남명(南明)의 영력제(永曆帝)까지 시대순으로 정리하였지만, 남명 황제들은 부록에 별도로 실어놓았다. 이 때문에 남명을 정통으로 취급하지 않았다는 이유로 후대 비판이 많이 제기되었다.

도 눈도 모두 지쳤으며, 대개 13년이 지나서야 겨우 탈고할 수 있었습니다. 아직도 견문이 넓지 못하여 모름지기 차례를 다시 잡고 삭제하거나 보완해야 하는 부분이 있는 탓에 감히 꺼내어 남에게 보여주지 못하고 있습니다. 보내주신 신본(新本) 열전(列傳) 12상자는 참고하는 데 쓸 수 있으니, 참으로 큰 행운입니다.

보내온 편지글을 읽고서 배를 쥐고 웃었습니다. 늘 말하기를 천하의 완물(頑物) 중에 책만 한 것이 없다 하였으니, 사람에게는 다함이 있으나 책은 마멸되지 않기 때문입니다. 나는 책을 취급할 때 베기도 하고 깔고 앉기도 하고 낙서도 하면서 그다지 애지중지 하지 않습니다. 하지만 지금 나는 눈도 어둡고 머리도 다 벗겨진 반면 책은 옛날과 똑같아 아직도 족히 자손에게 보여줄 수 있지요. 지금 그대의 말은 혹시 아끼는 마음이 지나쳐서 미혹된 것이 아닐까요?

이평일[106] 형만 에게 보내는 답장

答李平一 衡萬

말해야 좋을지 침묵해야 좋을지, 비록 백 명에게 정해보게 하여도 마음으로 스스로 요량하는 것만 못합니다. 나 또한 감히 강요하지 않겠습니다. 다만 할 만한 일이거든 의(義)와 용기를 모두 떨치고 일어나 반드시 하고서 그쳐야만 비로소 사람을 살려낼 수 있을 것입니다.

자삼(子三)[107]의 일은 이전에 이미 심사숙고하였으니, 다시 물어보실 필요 없습니다. 전후로 나올 것을 권면한 것이 부지런하지 않았던 것은 아니지만, 지난날을 후회하는 뜻을 깊이 펼치고, 죄를 용서하겠다는 뜻을 밝히 내보이는 내용인즉 사륜(絲綸)에 하나도 드러나지 않았습니다. 그래서 황공해하며 감히 나오지 못하고 있는 것이지요. 이 일이 이미 단서를 열었다고 들었는데, 지금 다시 그의 출처(出處)에 관해 고한다는 것은 자삼을 대하는 도리가 아니기에 하고자 하지 않는 것입니다. 또한 대신(大臣)이 비록 아뢰고 싶더라도, 그저 응당 '후회하는 뜻을 밝히 내보이시어, 들어올 수 있는 길을 열어주십시오.'라는 내용만을 적어야 할 따름입니다. 만약 '이와 같이 하면 반드시 나올 것이니, 그러면 위아래가 서로 바라는 바에 가깝게 되지 않겠습니까?'라고 말한다면 아마도 도리상 매우 온당치 않을 것입니다.

재능 있는 현자를 거둘 때는 응당 지극히 공정하고 가엾게 여겨 슬퍼

106 이평일 : 이형만(李衡萬, 1711~?). 본관은 경주, 자는 평일이다.

107 자삼(子三) : 이태중(李台重). 118쪽 주9 참조.

하는 마음으로 해야지, 만약 일말의 사심이라도 들어 있다면 옳지 않습니다.

이 평사 사회[108] 명환 에게 보내는 답장

答李評事士晦 明煥

길 떠나는 깃발이 북쪽을 향하는데도[109] 병으로 인해 한 번 전별(餞別)하는 일조차 어긋나고 말았더니, 한 해가 어느덧 바뀌어 다만 그리움만 마음속을 오갑니다. 이런 때에 보내오신 한 통의 서찰은 수많은 보화[110]도 선물이라 여기기에 부족할 정도였으니, 감격스럽고 감사한 마음 한량없습니다. 하물며 먼 길 가느라 고생하신 끝에 기거가 편안하심을 알게 되었기에, 구구한 위로와 기쁨의 심경을 이길 길이 없습니다.

인재는 본디 남북의 차이가 없습니다. 만약 쇠붙이 중 쟁쟁 소리 나는 것[111]을 찾고자 하신다면 어찌 그런 사람을 얻지 못할까 근심하겠

108 이……사회 : 이명환(李明煥, 1718~1764). 본관은 전주, 자는 사회·미신(未臣), 호는 해악(海嶽)이다. 《뇌연집》 권23에 남유용이 그를 위해 지어준 〈홍문관 교리 이군 묘갈명(弘文館校理李君墓碣銘)〉이 실려 있다.

109 길……향하는데도 : 남유용이 지은 이명환의 묘갈명에 보면 그는 "병마평사(兵馬評事)가 되어 북쪽 변방을 감시하였다."라고 하는데, 이 편지를 주는 시점에서 북쪽으로 떠난 듯하다.

110 수많은 보화 : '百朋'은 매우 많은 재물을 말한다. 《시경》 〈청청자아(菁菁者莪)〉에 "군자를 만나 뵌 이 기쁨이여, 마치 보화를 나에게 내려주신 듯하도다.〔旣見君子 錫我百朋.〕"라는 말이 나온다.

111 쇠붙이……것 : '鐵中錚錚'이라는 말이 있는데, 여러 쇠붙이 가운데에서 유난히 맑은 소리를 낸다는 뜻으로, 평범한 사람들 가운데에서 특별히 뛰어난 사람을 이르는 말이다.

습니까? 열 가호의 작은 마을에도 충신(忠信)한 자가 있다[112]는 말 또한 이를 논한 것일 뿐입니다. 만약 추로(鄒魯)[113]의 기풍으로 호향(互鄕)[114]을 다스리려고 하다가 마침내 가르치고 기르는 기술에 피로함을 느끼고 만다면, 이는 아마도 어진 이의 마음 씀씀이는 아닐 것입니다. 나의 증조부이신 문헌공(文憲公 남용익(南龍翼))께서는 함경도 명천(明川)의 적거(謫居)에서 돌아가셨는데, 북쪽 선비 중에 제문(祭文)을 가지고 와서 조문한 자가 거의 한 도(道)를 기울일 정도로 많았습니다. 그들이 지은 문장은 감정에서 우러나 간소하고도 질박한 것이 마치 그 얼굴을 보는 듯하였고, 조탁을 일삼거나 매끄럽고 나긋나긋한 습관은 전혀 없었습니다. 만약 옛사람들이 그 문장을 보았다면 응당 가히 가르칠 만한 반열에 두었지 결코 멀고 황량한 곳이라 하여 선을 긋지는 않았을 것입니다.

원컨대 족하(足下 편지의 2인칭)는 그들의 부족함을 긍휼히 여기고 그들의 한 치의 장점도 가상히 여기며, 이런 것을 나 자신의 근심과 기쁨으로 삼으십시오. 그렇게 한다면 저들 중에 끝내 가히 더불어 이야

112 열……있다 : 십실(十室)은 열 가호가 사는 작은 고을이고, 충신은 타고난 자질이 아름다움을 말한다. 《논어》 〈공야장(公冶長)〉에 "공자가 말하기를 '열 가호가 사는 작은 고을에도 반드시 나처럼 충신한 자는 있지만 나처럼 배우기를 좋아하지는 못할 것이다.' 하였다."라는 말이 보인다.

113 추로(鄒魯) : '추(鄒)'는 맹자의 고향이고 '노(魯)'는 공자의 고향이므로 문교(文敎)가 홍성한 지방을 상징하는 말로 쓰인다.

114 호향(互鄕) : 마을 이름으로 이곳 사람과는 서로 말을 할 수 없을 만큼 불통하였다고 한다. 《논어》 〈술이(述而)〉에, "호향 사람과는 같이 말하기가 어려웠다."라는 말이 보인다.

기할 만한 선비가 한 명도 없겠습니까? 나는 북쪽 사람들이 사회를 얻었으니, 지금이야말로 황폐함을 깨우칠 기회라고 생각합니다. 다만 유독 아쉬운 것은 돌아올 기한이 이미 차버려 오래도록 있으면서 공을 쌓을 것을 책려(責勵)할 수 없게 되는 점이지요.

이생[115] 상운 에게 보내는 답장

答李生 商運

편지와 보여주신 글들을 받고서 그리운 마음이 흡족히 위로받았습니다. 부지런히 가르쳐준 뜻을 거듭 저버리고 한두 가지 천근한 견해를 대략 바치니, 이 참람함을 용서해주기 바랍니다.

문장이란 옛사람에게 있어 여사(餘事)였으니, 만약 능히 그 근본에 뜻을 둘 수 있다면 하찮은 말단 기예야 어찌 족히 미련을 두며 놓지 못할 만한 것이겠습니까? 스스로 하늘이 낸 재인(才人)이 아니고서야 이 두 가지 모두를 지극히 할 수 있는 방도란 끝내 없습니다. 오로지 잘 선택하여 굳게 쥐어야 할 따름입니다. 이만 줄입니다.

115 이생 : 이양호(李養浩, 1721~1781). 본관은 전주, 자는 현지(玄之), 호는 하곡(霞谷)이다. 원래 이름은 상운이었으나 후에 양호로 개명했다.

공필[116]에게 주는 편지

與公弼

듣자니 네가 《논어(論語)》를 읽고 있는 중 의문 가는 곳이 많다고 하더구나. 이는 전부터 듣기를 소원했으나 아직 들어보지 못했던 말인지라, 참으로 기쁘다.

너는 밖에서 놀고 다니다가 한번 네 방에 들어가 보아라. 캄캄하지 않은 것이 있더냐? 하지만 한참 있으면 금세 밝아지는 것을 볼 수 있을 게다. 비록 그러하나 어두운 것이 싫다고 해서 바로 다시 나와버린다면 끝내 밝음을 보지 못하게 되니, 너는 힘쓰거라.

유자(猶子)라는 호칭을 두고 정자(程子)는 법도에 맞지 않는다고 하였다.[117] 그러니 다음 편지에서는 응당 '종자(從子)'라고 써야 할 것이다.

'백시(白是)'[118]는 우리나라 민간에서 사용하는 이두(吏讀)로서, 옛 법식이 아니다. 앞으로는 고쳐서 편지를 올려야 할 것이다.

116 공필 : 남공필(南公弼, 1715~1763). 남유상(南有常)의 아들이므로 남유용에게는 조카가 된다. 오원의 사위이기도 하다. 자는 원직(元直). 벼슬에 뜻이 없어 의금부도사 등에 임명되었으나 나아가지 않았다. 세자익위사 익찬(世子翊衛司翊贊)을 지냈고 모친 봉양을 원하여 예안 현감(禮安縣監), 평창 군수(平昌郡守)에 임명되었다.

117 유자(猶子)라는……하였다 : 정자가 아니라 주자가 되어야 맞다. 《주자어류(朱子語類)》 권85에 "예(禮)에 따르면 형제의 자식은 응당 종자라고 불러야 한다. 증조부 이하 3대는 종자라고 부르고, 고조로부터 4대 위는 족자(族子)라고 불러야 한다."라고 하였다.

118 백시(白是) : 윗분께 사뢰어 올린다는 뜻으로 윗사람에게 드리던 편지글의 첫마디나 끝말을 이두식으로 쓴 말이다.

공필[119]에게 주는 편지

與公弼

'배우고 익히다〔學習〕'라는 말에는 '아는 것과 행하는 것〔知行〕'의 뜻이 담겨 있다. 네가 한 말이 맞으니, 문원(文遠)[120]은 네게 못 미친다.

어제 우연히 《논어(論語)》를 읽다가 "증점(曾點)이 조용히 비파를 연주하고 있다가 크게 한바탕 튕기고서 내려놓은 뒤에 일어났다."[121] 한 구절에 이르러 기쁜 마음이 생기기에 나도 모르게 박자를 두드리며 목청껏 노래를 불렀더니, 마당 아래 있던 두 아이가 장난치며 당 아래로 뛰어와서는 손으로 춤추고 머리를 흔들어가며 박자를 맞추어주는데, 헤벌쭉 웃는 모습이 얼굴에 가득한데도 아이들은 스스로 알지 못하였다. 나의 기쁨이 우연히 소리와 모습 사이에 드러났을 뿐인데도 능히 사람을 감동케 함이 이와 같으니, 어찌 빠르다 하지 않겠느냐?

아아! 너를 증점과 같은 시대에 태어나게 하여 예닐곱 명 사이에 끼어 무우(舞雩)에서 훨훨 날아오르게 하지 못하였구나. 그랬다면 그 보고 느낀 것이 어찌 단지 두 아이와 같은 정도에 그칠 뿐이었겠느냐.

119 공필 : 남공필(南公弼). 189쪽 주116 참조.

120 문원(文遠) : 이덕홍(李德弘)으로, 남유용의 처남이다.

121 증점(曾點)이……일어났다 : 《논어》 〈선진(先進)〉에 보인다.

공필[122]에게 주는 편지

與公弼

배움에 나아가는 도(道)로는 독서가 가장 좋고 그 다음으로는 참을성 있게 장자(長者)의 곁에 오래 앉아 있는 것이 좋다. 장자 옆에 앉아 있으면 세 가지 이익이 있다. 자연히 위의(威儀)를 점검할 수 있는 것이 그 하나이다. 위의를 점검하게 되면 자연히 마음이 화락해지고 기(氣)가 평화로워지니, 이것이 두 번째 이익이다. 마음이 화락해지고 기가 평화로워지면 자연히 말을 함부로 하지 않게 되니, 이것이 세 번째 이익이다.

처음에는 자못 답답한 듯 느껴질 터이나 오래 지난 후에는 그 즐거움이 족히 피로를 잊을 정도이다. 장자의 말씀을 얻었을 시, 비록 그 말이 자기 뜻에 거슬린다 해도 마땅히 그런 말씀을 하시는 이유를 헤아려야지, 말로써 뜻을 막음으로써 장자로 하여금 그 생각을 끝까지 펴지 못하게 해서는 안 된다. 장자에게 일단 싫어하는 마음이 생기면 어디서 선(善)에 대해 들을 것이냐? 친구 사이라 하여도 마찬가지이다.

122 공필 : 남공필(南公弼). 189쪽 주116 참조.

공필[123]에게 주는 답장
答公弼

노씨(老氏 노자)의 도는 오로지 청정(淸淨)으로 스스로를 지키는 것을 위주로 하지만, 그가 지은 책이 당시 크게 유행하지 않았기에 성인께서는 말을 드러내놓고 함으로써 그를 공격하지 않았다. 그러나 원양(原壤)[124]과 삼태기 멘 사람〔荷蕢〕[125]과 장저(長沮)·걸닉(桀溺)[126]과 같은 무리라면 모두 일찍이 엄한 말로써 내치신 바 있는데, 이들의 도인즉 실제로 노씨에게서 나왔으므로 부자(夫子)께서 노씨를 공격하지 않은 것은 아니다.

맹자(孟子) 시대에는 처사(處士)들이 멋대로 의론을 일삼아 그 말이 천하에 가득하였다. 천하의 말은 양주(楊朱)로 돌아가지 않으면 묵적(墨翟)에게로 돌아갔으니, 그 혹세무민(惑世誣民)의 죄란 삼태기 멘

123 공필 : 남공필(南公弼). 189쪽 주116 참조.

124 원양(原壤) : 노나라 사람이다. 공자가 지팡이로 그의 정강이를 두드리며 "어려서는 공손하지 못하고, 장성해서는 칭할 만한 것이 없고, 늙어도 죽지 않는 것을 적(賊)이라 한다."라고 하였다. 《論語 憲問》

125 삼태기……사람 : 공자가 위(衛)에 있을 때 삼태기를 메고서 공자가 세상을 건지려고 다니는 것을 조롱한 은사(隱士)이다. 그가 공자의 경쇠 소리를 듣고 비평하자, 공자가 "세상을 잊는 데에 과감하구나. 출처를 그렇게만 한다면 어려울 것도 없을 것이다."라고 말하였다. 《論語 憲問》

126 장저(長沮)·걸닉(桀溺) : 세상을 피한 '피세지사(避世之士)'라고 자처하였다. 공자는 그들의 비평을 듣고 "새와 짐승과는 더불어 무리 지어 살 수 없다."라고 탄식하였다. 《論語 微子》

사람이나 장저와 걸닉과 같이 은거하며 스스로 방달하게 살던 무리와는 비교할 바가 아니었다. 그러니 맹자께서 어찌 그들의 죄를 성토하는 데 급급하지 않을 수 있었겠는가? 이것이 바로 공자와 맹자가 서로 달랐던 까닭이다.

게다가 공자 시대에는 주(周)나라의 도가 비록 쇠미해지긴 하였으나 선왕(先王)의 가르침이 아직은 남아 있었기에 이단(異端)의 학설이 감히 제멋대로 행해지지 못하였다. 노자나 관윤자(關尹子)[127]와 같은 자들도 그저 수렴하여 스스로를 지키며 물러나 숨어 살았을 뿐인지라 그 해악이 그다지 뚜렷하게 드러나지 않았다. 그래서 성인께서는 또한 나의 도〔吾道〕를 밝히고 나의 가르침〔吾教〕을 세워 사람들로 하여금 취할 바와 버릴 바를 알게 하였을 뿐, 언사를 허비해가며 저들을 공격할 필요가 없었다.

그러나 맹자의 시대에는 학문이 무너지고 도가 찢어졌으며, 옛 풍속이 날로 사라져갔다. 이때에 양주와 묵적이 피사(詖辭)와 음사(淫辭)[128]로써 천하를 선동하여 따르게 하고, 눈을 부릅뜨고 팔을 휘두르며 반드시 성인의 도와 겨루어 이기려고 들었기 때문에 맹자가 힘껏 저들을 밀어내고 배척하지 않을 수 없었다. 그러므로 '이단을 내치다〔闢異端〕' 세 글자는 맹자로부터 시작되었으니, 이로써 족히 세상의 변화를 볼 수 있다.

127 관윤자(關尹子) : 노자의 제자로 알려진 윤희(尹喜)이다. 함곡관(函谷關)의 관리였으므로 관윤자(關尹子)라고 칭해진다. 그는 함곡관을 지키다가 노자를 만나 그의 학설을 듣고 《관윤자》를 지었다 한다.

128 피사(詖辭)와 음사(淫辭) : '피사'는 편파적인 말이고 '음사'는 실속 없는 방탕한 말이다.

공필[129]에게 주는 답장
答公弼

문집의 서문(序文)을 부탁받았을 때는 묘지(墓誌)와 비교하여 차이가 있어서, 의당 오로지 사람을 다루어야 하지 문장을 다루어서는 안 된다. 대개 그 사람의 뜻과 행실〔志行〕에 관한 기록은 반드시 이 말 한 마디를 빌려서 전해지는데, 말에 문채(文彩)가 없으면 멀리까지 전해지지 못하여[130] 그 사람의 뜻과 행실마저도 따라 매몰되고 말기 때문에 문장보다 더 중요한 것이 서문인 것이다. 그 사람의 문장은 이미 문집 중에 밝히 드러나 있으므로 서문 한 마디를 지으면서는 이 문집을 세상에 전하고자 하는 이유를 설명해야 할 뿐이다. 오래도록 전해질 것인가 그렇지 못할 것인가는 그 사람의 문장이 지극한가 지극하지 못한가에 달려있으므로 서문을 쓰는 자가 결정할 수 있는 바가 아니다. 그러나 글 짓는 군자라면 구차히 전할 수 없는 글을 전할 수 있다고 여겨서는 안 되므로 그가 중시해야 할 바는 전적으로 사람에 있다.

서발(序跋)은 지을 사람을 구하기 어려운 것이 걱정일 뿐, 많은 것은 병폐가 되지 않는다. 대대로 군자가 있다면, 또한 차례대로 지어달라고 부탁해도 괜찮다.

129 공필 : 남공필(南公弼). 189쪽 주116 참조.

130 말에……못하여 : 《좌전》〈양공(襄公)〉 25년에 공자의 말로 인용되어 나온다.

공보[131]의 역사에 대한 질문에 답하다 48칙

答公輔史問 四十八則

사흉(四凶)을 주벌하는 일은 순(舜)임금에 이르러서야 시행되었는데,[132] 사람들 중에는 혹 이를 의심하는 자가 있다. 선유(先儒)께서 말씀하시기를, "요(堯)임금 때에는 네 사람의 악(惡)이 아직 겉으로 드러나지 않았다가 순임금에 이르러서야 그 악이 무르익어 가르쳐 훈계할 수 없었기 때문에 비로소 쫓아내거나 주살하는 법전을 펼쳤던 것이라."라고 하였는데, 이 말에는 명쾌함이 부족한 듯하다. 사흉이 주벌된 것은 모두 순임금이 섭위(攝位)하던 초기의 일인데, 어찌하여 그 악이 급작스럽게 뚜렷해져 법을 갑자기 시행하였단 말인가.

나는 일찍이 이 부분에 대해 요량해 본 적이 있다. 저 사흉은 분명 천자의 자리를 선양하는 것에 불복한 자였을 것이다. 대개 염제(炎帝)부터 요임금에 이르기까지는 모두 자손이 황위를 계승했는데, 순임금은 일개 필부(匹夫)로서 하루아침에 요임금의 천하를 물려받았다. 그러자 저 사흉이란 자가 안으로 앙심을 품고서 점차 무리 지어 간악한 짓을 일삼으며 대중을 어지럽혔던 것이다. 이런 까닭에 순임금이 부득이하게 저들을 멀리 쫓아버림으로써 천하의 민심을 안정시켰던 것이

131 공보 : 남유용의 장자 남공보(南公輔, 1721~1748)이다. 자는 악로(岳老)이다.

132 사흉(四凶)을……시행되었는데 : 《서경》 〈순전(舜典)〉에, "순임금이 공공(共工)을 유주(幽洲)로, 환도(驩兜)를 숭산(崇山)으로, 삼묘(三苗)를 삼위(三危)로 축출하고, 곤(鯀)을 우산(羽山)에서 주살하는 등 네 사람의 죄를 징계하자 천하의 인심이 열복하였다."라고 하였다.

니, 여기서 성인의 크게 공변되고 지극히 바른 행동을 가히 볼 수 있다.

〈맥수가(麥秀歌)〉에서 "저 교활한 동자여"라고 한 것[133]을 예로부터 주(紂)임금을 가리켜 한 말이라고 여겨왔는데, 아마도 그렇지 않은 듯하다. 기자(箕子)라면 결코 자기 임금을 죽은 후에 내치지 않았을 터이기 때문이다. 교활한 동자란 대개가 비렴(蜚廉)·악래(惡來)·숭호(崇虎)[134]의 부류와 같이 참언을 일삼았던 소인배를 가리키는 말이다. 《서경(書經)》에 "완악한 동자를 가까이한다."[135]는 말이 보이는데, 이 완악한 동자가 바로 교활한 동자인 것이다.

태왕(太王 고공단보(古公亶父))이 비록 훈육(獯鬻 흉노의 별칭)을 대적하지 못하고서 빈(邠) 땅을 떠나는 지경에 이르렀으나, 양산(梁山)을 넘어 기산(岐山) 아래로 도읍을 옮기자[136] 따라오는 백성이 마치 저자

133 〈맥수가(麥秀歌)〉에서……것 : 은나라가 망한 뒤에 기자가 주나라에 조회하러 가는 길에 폐허가 된 궁실에 벼와 기장이 무성하게 자란 것을 보고 〈맥수가〉를 지어서 노래하기를, "옛터에 보리가 무성하고 벼와 기장도 자랐구나. 저 교활한 동자여, 나와 함께 하지 않았네."라고 하였다. 《史記 卷38 宋微子世家》

134 비렴(蜚廉)……숭호(崇虎) : 비렴은 주왕(紂王)의 영신(佞臣)으로 악래(惡來)와 함께 주왕을 힘껏 섬겼다. 무왕이 은나라를 정벌하고서 죽였다. 숭호는 숭후(崇侯)인 호(虎)를 말한다. 주왕의 신하였던 그는 서백 창(西伯昌)을 주왕에게 참소하였는데, 서백은 유폐되었던 유리(羑里)에서 탈출하여 돌아와 호를 치고 풍읍(豐邑)을 만들었다.

135 완악한……가까이한다 : 《서경》〈이훈(伊訓)〉에 "감히 성인의 말씀을 업신여기고, 충직한 말을 거스르며, 기덕(耆德)을 멀리하고, 완동(頑童)을 가까이하면 이를 난풍(亂風)이라 이른다."라는 말이 나온다.

로 몰려가는 것 같았다. 이러한 일은 당시 나라를 가진 임금들도 해내지 못한 것이었으니, 가히 '어진 자에게는 적수가 없다'[137]라고 이를 만하다. 인(仁)을 모으고 의(義)를 쌓은 결과 문왕(文王)과 무왕(武王) 대에 이르러 마침내 천하를 가지게 되었으니, 어진 자에게는 적수가 없다는 말의 공효(功效)를 더욱 잘 볼 수 있다.

소자(邵子 소옹(邵雍))가 말하기를,

"천지가 생겨난 이래로 다함에 이르기까지를 일러 일원(一元)이라고 한다. 일원에는 12회(會)가 있고, 각 회에는 10,800해〔歲〕가 들어 있다.[138] 자축(子丑) 이하가 실로 그 수에 해당된다. 하늘은 자회(子會)에 열리고, 땅은 축회(丑會)에 개벽하며, 모두 해회(亥會)에서 멸한다. 사람은 인회(寅會)에 나오고 먼저 술회(戌會)에서 멸한다."

136 태왕(太王)이……옮기자 : 《맹자》 〈양혜왕 하(梁惠王下)〉에 "오직 지자(智者)라야 작은 나라로서 큰 나라를 섬길 수 있다. 그러므로 태왕은 훈육을 섬겼고 구천(句踐)은 오(吳)를 섬겼다." 하였다. 또 "태왕이 빈(邠)을 떠나 양산(梁山)을 넘어서 기산(岐山) 아래에 도읍을 삼았다."라고 하였다. 태왕은 원래 빈에 터를 잡았다가, 훈육이 자주 침략하자 기주(岐周)로 천도하였다.

137 어진……없다 : 《맹자》 〈양혜왕 상〉에 나오는 말이다.

138 천지가……있다 : 송나라 소옹(邵雍)이 《황극경세서(皇極經世書)》에서 천지 순환 기간을 수리(數理)로써 추정한 원회운세(元會運世)에서 온 말이다. 30년을 일세(一世), 십이세(十二世)인 360년을 일운(一運), 삼십운(三十運)인 1만 800년을 일회(一會), 십이회인 12만 9600년을 일원(一元)으로 하는바, 일원은 즉 천지가 창조된 시각부터 계속해서 순환 추이(推移)하다가 다시 원시상태로 복귀하기까지의 일기(一期)가 된다. 그리고 십이회는 십이지지(十二地支)와 연계시켜 자회(子會)로부터 해회(亥會)에 이르기까지 회(會)마다 1만 800년씩으로 되어 있다.

라고 하였는데 생겨난 때인 인회부터 멸한 때인 술회에 이르면 아홉 사람이 된다. 옛날 역사에서 이른바 인황(人皇)의 형제가 아홉이었다[139]는 말도 대개 여기에 근거하여 주장한 것이다. 땅인즉 축에서 해에 이르기까지 11명이 되고, 하늘인즉 자에서 해에 이르기까지 12명이 된다. 이는 대저 천지인(天地人)의 처음과 끝의 수를 이야기한 것일 뿐, 깊이 연구할 만한 것이 못 된다.

정영(程嬰)은 성신후(成信侯)에 봉해졌고 공손저구(公孫杵臼)는 충지후(忠智侯)에 봉해졌는데,[140] 이는 시호가 그 행실을 저버리지 않았다고 이를 만하다.-송나라 신종(神宗) 때 봉했다.-

진(晉)나라 이리(李離)는 문공(文公) 때 옥사를 다스리는 관리였는데, 판결을 잘못 내려 사람을 죽이는 일이 일어나자 스스로 죽여 달라고 청했다.[141] 그러자 문공이 말했다.

"잘못은 하리(下吏)에게 있으니, 그대의 죄가 아니다."

139 인황(人皇)의……아홉이었다 : 사마정(司馬貞)의 《삼황본기(三皇本紀)》에 "인황씨(人皇氏)는 머리가 아홉 개인데, 운거(雲車)를 타고 육우(六羽)를 몰아 곡구(谷口)에서 나온다. 형제 아홉 사람이 구주를 나누어 다스리고 각각 성읍을 세웠다. 그 기간이 무릇 150대에 걸쳐 도합 4만 5600년이다."라는 내용이 보인다.

140 정영(程嬰)은……봉해졌는데 : 춘추시대 때 진(晋)나라의 귀족인 조씨(趙氏)가 반대당에게 몰려서 멸망하자 그 부하인 정영과 공손저구가 함께 도모하여 유복자를 몰래 길러 조씨의 후사를 이었다. 《사기》 권43 〈조세가(趙世家)〉에 보인다. 송 신종(神宗)은 정영을 성신후에, 공손저구를 충지후에 봉하여 강주(絳州)에 사당을 세웠다.

141 진(晉)나라……청했다 : 《사기》 권119 〈순리열전(循吏列傳)〉에 보인다.

그러자 이리가 말했다.

"신은 관부의 장관으로 있으면서 많은 봉록을 받았습니다. 그런데 지금 죄를 하리에게 돌리다니, 이런 일은 들어본 적이 없습니다."

그리고는 칼에 엎어져 자결하였다. 대개 상고 시대에는 유사(有司)가 사람을 죽였는데 법으로 처벌할 수 없는 경우 죽음으로써 갚는 법이 있었다. 그래서 이리가 이처럼 말한 것이다.

사람이 제 한 몸을 위해 도모하는 것이 간혹 자기 자식을 위해 도모하는 것만 못 하기도 하다. 진(晉)나라 백종(伯宗)은 입바른 소리로 사람을 업신여기곤 하였다. 이에 그의 처가 말하기를,

"위험이 곧 닥칠 터인데, 어찌하여 미리 어진 선비와 친교를 맺어서 우리 아들 주리(州犁)를 부탁해 놓지 않으십니까?"

라고 하니 백종은 필양(畢陽)을 찾아가 주리를 맡겼다. 얼마 후에 백종이 참언을 당해 죽게 되었는데, 필양이 주리를 초(楚)나라로 보낸 덕분에 죽음을 면할 수 있었다.[142]

백종이 필양을 찾아가 아들을 부탁했다는 것은 본디 자신이 화를 입게 될 것임을 이미 알았다는 것이니, 이것이 곧 그 아내의 말이 그의 마음을 움직일 수 있었던 까닭이다. 그런데도 유독 사람을 무시하는 습관만은 고치지 못하였으니, 참으로 이상하도다.

순식(荀息)은 헌공(獻公)에게 고아인 해제(奚齊)를 부탁받았으며, 해제는 또한 헌공이 임금으로 명한 자이니, 해제를 위해 따라 죽었어야

142 진(晉)나라……있었다 : 《열녀전(列女傳)》 〈진 백종 처(晉伯宗妻)〉에 보인다.

만 했다.[143] 해제가 죽은 뒤에 기왕에 죽지 못했다면 헌공의 둘째 아들 중이(重耳)를 맞이해 와서 왕으로 세웠어야 했다. 그러나 중이를 세우지 않고 탁자(卓子)를 세웠으니, 이 자는 여희(驪姬)의 당파일 뿐이다. 군자가 무엇을 취하겠는가?

옛사람의 언어는 간략하면서도 분명하다. 예를 들어보면, 번씨(繁氏) 성을 가진 한 장인(匠人)의 아내가 말하기를,

"왼손은 돌을 막듯이 뻗고, 오른손은 나뭇가지를 잡듯 하여야 합니다. 오른손이 쏘아도 왼손이 알지 못해야 합니다."[144]

라고 하였는데, 활을 잘 쏘는 기술 중에 이 몇 마디 말을 대신할 수 있는 것은 없다.

여연(女娟)이 말하기를,

"첩의 아비는 아직 취해있으니, 아마도 마음으로는 그것이 잘못인

143 순식(荀息)은……했다 : 진 헌공(晉獻公)은 여희(驪姬)를 총애하여 그 아들인 해제(奚齊)를 태자로 세우고, 자기가 죽은 후 왕위 문제로 말썽이 생길까 봐 원래 태자였던 신생(申生)을 죽였다. 병이 위독해지자 헌공이 순식(荀息)을 불러서 해제를 임금으로 세울 수 있겠느냐고 물으니 순식은 목숨 걸고 명을 지키겠다고 약속하였다. 그러나 헌공이 죽은 뒤에 해제가 살해되자 순식도 따라 죽으려고 하다가 해제의 아우인 탁자(卓子)를 세우는 것이 옳다는 말을 듣고 탁자를 임금으로 세웠다. 그러나 탁자마저 살해당하자 자살했다. 《史記 卷39 晉世家》

144 번씨(繁人)……합니다 : 《열녀전》 〈진나라 활 만드는 장인의 처〔晉弓工妻〕〉에 보인다. 남유용은 '繁人之妻'라고 하여 '번씨의 아내'로 적었으나, 고사에 등장하는 여자는 활 만드는 사람의 아내로, 성이 번씨이다. 진나라 평공(平公)이 장인에게 활 하나를 만들게 했는데, 쏘아보니 하나도 맞지 않자 크게 화를 내며 장인을 죽이려 했다. 이에 번씨의 딸로서 장인의 아내인 여자가 평공에게 아뢴 내용이 남유용이 인용한 부분이다.

줄을 모를 것이고 몸으로는 그 아픔을 느끼지 못할 것입니다."[145] 라고 하였는데, 그 말이 지극히 슬프고도 애처롭다.

이 두 여인은 마침내 말로써 남편과 아비를 죽음으로부터 벗어나게 하였으니, 말이 간략하고 분명할수록 사람을 감동케 하는 것이 더욱 깊었던 덕분 아니었겠느냐?

범저(范雎)의 한 마디 말은 진왕(秦王)으로 하여금 모친을 폐하고 아우를 쫓아내[146] 스스로 윤상을 끊게 하였으니, 천하의 불길한 사람이다. 범저 같은 자라면 입에 올리기에도 부족하다.

일찍이 장부(張溥)가 편찬한 《명신주의(名臣奏議)》[147]를 본 적이 있는데, 범저가 진왕에게 유세하는 한 절목을 〈거사(去邪)〉 부류에 넣었다. 정말로 이런 일을 사악함을 제거했다〔去邪〕고 여긴 것인가? 그렇다면 세상의 아부하는 사내와 반역하는 신하들이 장차 모두 충당(忠讜 충성스럽고 정직함)이라는 이름을 얻게 되겠구나. 소견이 이와 같으니,

145 여연(女娟)이……것입니다 : 《열녀전》 〈조나라 나루 지키는 관리의 딸〔趙津女娟〕〉에 보인다. 조 간자(趙簡子)가 나루를 건너려는데, 나루를 지키는 하급 관리〔河津吏〕가 술에 취해있어 건너지 못하게 되자 그 목을 베고자 했다. 이때 하급 관리의 딸이 조 간자에게 한 말을 남유용이 인용하였다.

146 범저(范雎)의……쫓아내 : 《사기》 권79 〈범저열전〉에 소왕(昭王)이 범저의 도모를 채택해 "태후를 폐하고, 양후(穰侯)·고릉(高陵)·화양(華陽)·경양군(涇陽君)을 관외(關外)로 쫓아냈다."라는 기록이 보인다.

147 《명신주의(名臣奏議)》 : 원제는 《역대명신주의(歷代名臣奏議)》이다. 명나라 영락(永樂) 14년(1416)에 황회(黃淮)·양사기(楊士奇) 등이 황명을 받들어 편찬한 책으로 350권으로 되어 있다. 여기서 언급한 것은 숭정(崇禎) 때 장부(張溥)가 산정(刪正)한 본이다.

하나를 들면 셋을 알 수 있다.

일찍이 상 문의공(商文毅公)이 지은 〈모초론(茅焦論)〉을 읽어보니 모초의 일[148]을 "논자들은 영고숙(穎考叔)의 부류[149]로 여긴다."라는 말을 하였는데, 이는 잘못이다.[150] 초(楚)[151]에게 아내가 되지 못한 자라면 정(政 진시황 영정(嬴政))에게도 어미가 되지 못하며, 황천에서 만날 것을 약속하고 옹리(雍里)에서 늙어 죽는다 하여도 선왕(先王)에게 사죄하기에 부족하다. 그런데 모초는 어찌하여 그리 간언하는 데 급급했단 말인가?

《춘추(春秋)》는 문강(文姜)[152]을 결코 어버이로서 대하지 않으니,

148 모초의 일: 모초는 진 시황 때 충간했던 사람이다. 시황의 모후는 노애(嫪毐)와 사통하여 두 아들을 낳았다. 노애가 권세를 휘두르며 난동을 부리자 시황이 그를 잡아 거열형에 처하고 모후를 옹리(雍里)의 부양궁(萯陽宮)으로 옮겼다. 그런 다음 태후의 일을 거론하는 자는 죽이겠다고 선포하였다. 그 후로 간언했다가 죽임을 당한 사람이 27명이나 되었는데, 모초가 죽음을 무릅쓰고 간언을 올린 다음 옷을 벗고 죽음을 기다리자 시황이 비로소 자신의 잘못을 깨닫고 태후를 다시 감천궁(甘泉宮)으로 모셔 오는 동시에 모초를 상경(上卿)으로 삼았다. 《史記 卷6 秦始皇本紀》

149 영고숙(穎考叔)의 부류 : 영고숙은 영곡(穎谷)의 봉인(封人)으로, 춘추시대 어머니 강씨(姜氏)와 불화한 정 장공(鄭莊公)을 감동시켜 다시 화합하게 하였다. 《좌전(左傳)》에서는 이를 평하여 "영고숙은 순일한 효자이다. 《시경》에 '효자의 효성이 끊이지 아니하니, 길이 너와 같은 무리를 내려주리라.〔孝子不匱, 永錫爾類.〕' 하였는데, 바로 영고숙을 가리킨 것이다."라고 하였다.

150 상 문의공(商文毅公)이……잘못이다 : 상 문의공은 명나라 상로(商輅)이다. 이 문장은 《문장변체 휘편(文章辨體彙編)》 권401에 실려 있다. 상로가 여기 인용한 말을 한 뒤에 "틀린 말이 아니다."라고 하였기에 남유용은 잘못되었다고 한 것이다.

151 초(楚) : 진 시황의 아버지인 장양왕(莊襄王)의 이름이 영자초(嬴子楚)이다.

어미를 원수로 여겨서가 아니라 아비의 원수를 원수로 여겨서이다. 진(秦) 태후(太后)라면 진 시황의 아버지인 장양왕(莊襄王)의 원수가 아니던가? 정(政)이 어떻게 그를 어미로 여길 수 있단 말인가? 또 이른바 "가부(假父)니 두 아우〔二弟〕니 하는 말도, 이들이 어떤 자라고 아비라 부르고 아우라 부른단 말인가? 그런즉 모초라는 자는 또한 영고숙의 죄인이로다!"[153]와 같은 논설은 아주 통쾌하다. 진 태후는 선왕의 죄인이니, 진나라 신하 된 자가 비록 태후를 쳐서 주벌한다고 하여도 정(政)은 감히 간여하지 않아야 한다. 호씨(胡氏)가 당나라 때 오왕(五王)[154]이 무씨(武氏 측천무후(則天武后))를 죽이지 않은 것을 죄라고 여긴 것[155] 또한 그 신하를 질책한 말이지 중종(中宗)을 질책한 말이 아니다.

152 문강(文姜) : 춘추시대 노나라 환공(桓公)의 부인이자 제나라 희공(僖公)의 딸이다. 문강은 환공과 함께 제나라에 갔을 때 오빠인 양공(襄公)과 사통하였다. 환공이 노하여 꾸짖자 문강이 양공에게 고하여 마침내 환공이 제나라에서 피살당하였다. 이 일은 《좌전》 환공(桓公) 18년에 보인다. 그 후 환공의 아들 장공(莊公)이 즉위한 원년 3월에 문강이 제나라로 달아난 사실을 기록할 때, 《춘추》에서는 "부인이 제나라로 되돌아가다.〔夫人孫于齊〕"라고 적음으로써 '부인'이라고만 하고 '강씨'를 쓰지 않았다.

153 가부(假父)니……죄인이로다 : 이 부분은 상로의 〈모초론〉에 이렇게 나와 있다. "가부를 거열형에 처하고 두 아우를 때려죽였다니, 이들이 누구이건대 아비라 하고 아우라 하면서 차마 그 입을 더럽힌단 말인가!"

154 오왕(五王) : 당나라 때 무씨(武氏) 세력을 제거하고 중종(中宗) 반정을 일으킨 장간지(張柬之)·경휘(敬暉)·환언범(桓彦範)·원서기(袁恕己)·최현휘(崔玄暉) 등 5인을 왕으로 책봉하여 오왕이라 부른다.

155 호씨(胡氏)가……것 : 남송의 경학자 호안국(胡安國)을 가리킨다. 호안국은 측천무후에 대해 논하면서, 장간지(張柬之) 등은 측천무후를 토벌하지 않고 다만 폐위할 줄만 알았다며 비난하였다. 《通鑑綱目 卷42上》

번오기(樊於期)는 진왕(秦王) 정(政)이 선왕의 혈통이 아니라 여불위(呂不韋)의 자식이라고 여겨 임금으로 섬기는 것을 치욕스럽게 여기고, 진왕의 아우인 장안군(長安君) 성교(成蟜)를 끼고 격문(檄文)을 전달한 뒤 진왕을 공격했다. 그러나 전쟁에서 패하자 연(燕)나라로 도망쳤다.[156] 이런 이유로 진왕이 천 근의 금과 만 호(戶)의 읍(邑)으로 그의 목을 사려고까지 했던 것이다.[157] 이 이야기는 열국(列國)의 외사(外史)에 나오는데, 베낀 본이 있는 것 같다.

《강목(綱目)》에서는 맹자(孟子)의 졸년(卒年)을 적지 않았으니, 대개 옛 사서에서 적지 않아 빠져있던 까닭일 것이다. 그런데 내가 일찍이 《산당사고(山堂肆考)》를 보았더니 맹자가 주나라 난왕(赧王) 26년 임신해 정월 15일에 사망하였으며 향년 84세였다고 적고 있었다. 거슬러 올라가 고증해 보면 맹자는 응당 주나라 열왕(烈王) 4년 기유생(己酉生)이 되어야 하는데, 어디에 근거한 것인지 알 수 없다.

성현의 언행의 출처는 반드시 경전(經傳)에 실린 글에서 확인한 뒤라야 믿을 수 있다. 잡다한 서적에 적힌 생졸년의 경우, 징험하기에 부족할 뿐만 아니라 또한 알 필요조차 없다.

시서(詩書)와 인의(仁義)는 진(秦)나라가 원수처럼 여기던 것이었

156 번오기(樊於期)는……도망쳤다 : 이 내용은 《사기》 권34 〈연소공세가(燕召公世家)〉에 나온다.

157 진왕이……것이다 : 연나라 태자 단(丹)에게 충성하기 위해 진 시황을 시해하러 간 형가(荊軻)는 번오기의 목을 가지고 가서 시황의 환심을 샀다.

다. 시황(始皇)이 상산(湘山)을 베어 민둥산으로 만든 것은 상군(湘君)에게 노해서가 아니라 '요임금의 딸이자 순임금의 아내〔堯女舜妻〕'라는 네 글자에 노여움이 격발해서였다.[158] 후에 부소(扶蘇)가 화를 당한 것 역시 '공자(孔子)'를 거론하여 간언했기 때문이었다.[159]

목생(穆生)은 감주(甘酒)를 내놓지 않았다는 이유로 초나라를 떠나갔는데,[160] 오늘날 이 일을 보면 참으로 과한 처사이다. 그러나 왕무(王戊)의 교만하고 포악스럽고 무도함은 실로 고칠 약조차 없는 지경이었던 터라, 목생이 떠난 것은 그 결심이 선 지 이미 오래였을 것이다.

158 시황(始皇)이……격발해서였다 : 진 시황이 강을 건너 상산(湘山)의 사당에 갈 적에 큰바람이 일어나 건널 수 없게 되자 상군(湘君)이 어떤 신이냐고 물었는데, '요임금의 딸이요 순임금의 아내'라는 박사의 대답을 듣고는 "크게 노하여 도형수 3천 명으로 하여금 상산의 나무를 모두 뽑게 하여 민둥산으로 만들었다."《史記 卷6 秦始皇本紀》

159 부소(扶蘇)가……때문이었다 : 시황이 유생 460명을 생매장하자 맏아들 부소가 "유생들은 모두 공자의 글을 외고 따르는 자들인데 지금 상께서 모두 엄한 법으로 다스리시니, 신은 천하가 불안해할까 근심스럽습니다."라고 간언하였다. 이에 시황은 노여워하여 몽염(蒙恬)의 군대를 감독하라는 명목으로 부소를 북쪽 상군(上郡)으로 보내 버렸다.《史記 卷6 秦始皇本紀》

160 목생(穆生)은……떠나갔는데 : 신공(申公)과 백생(白生)과 목생은 초 원왕(楚元王)을 섬겼다. 원왕은 목생이 술을 좋아하지 않는 것을 알고 주연을 베풀 때마다 항상 감주〔醴〕를 내놓았다. 뒤에 즉위한 원왕의 손자 왕무(王戊)가 깜박 잊고서 감주를 한번 내놓지 않자 목생이 "이제 떠나가야겠다. 감주를 내놓지 않은 것은 왕의 뜻이 태만해진 것이니, 떠나지 않는다면 초나라 사람들이 장차 나의 목에 쇠사슬을 걸고 저잣거리를 끌고 다닐 것이다."라고 하며 마침내 떠나갔다. 후에 신공과 백생은 계속 남아 있다가 결국 붉은 옷을 몸에 걸치고 저자에서 절구질하는 치욕을 당했다.《漢書 卷36 楚元王傳》

단지 감주를 내주지 않았다는 이유만으로 떠났다면, '충신은 나라를 떠나도 자신의 이름을 일부러 고결하게 하지 않는다.'[161]는 뜻을 알았다고 할 수 있겠는가?

주허후(朱虛侯)가 〈경전가(耕田歌)〉를 바치고 술 마시고서 도망가는 여씨(呂氏)의 목을 벤 것은[162] 참으로 위험한 일이었다. 그러나 내가 보기에 주허후 역시 믿는 바가 있어서 그렇게 한 것이니, 아마도 주허후가 여록(呂祿)의 딸을 아내로 맞이했기 때문이었을 것이다.

한(漢)나라가 흥기했을 무렵에는 제후의 힘이 너무 막강하여 이들을 통제할 수 있는 대책이라고는 오직 가생(賈生 가의(賈誼))의 '국(國)으로 나누어 아들들을 봉한다.'는 주장만이 쓸 만하였을 따름이다. 조조(鼂錯)의 모책[163]의 경우, 제후들에게 원한만 쌓아 나라에 화를 초래하

161 충신은……않는다 : 《전국책(戰國策)·연책(燕策) 1》에 "신이 듣건대 옛날의 군자는 절교한 후 나쁜 말을 하지 않고, 충신은 그 나라를 떠나도 나라를 욕보이면서 자신의 이름을 일부러 고결하게 하지 않는다고 하였습니다."라는 말이 나온다.

162 주허후(朱虛侯)가……것은 : 여후(呂后) 일가가 전횡하는 데 대해 종실인 주허후 유장(劉章)은 불만을 품고 있었다. 연회에서 태후가 주허후를 주리(酒吏)로 삼자 "신은 장수 집안의 자손이니 군법으로써 연회 자리를 지키겠습니다." 하였다. 얼마 후에 여씨 중 한 명이 취해서 도망가니 뒤따라가서 칼을 뽑아 그 목을 베었다. 또 "깊이 밭을 갈아 씨를 촘촘하게 뿌리고, 싹이 돋아나면 솎아 내려 하도다. 그 종자가 아닌 것을 호미로 매어 제거하리로다."라는 〈경전가〉를 부르며 여씨 세력을 군법으로 다스렸다.

163 조조(鼂錯)의 모책 : 조조는 한 경제(景帝) 때의 어사대부이다. 그는 중앙 권력을 강화하기 위하여 제후들의 세력을 꺾으려다가 오초(吳楚)의 7국이 들고일어나는 바람

였으니, 가생의 대책처럼 점차적으로 통제하여 한나라 황실과 제후가 나란히 그 이익을 얻게 하는 것만 영 못하다. 그래서 양자(揚子 양웅(揚雄))가 논하여 말하기를, "조 대부는 어리석었다."라고 한 것이다.[164] 만약 '어리석다'라는 말로써 조조를 규정한다면, 조조는 아무 말도 하지 못할 것이다.

허후(許后)가 죽고 나서 황후 세우는 일을 논의하였다. 그때 여러 신하들은 속으로 곽광(霍光)의 딸을 의심하였으니, 이는 뭇 신하들이 그 마음을 엿보고 그 뜻에 영합하여 받들었기 때문이었다.[165] 곽광의 처 곽현(霍顯)이 순우연(淳于衍)과 모의하여 말하기를,

"장군께서는 본래부터 성군(成君)을 사랑하고 계시니, 이 아이를 매우 귀히 만들어주고자 하실 것이다."

라고 하였으니, 이는 필시 곽광이 일찍이 곽현에게 무엇인가 말한 바가 있다는 것이다. 곽현은 여러 의원(醫員)들을 매수하여 결탁하기에 이른 뒤에야 이 일을 사실대로 곽광에게 말했는데, 곽광은 이 사실을 상주하여 알리지 않고 순우연에게 다시 거론하지 말 것을 당부하였으

에 반대파의 참언에 의해 처형되었다.

164 양자(揚子)가……것이다 : 양웅의 《법언(法言)》 권11에 "혹자가 묻기를…(')조조는 어떠합니까?(') 답하기를, '어리석다.'"라는 내용이 보인다.

165 허후(許后)가……때문이었다 : 선제(宣帝)가 즉위하여 허비(許妃)를 황후로 맞아들였는데, 곽광(霍光)의 처 곽현(霍顯)이 막내딸 성군(成君)을 그 자리에 앉히려고 유의(乳醫) 순우연(淳于衍)을 시켜 허후를 독살한 뒤 후비가 되게 하였다. 곽광도 이 사실을 알았으나 주저하며 그냥 넘겼다. 곽광이 죽은 뒤 이 사건으로 인하여 곽씨 일족이 멸하였다. 《漢書 卷68 霍光金日磾傳》

니, 이는 이 일이 성사되기를 바랐다는 것이다. 또 이런 방식을 통해 그 딸을 궁궐에 들여보냈으니, 이는 곽광도 이 일에 참여한 덕분이었다. 《춘추》의 법을 이 일에 적용해 본다면, 곽광은 수악(首惡)이라는 이름을 면치 못하리라.

역사를 읽을 때 오직 그 성패(成敗)만을 읽으면 재미가 적으므로 반드시 성공하고 실패하게 된 조짐이 어디 있었는지를 살펴보아야 바야흐로 발전이 있다. 게다가 선제(宣帝)의 나이 벌써 열여덟이었으니, 대장군(大將軍 곽광)은 제 맘대로 정치해서는 안 되었고 선제는 겸양해서는 안 되었거늘, 곽광은 허례(虛禮)로써 정사를 돌려주었고 황제 또한 허례로써 이를 받지 않았다.[166]

어린 임금이 새로 옹립되자 천하의 권병(權柄)을 권신(權臣)에게 맡겼던 것인데, 성심으로써 이를 받지 아니하고서 한갓 허례로써 대하였으니, 이것이 과연 상서롭고 오래 갈 도리였겠는가? 이로써 미루어 보건대 곽씨 일족이 입은 화(禍)가 어디서부터 비롯되었는지를 가히 알 수 있다. 곽광이 허례로써 정사를 돌려주었다는 것을 어떻게 알 수 있는가? 지절(地節) 2년(기원전 68)이면 선제가 재위한 지 이미

166 게다가……않았다 : 곽광은 무제의 유조를 받들어 소제(昭帝)를 도왔으며, 다음 창읍왕(昌邑王)이 음란하므로 그를 폐위시키고 선제를 세웠다. 그리고 늙었음을 이유로 모든 자리에서 물러난다고 했지만 선제가 극구 말리면서 심지어 곽광의 보정(輔政)을 인정하고 "조정의 공무는 우선 대장군 곽광에게 보인 다음 짐에게 다시 청하라"는 어명을 내렸다. 《자치통감강목》 권5에 "곽광이 머리 조아리며 정사를 돌려드렸으나 상은 겸양으로 받아들이지 않으니, 모든 일들은 먼저 곽광에게 알린 연후에 상주하였다."라는 내용이 나온다.

6년째 되던 해인데도 곽광은 여전히 황위를 돌려주려 하지 않았으며, 죽을 때까지 권력을 놓지 않았다. 이것을 보면 알 수 있다.

춘추시대 회맹(會盟)에서 이적(夷狄) 임금의 서열은 중국의 대부(大夫) 아래에 있었다. 흉노의 선우(單于) 호한야(呼韓邪)가 엎드리지 않으면 그만이지만, 엎드렸다면 한나라의 일개 번신(藩臣)에 불과하니 어찌 객의 예로써 대할 수 있겠는가. 《서경》에서 이르기를, "우(虞)나라 손님이 자리에 있으니"[167]라고 하였으니, 선대 성왕의 후손을 성인께서는 손님의 예로써 대했던 것이다. 아직까지 이적을 이러한 예로써 대했다는 말은 들어본 적 없으니, 네가 한 말이 맞다.

한나라 신하들의 주소(奏疏)를 보면 '강한(强漢)'이라는 호칭을 많이 사용한다. '강대(强大)'하다는 말을 높이고 찬미하는 칭호로 삼다니, 비루하여 조정을 욕보임이 심하구나. 육국(六國)은 진(秦)을 칭할 때마다 반드시 '강진(强秦)'이라고 하였는데, 이것이 어찌 찬미하는 호칭이었겠는가?

가연지(賈捐之)가 석현(石顯)의 단점을 지적한 것은 천하의 공적인

167 우(虞)나라……있으니 : 《서경》 〈익직(益稷)〉에 기(夔)가 순임금에게 말하기를 "명구(鳴球)를 치고 금슬을 타며 노래하니 조상의 신이 강림하고, 우나라 손님이 자리에 있으니 여러 제후들과 덕(德)의 높낮이로 사양합니다."라고 하였다. 우나라 손님이란 요임금의 아들 단주(丹朱)를 가리킨다. 요임금은 아들 단주가 어질지 못하다는 이유로 순에게 전위하였는데, 단주가 이에 불만을 품지 않고 이 자리에 참여하여 여러 제후들과 화기애애하게 덕(德)으로 서로 사양한 것이다.

마음〔公心〕에서 나온 것이었다. 그러나 양홍(楊興)에 의해 마음이 흔들리자 다시 석현을 이용해 등용되기를 구하였다가 마침내 이로써 패망하고 말았다.[168]

심하구나! 사리(私利)가 사람을 함정에 빠트림에 한순간의 생각으로 목숨을 보존하지 못하고 말았으니, 이 어찌 재주를 믿고 출세하는데 조급해 하는 자들의 경계가 될 일이 아니겠는가. 게다가 양홍은 바르지 못한 무리이거늘, 그와 함께 진취(進取)를 도모하다니, 가연지가 패망한 것도 당연하도다. 이러한 일은 말세를 사는 사람이라면 몰라서는 안 된다.

한나라 고조(高祖)는 결단에 뛰어났으며, 능히 대의(大義)를 볼 줄 알았다. 그렇기 때문에 고조가 태자를 바꾸고 싶어 할 때 주창(周昌)이 조정에서 강력하게 간쟁하였는데, 그 말인즉 "기, 기어이 조서를 받들 수 없습니다." "기, 기어이 그것이 불가함은 알고 있습니다."[169] 등 몇

168 가연지(賈捐之)가……말았다 : 《자치통감》 권28 〈한기(漢紀)〉에 보인다. 가연지는 자주 석현(石顯)의 단점을 지적하여 관직을 얻지 못한 반면 양홍(楊興)은 재능이 있어 총애를 받았다. 후에 가연지와 양홍은 서로를 경조윤(양홍)과 상서령(가연지)에 추천하기로 약속하였는데, 가연지가 또 석현의 단점을 지적하자 양홍이 "석현은 지금 군주가 신임하고 있으니, 등용되고 싶으면 우선 석현과 뜻이 맞아야 한다. 그러면 당장 조정에 들어갈 수 있다." 하였다. 둘은 함께 석현을 천거하는 글을 올려 그의 아름다움을 칭찬하고, 가연지는 또 양홍을 천거하는 글을 올려 경조윤을 시켜도 괜찮을 것이라고 하였다. 그러나 석현이 이 내막을 미리 알고서 "이들이 속이려는 마음을 품고 서로 칭찬하고 천거하여 높은 지위를 얻으려고 하였으며, 황상을 속이는 부도한 짓을 하였다."라고 상주하는 바람에 가연지는 기시형에 처해지고 양홍은 성 쌓는 부역에 차출되었다.

마디에 지나지 않았음에도 황제는 이윽고 흔연히 웃었던 것이니, 천하의 민심을 거스를 수 없음을 알고 있었던 것이다.

원제(元帝)는 우유부단하고 대의에 어두웠다. 그래서 사단(史丹)이 반드시 원제가 홀로 침소에 들 때를 기다렸다가 곧장 침실에 들어가 눈물 흘리며 감동케 하고, 반복해 가며 조용히 간언한 연후에야 태자가 안전해질 수 있었던 것이다.[170]

두 신하의 진언이 달랐으나 모두 임금의 마음을 움직일 수 있었던 것은 대개 임금의 마음을 잘 헤아렸기 때문에 그 말이 쉬이 들어갔던 것이다. 그러나 사단이 태자를 지키고 보호한 공이 더욱 커서, 후세 신하 된 자들의 법이 될 만하다.

진탕(陳湯)이 한 일이 비록 후세의 법도가 될 수는 없지만, 그 마음은 나라를 위한 충심 어린 염려에서 나왔다.[171] 바야흐로 당시 흉노왕

169 기……있습니다 : 주창은 강직하고 직언을 잘하였다. 고조가 말년에 여후 소생의 태자를 폐하고 척희(戚姬) 소생의 여의(如意)를 세우려고 하자 강력히 간하였는데, 평소의 버릇대로 말을 심하게 더듬으며 "신은 말을 잘하지 못합니다만 기, 기어이 그것이 불가함은 알고 있습니다. 폐하께서 태자를 폐하시고자 해도 신은 기, 기어이 조칙을 받들지 않겠습니다."라고 하였다. 그러자 황제가 흔연히 웃었다. 《史記 卷96 張丞相列傳》

170 원제(元帝)는……것이다 : 원제 때 시중 사단은 병석에 누워있는 원제의 침소에 들어가 청포(青蒲) 위에 엎드려서 황태자를 폐위하는 것이 옳지 않으며, 만일 폐위하려면 자신을 먼저 죽이라고 눈물을 흘리며 간하였다. 《漢書 卷82 史丹傳》

171 진탕(陳湯)이……나왔다 : 진탕은 기이한 공로를 세우기 좋아하였다. 원제 때 서역의 부교위(副校尉)가 되었는데, 왕명을 가탁해 군대를 동원하여 흉노왕 질지(郅支)를 공격하여 승리하였다. 원제는 진탕이 국위를 선양하였다는 이유로 조서를 위조한

질지(郅支)가 강성함을 믿고서 함부로 횡포를 부리며 한나라 사신을 죽이고 욕보였으니, 그 죄는 주벌로도 용납하기 어려웠다. 하물며 서역의 여러 종족들이 모두 배반하여 적에게 붙으려 하는 형세였으니, 한나라의 우환이 어찌 작았겠는가. 이것이 바로 진탕이 하루의 목숨을 버리고 만세의 공(功)을 이루었던 까닭이다. 이 일은 부개자(傅介子)가 도적의 꾀를 부려 외국 오랑캐에게 신용을 잃은 것과는 같지 않다.[172]

허후(許后)는 비록 부덕하기는 하였으나 큰 죄악이 있는 것도 아니었는데 다만 조씨(趙氏 조비연(趙飛燕))의 참언으로 인해 하루아침에 폐위되었을 뿐이다.[173] 녹의(綠衣)[174]가 점점 득세하여 드러나는 것을 천

죄를 용서하고 관내후(關內侯)에 봉하였다.

172 부개자(傅介子)가……않다 : 한 소제(昭帝) 때의 무신 부개자는 준마감(駿馬監)이 되어 한나라 사신을 공격해 오던 누란국(樓蘭國)의 왕을 죽이고 돌아와서 의양후(義陽侯)에 봉해졌다. 누란국에 갔을 적에 황금과 비단으로 누란국 왕을 유인해 술에 취하게 만든 다음 천자가 사적으로 전하라고 한 말이 있다면서 휘장 안으로 불러들여 칼로 찔러 죽였다. 사마광(司馬光)은 《자치통감강목(資治通鑑綱目)》 권5의 평(評)에서 말하기를, "필시 그에게 죄가 있다고 여긴다면 마땅히 군대를 진열하고 장병들에게 고유해서 분명하게 그의 벌을 밝혀야 하는데, 도리어 대한(大漢)의 강함으로서 도적의 계책을 오랑캐에게 행하였으니, 수치스럽지 않은가."라고 하였다.

173 허후(許后)는……뿐이다 : 허후는 성제(成帝)의 첫 번째 황비인데, 성제가 조비연(趙飛燕) 자매를 궁으로 불러들여 총애하게 되면서 폐출되었다. 조비연은 허후를 '성제를 저주한다'는 명목으로 참소했다.

174 녹의(綠衣) : 첩을 의미한다. 《시경》 〈녹의(錄衣)〉에 "푸른 옷이여 푸른 저고리에 누른 치마로다." 하였는데, 정색(正色)인 황색은 치마가 되고 간색(間色)인 녹색은 저고리가 되어 상하 귀천이 뒤바뀐 것을 풍자한 것으로서 즉 왕후가 천대받고 궁첩이 존대 받는 것을 비유한다.

하에 식견 있는 자라면 그 누가 몰랐겠는가. 그러나 당시 대신과 간관들은 이를 위해 한마디 말을 고함으로써 그 근원을 막지 않았고, 각자 아부하며 순종하기만 했다. 조림(趙臨 조비연의 아버지)을 봉하기에 이르러서는 조씨를 향한 총애가 이미 독이 되고 있었는데, 천자의 뜻이 기왕에 치우쳐 버린 이상 제아무리 지혜로운 자라 하여도 뒷수습을 제대로 할 수 없었다. 유보(劉輔)의 말이 비록 곧고 적절하였으나 응당 무슨 보탬이 되었겠는가? 선후를 알지 못하였음을 가히 알 수 있다. 그러나 "하늘을 두려워하지 않고 사람 앞에 부끄러워하지 않는다." "썩은 나무는 기둥이 될 수 없고, 비천한 사람은 주인이 될 수 없다. 하늘과 사람이 허여하지 않는 것이라면 반드시 화만 있고 복은 없다."[175]와 같은 말은 참으로 지극하다.

곡영(谷永)이 재이(災異)를 논한 것은 자못 적실하였다.[176] 그러나 당시 상황을 가지고 살펴보건대, 능히 하징서(夏徵舒)와 최저(崔杼)가 될 수 있는 자[177]는 왕씨(王氏 집권자였던 왕봉(王鳳) 일가) 중에 있었지

175 유보(劉輔)의……없다 : 성제가 조비연을 황후로 세우고자 먼저 그 아버지 조림을 열후(列侯)로 봉하는 조서를 내렸을 때 간대부(諫大夫) 유보가 상소하여 반대하였으나 성제는 그 말을 듣지 않고 유보를 궁중의 비밀 감옥에 가두어 버렸다. 남유용이 인용한 부분은 《자치통감·한기》23 〈성제 영시(永始) 원년〉에 보인다.

176 곡영(谷永)이……적실하였다 : 곡영은 《역(易)》에 밝아서 재이를 잘 알았다고 한다. 그는 40여 회에 걸쳐 임금과 후궁을 비판하는 상소를 올렸는데, 이는 당시 집권자인 대장군 왕봉(王鳳)에게 아부하기 위한 것으로, 은연중 임금의 잘못을 들추어 왕봉을 두둔하는 내용이 많았다. 《漢書 卷85 谷永傳》

177 능히……자 : 임금을 시해하고 다른 임금을 옹립할 수 있는 사람을 가리킨다. 하징서(夏徵舒)는 춘추시대 진(陳)나라의 대부이다. 어머니인 하희(夏姬)가 진나라

장방(張放)[178]과 같은 무리 중에 있지 않았다. 그래서 곡영은 일을 논할 때마다 늘 왕씨를 기휘했던 것인데, 이것이 바로 그가 소인으로 끝난 이유이다. 그러나 그가 양왕(梁王) 유립(劉立)의 음란한 일에 대한 조사를 그칠 것을 청한 소(疏)[179]를 보면 역시 조정의 대체(大體)를 잘 아는 자였다. 경육(耿育)이 올린 건평(建平) 원년(기원전 6)의 소(疏) 역시 이와 같은 뜻이다.[180]

한나라의 멸망은 천명일 뿐만 아니라 원후(元后)[181]가 키운 것이기도

군주인 영공(靈公) 등과 음란한 짓을 계속하고 자신마저 욕보이자 가병(家兵)을 이끌고 집을 봉쇄하고 습격하여 영공을 찔러 죽었다. 그리고 하희를 감금하고 영공의 아들 오(午)를 옹립했다. 최저는 춘추시대 제나라 대부이다. 당공(棠公)이 죽어서 조문하러 갔을 때 그의 부인인 당강(棠姜)의 미모를 보고 아내로 삼았는데, 장공(莊公)이 당강과 사통하자 장공을 시해한 뒤 경공(景公)을 세우고 스스로 재상이 되었다.

178 장방(張放) : 부평후(富平侯)에 봉해져 성제의 총애를 한 몸에 받았던 인물이다. 성제는 밖에 돌아다니다가 누가 신분을 물으면 '저는 장방의 하인입니다.'라고 답했다고 한다.

179 그가……소(疏) : 유사(有司)가 양왕(梁王) 유립(劉立)이 그 고모와 간통한 사건을 적발해 주살할 것을 청하자 곡영이 상소하기를, "종실 안에 있는 난잡한 죄악을 퍼뜨려서 천하에 드날리는 것은 공족(公族)을 위하여 숨기는 도리가 아닙니다." 하였다. 이로 말미암아 중지하고 다스리지 못하였다.

180 경육(耿育)이……뜻이다 : 조비연 자매는 성제의 총애를 믿고 후궁들이 낳은 자식을 모두 죽였으며 온갖 음탕한 짓을 자행하였다. 그 후 애제(哀帝) 때 이들의 죄상이 밝혀져 친정 아비와 오라비 등을 모두 폐서인하여 요서(遼西)로 멀리 이주시켰는데, 이때 의랑(議郎)으로 있던 경육이 상소하여 "성제의 사생활을 드러내어 후세에 전하고 여러 오랑캐에게 전파하는 것은 옳지 않다."라고 간하였다. 《漢書 卷97下 外戚傳》

181 원후(元后) : 원제의 황후, 성제의 모친, 왕망의 고모인 효원황후(孝元皇后) 왕정군(王政君)을 가리킨다. 왕망은 신(新)을 세우고 연호를 고친 뒤로 태후를 신실문모

하다. 일찍이 구문장(丘文莊)이 지은 《사강(史綱)》[182]을 본 적이 있는데, 신실문모(新室文母) 왕정군(王政君)의 죽음을 대서특필하였으니, 아마도 그가 왕씨를 도와준 것을 깊이 미워해서일 것이다. 비록 사서(史書)의 체제를 갖추지는 못하였지만, 후세 모후(母后) 된 자들로 하여금 숙지하여 경계로 삼게 하기에는 충분하다.

왕가(王嘉)가 동현(董賢)을 봉하는 것에 관해 간언할 때, 그를 봉해서는 안 된다고 직접 논하면 될 뿐, 봉해야 한다고 말하는 사람이 나타나기를 기다려서는 안 되었다.[183] 만약 조정 신하가 봉하는 것에 관해 의론할 때 부가(傅嘉) 같은 자가 나서서 당연히 봉해야 한다고 말한다면, 동현을 마침내 봉해도 좋다는 말인가?[184] 또 말하기를, "천하가

(新室文母)라고 높였다.

182 구문장(丘文莊)이……《사강(史綱)》: 구문장은 명나라 구준(丘濬)을 가리키고, 《사강》은 《세사정강(世史正綱)》을 가리킨다. 이 책은 성화(成化) 17년(1481)에 구준이 완성한 역사서인데, 춘추필법을 본받고 주희의 《통감강목》과 여조겸(呂祖謙)의 《대사기(大事記)》 등의 감계의식(鑑戒意識)을 계승하였다.

183 왕가(王嘉)가……되었다 : 《자치통감》 〈한기〉26에 보인다. 애제는 동성애로 유명한데, 총애하던 동현(董賢)을 후(侯)에 봉하고자 하자 왕가(王嘉)는 이를 반대하다가 옥에 갇혀 20일 동안 식음을 전폐한 끝에 죽었다. 이때 왕가가 간언했던 말은 이러하다. "폐하께서 동현 등에게 끝없는 은혜를 내리고 계신데, 응당 저들이 올린 상소의 내용을 밝히시어, 공경·대부·박사·의랑을 불러 고금에 맞춰보게 하고 그 뜻을 밝히 바로잡은 연후라야 작토(爵土)를 더해줄 수 있습니다. 그렇지 않다면 민심을 크게 잃어, 해내에서 너도나도 이 일에 관해 왈가왈부할까 두렵습니다. 그 일을 드러내놓고 논평하게 하시어 반드시 '응당 봉해야 한다.'라고 말하는 자가 나오면 폐하께서도 따를 근거가 생기는 것이니, 천하가 비록 기뻐하지 않는다 하여도 그 허물은 나누어지게 되는 셈, 폐하에게만 있지는 않을 것입니다."

비록 기뻐하지 않는다 하여도 그 허물은 같이 나누어 지게 되는 셈"이라고 하였는데, 봉작(封爵)이란 국가의 대사이거늘 어찌 허물을 나누어 지는 것을 요행이라 여기며 그릇되이 천거할 수 있단 말인가? 이 점에 있어서는 왕가가 실수를 하였다.

양웅(揚雄)은 동현과 정씨(丁氏)·부씨(傅氏)[185] 등 총애 받는 자들이 정사를 어지럽히는 것이며, 풍태후(馮太后) 형제[186]와 정숭(鄭崇)이 죽임을 당하는 것이며[187], 손보(孫寶)[188]와 무장륭(毋將隆)[189]과 사단

184 만약……말인가 : 이 일은 왕가가 간언하기 이전에 있었던 일이다. 애제는 동현을 후(侯)로 삼고 싶었으나 명분이 없었다. 이때 시중 부가(傅嘉)가 애제에게 권하여 식부궁(息夫躬)과 손총(孫寵)이 동평왕(東平王)을 고발한 상소에서 송홍(宋弘)을 빼고 동현의 이름을 넣은 뒤 그 공로를 빌미 삼아 동현을 후로 삼으라고 했다. 이에 식부궁·손총·동현 모두에게 관내후(關內侯)의 작위를 하사했다.

185 정씨(丁氏)·부씨(傅氏) : 애제 때 외척이다. 정씨는 애제의 어머니 정태후(丁太后)의 친정이고, 부씨는 원제의 소의(昭儀)이자 애제의 할머니인 부태후(傅太后)의 친정이다.

186 풍태후(馮太后) 형제 : 풍태후는 원제의 총비(寵妃)이자 평제의 조모이다. 애제 때 장유(張由)가 풍태후가 부태후(傅太后)를 저주하였다고 무고하였는데, 사입(史立)이 후(侯)에 봉해지기를 바라는 마음에 부태후에게 영합하여 풍태후의 여동생과 남동생의 부인까지 취조한 끝에 수십 명을 죽이자 풍태후도 끝내 자살하였다.

187 정숭(鄭崇)이……것이며 : 애제 때 직간하다가 왕의 뜻을 거슬렀는데, 상서령 조창(趙昌)의 모함을 받아 옥중에서 죽었다.

188 손보(孫寶) : 평제(平帝) 때 대사농이 되었는데, 관리를 파견해 어머니를 모셔오게 하였으나 도중에 병이 나자 아우의 집에 맡겨 놓고 처자식만 도성으로 올려보냈다. 사례(司隷) 진숭(陳崇)이 이 일을 상주함에, 삼공(三公)에게 보내져 심문 받고 관직에서 쫓겨나 고향에서 늙어 죽었다.

189 무장륭(毋將隆) : 《역대사선(歷代史選)》〈한기〉 중 효애황제(孝哀皇帝) 조에

(師丹)[190] 등이 폐출당하는 것 등을 모두 보았는데, 이는 국가의 안위가 걸린 기미였거늘 한마디 말도 하지 않다가 선우(單于 흉노의 왕)가 조알하는 것을 불허하는 것에 대해서는 유독 상소를 올려 극간(極諫)하였으니,[191] 가히 근본을 모른다고 이를 만하다. 안을 다스리지 않고서 무슨 겨를에 바깥을 다스린단 말인가? 〈미신(美新)〉[192]을 지은 것 역시도 이치를 봄에 있어 밝지 못했기 때문일 뿐이다.

주박(朱博)은 부태후(傅太后)의 뜻을 받들어 상주하여 부희(傅喜)를 면직시켰다.[193] 그러나 조현(趙玄)이 그래서는 안 된다고 하자 이렇

보면 "왕망이 평소에 달가워하지 않던 사람들은 모두 없는 죄를 가져다 붙였다. ……동무(董武)・무장륭(毋將隆)을…… 모두 관직에서 물러나게 하고 서인으로 삼아 합포(合浦)로 이주시켰다."라는 기록이 나온다.

190 사단(師丹) : 《한서》 권86 〈사단전(師丹傳)〉에 보인다. 애제가 즉위하자 조모인 부태후의 요구에 따라 생부인 정도공왕(定陶共王)을 공황(共皇)으로 추존하고 부태후를 공황태후로, 생모인 정후(丁后)를 공황후로 높였다. 낭중령 영포(泠褒)와 황문랑 단유(段猶)가 다시 아뢰어 번국명(藩國名)인 '정도'를 대호(大號)에 얹어 쓰는 것은 마땅하지 않다 하고, 또 공황을 위하여 도성에 묘(廟)를 세우기를 청하매 사단이 또 반대하였으나 받아들여지지 않고 마침내 향리에 폐귀(廢歸)되었다.

191 선우(單于)가……극간(極諫)하였으니 : 양웅이 지은 〈선우의 조알을 불허할 것을 간하는 상서〔上書諫勿許單于朝〕〉를 말한다.

192 〈미신(美新)〉 : 양웅이 지은 〈극진미신(劇秦美新)〉을 가리킨다. 시황의 진나라를 비판하고 왕망의 신(新) 나라를 찬양한 글이다.

193 주박(朱博)은……면직시켰다 : "정씨와 부씨는 교만하고 사치스러웠으므로, 모두 대사마 부희(傅喜)가 공손하고 검약한 것을 미워하였다. 또 부태후는 존호로 불러주기를 원하였으나, 부희는 공광(孔光)·사단(師丹)과 함께 아니 된다고 고집하였다. 황상은 대신들의 올바른 논의를 거스르기가 어려웠고, 또 안으로는 부태후에게 압박을 받았다. 그래서 먼저 사단을 면직시켜서 부희의 마음을 움직이게 하였으나 부희는 끝내

게 말했다.[194]

"이미 공향후(孔鄕侯 부안(傅晏))에게 그렇게 하겠다고 했소. 필부(匹夫)도 약속을 하면 외려 더불어 죽을힘을 다하는 법인데, 하물며 지존(至尊)이야 어떠하겠소? 나 주박에게는 오로지 죽음이 있을 따름이오!"

죽음이란 사람이 몹시 싫어하는 바이거늘, 주박이 죽음으로써 답했으니 용감하다 이를 만하다. 만약 주박이 의(義)를 행하는 것에 용감하기를 이와 같이 하여서, 부태후를 거절하고 사단(師丹)・부희와 마음을 합하여 정사를 보좌한 뒤에 죽었다면 어찌 어진 재상이 되지 못하였겠는가? 그러나 간특하고 삿된 무리에게 빌붙어 충량(忠良)을 쫓아낼 궁리만 하면서 스스로 죽음을 맹서하였으니, 이는 악을 자행하는 것에만 용감했던 것이다.

왕망(王莽)의 장수였던 염단(廉丹)은 적미군(赤眉軍)에게 패하자 "어린아이는 도망칠 수 있어도 나는 그럴 수 없다."라고 말하고서 마침내 전사하였다.[195] 만약 염단이 뭇 신하들이 왕망의 섭정(攝政)을 청하

따르지 않았다. 주박과 부안(傅晏)이 연대하여 함께 존호 문제를 매듭지으려고 획책한 끝에 여러 차례 부희의 단점을 헐뜯으니, 마침내 황상이 명령을 내려서 부희를 면직시켰다."《歷代史選 漢紀 孝哀皇帝》

194 조현(趙玄)이……말했다 : 이는 부희를 면직시킨 다음에 일어난 일이다. "부태후는 부희에 대한 원한이 그치지 않자 공향후(孔鄕侯) 부안(傅晏)을 시켜서 승상 양향후(陽鄕侯) 주박에게 슬며시 풍간하는 상소를 올려 부희의 후작을 빼앗게 하였다. 주박은 어사대부 조현(趙玄)과 이 문제를 논의하였다." 이 기록 뒤에 남유용이 인용한 대사가 나온다. 후에 황상이 주박과 조현이 영합하였다고 의심하여 즉시 조현을 불러서 정황을 심문하니, 조현이 자백하였고, 정위(廷尉)에 회부되자 주박은 자살하였다.《歷代史選 漢紀 孝哀皇帝》

던 날 "어린아이는 도망칠 수 있어도 나는 그럴 수 없다."라고 말하고서 죽었다면, 어찌 의연한 대장부가 되지 못하였겠는가. 주박과 염단은 모두 제대로 된 죽음을 선택하지 못하였다고 이를 만하다.

준불의(雋不疑)는 가짜 태자를 포박하며 말하기를,

"태자가 선제(先帝 한 무제)에게 죄를 짓고서 도망치며 죽음에 나아오지 않더니, 지금 제 발로 찾아왔구나. 이 자는 죄인이다."

하고는 마침내 조옥(詔獄)[196]으로 보냈다.[197] 광무제(光武帝)는 왕랑(王郞)을 격파하며 말하기를,

"설령 성제(成帝)께서 다시 살아난다 해도 천하를 얻을 수 없거늘, 하물며 가짜 유자여(劉子輿 성제의 아들)이겠는가!"

하고는 마침내 목을 베었다.[198]

195 왕망(王莽)의……전사하였다 : 적미군의 별교인 동헌(董憲) 등이 이끄는 수만 무리가 양군(梁郡)에 주둔하고 있었을 때 왕광(王匡)과 염단이 왕망의 장군이 되어 나아가 싸웠으나 패배하였다. 왕광은 달아났지만 염단은 '어린아이는 달아날 수 있어도 나는 그럴 수 없다!'라고 말하고 전사하였다. 《歷代史選 漢紀 孺子嬰》

196 조옥(詔獄) : 왕명에 의해 죄인을 가두는 옥을 말한다.

197 준불의(雋不疑)는……보냈다 : 소제 때 한 남자가 위 태자(衛太子: 무제 때 무옥(巫獄) 사건으로 폐위된 태자 거(據))라 사칭하므로 진위를 가리지 못하고 있을 때 경조윤 준불의가 본문에 인용된 말을 하고 그 자리에서 잡아 하옥시켜 심문하니, 과연 복자(卜者) 방성수(方成遂)가 위 태자의 얼굴과 비슷한 것을 이용하여 부귀를 도모하려는 음모였음이 드러났다.

198 광무제(光武帝)는……베었다 : 왕망의 신(新)이 망하고 혼란하던 시기에 왕랑(王郞)이라는 자가 성제의 아들 유자여(劉子輿)라 사칭하며 한단(邯鄲)에 도읍을 정하였는데, 후에 광무제가 된 유수(劉秀)가 한단을 함락하고 왕랑을 주살하였다. 여기서 인용한 대목은 《후한서》 권12 〈왕랑열전〉에 보인다.

준불의가 그렇게 말한 것은 소제(昭帝)가 이미 황위에 올라 있기 때문에, 광무제가 그렇게 말한 것은 경시제(更始帝)[199]가 이미 황위에 올라 있기 때문에 일단 대의(大義)로써 그들의 거짓을 밝혀 민중의 마음을 안정시켰던 것일 뿐이니, 모두 훌륭한 처사라고 할 수 있다. 그러나 유자 영(孺子嬰)은 원후(元后)가 황제로 세웠으며,[200] 한나라 종묘를 2년간 이어받았던 데다가 그때까지 여전히 살아있었다. 가령 왕랑이 그를 옆에 끼고 나타났다면 응당 어떻게 상대해야 했을까? 힘껏 싸워 격파하였다 해도, 한나라를 위함에 있어 해될 것은 없었으리라.

질운(郅惲)은 정말로 '천명(天命)'이라는 말로 왕망을 깨닫게 하여 유씨(劉氏)에게 제위를 돌려주게 할 수 있다고 생각했단 말인가?[201]

199 경시제(更始帝) : 유현(劉玄). 후한 광무제의 족형이다. 녹림군에 의해 황제로 추대되어 신(新)이 멸망한 후 정권을 잡았다. 그러나 적미군이 유분자(劉盆子)를 꼭두각시 황제로 추대하면서 정권이 붕괴돼 제위에서 물러났다가 후에 적미군에게 살해되었다.

200 유자 영(孺子嬰)은……세웠으며 : 원후(元后)는 효원황후를 가리킨다. 왕망은 효원황후의 생질이라 알려져 있다. 왕망은 평제가 승하하자 겨우 2살이었던 영(嬰)을 황제로 세우고 자기는 섭황제(攝皇帝)가 되었다가, 3년 뒤에 황위에 올라 국호를 신(新)으로 정하였다.

201 질운(郅惲)은……말인가? : 왕망 때 질운(郅惲)이 상소하기를, "신기(神器)에는 천명이 따르는 법이니, 아무렇게나 얻을 수 없는 것입니다. ……갖는 것도 하늘의 뜻에 따르고 돌려주는 것도 하늘의 뜻에 따른다면 천명을 안다고 말할 수 있을 것입니다. 만약 일찌감치 이를 도모하지 않으신다면 자리를 도둑질한 결과를 면치 못하게 될 것입니다." 하니, 왕망이 크게 노하여 대역죄로 조옥(詔獄)에 구금시켰다. 《後漢書 59 郅惲傳》

더구나 왕망이 어찌 훌륭한 도를 가지고 유세할 만한 자이겠는가? 그렇게 한 것은 그를 도와준 셈이요, 당존(唐尊)[202]과 한가지인 셈이다. 바야흐로 이때 힘으로 왕망을 토벌할 수 있거든 적의(翟義)나 유숭(劉崇)[203]이 되어도 좋고, 그렇지 못하겠거든 매복(梅福)이나 방맹(逢萌)이나 장후(蔣詡)나 곽흠(郭欽)의 무리[204]가 되어도 그만이었다.

적양공(狄梁公)이 무씨(武氏 측천무후)를 섬긴 한 대목[205] 역시 의심할 만하다. 후에 비록 당(唐)을 회복한 공을 세우기는 하였지만 그 죄를 덮기에는 아마도 부족할 것이다.

노련(魯連)[206]이 비록 고사(高士)라고 칭송되기는 하지만 끝내 전국

202 당존(唐尊) : 왕망의 조정에서 태부를 지낸 인물로, 후에 평화후(平化侯)에 봉해졌다. 지황(地皇) 4년(23)에 녹림군이 장안에 들어오자 왕망을 지키다가 피살되었다.

203 적의(翟義)나 유숭(劉崇) : 거섭(居攝) 원년(6)에 안중후(安衆侯) 유숭이 병사를 일으켜 왕망을 토벌하다가 실패하여 죽었고, 거섭 2년(7)에 동군 태수(東郡太守) 적의가 병사를 일으켜 왕망을 토벌하다가 실패하여 죽었다.

204 매복(梅福)이나……무리 : 모두 왕망의 조정에서 벼슬하지 않고 향리에 피해 살며 생을 마친 사람들이다.

205 적양공(狄梁公)이……대목 : 적양공은 후에 양국공(梁國公)에 봉해진 당나라 적인걸(狄仁傑)이다. 적인걸은 무후가 조카인 무승사(武承嗣)를 태자로 세우려고 하자, 자식과 조카의 차이를 가지고 무후를 설득하여 중종을 다시 불러들여 태자로 세우게 하였다. 이에 후대에 당나라를 다시 일으킨 인물로 평가를 받기도 하였으나, 한편으로 무후의 재상이 되어 적극적으로 당나라의 회복을 위해 힘쓰지 않았다는 비난을 받기도 하였다.

206 노련(魯連) : 노중련(魯仲連)이다. 전국시대 제(齊)나라 정객이다. 유세로 진(秦)나라 군대에 포위되었던 조(趙)나라가 위기를 넘기자, 조나라의 평원군(平原君)이 봉작을 내리려 하였으나 끝내 거절하고 바닷가에 은거한 것으로 전한다.

(戰國)시대의 습속에서 벗어나지는 못하였다. 예를 들어, 화살에 편지를 매달아 요성(聊城)으로 쏜 일 같은 경우, 그 공이 기이하다고는 하나 인(仁)에는 큰 해를 끼쳤다.[207] 소경(蘇竟)이 의(義)로써 사람을 이끌어 삿됨을 등지고 정도(正道)로 돌아오게 한 것[208]만 못하니, 소경과 같은 자라야 진짜 고사라고 일컬을 수 있다.

풍연(馮衍)이 말하기를,

"천도(天道)는 알기 어려우나 인도(人道)는 지키기 쉽다. 도를 지킬 뿐, 어찌 죽는 것을 걱정하랴."[209]

라고 하였다. 풍연과 같은 자라면 가히 운명을 안다고 이를 만하다. 전국시대 이래로 이 뜻을 아는 사람이 대개 드물었다. 후에 제갈공명(諸葛孔明)이 "일을 이루는 것은 하늘에 달려 있고, 일을 도모하는

207 화살에……끼쳤다 : 요성은 제(齊)나라의 성이다. 전국시대에 연(燕)나라 장수가 요성을 공격하여 함락시키니, 노중련이 글을 써서 화살에 묶어 성중으로 쏘아 보냈는데, 그 내용은 연나라 장수에게 현재 불리한 상황임을 인식시키고 항복하여 목숨을 보존하도록 권하는 것이었다. 연나라 장수가 이 글을 보고 그래도 결정을 못하다가 끝내 자살하여, 전단(田單)이 요성을 수복하였다. 《史記 卷83 魯仲連列傳》

208 소경(蘇竟)이……것 : 후한(後漢) 사람 소경이 남양(南陽)에 있을 때 연잠(延岑)이 반역을 도모하자 연잠의 호군(護軍)인 등중황(鄧仲況)이 경내를 어지럽히고 다녔는데, 등중황의 실제 모사(謀士)는 유공(劉龔)이었다. 이에 소경은 유공에게 편지를 써 설득하면서 선악을 구분하고 거취를 정하도록 권했다. 동시에 등중황에게도 편지를 써서 형세를 살피어 연잠을 배반하고 한에 귀의할 것을 권했다. 이에 두 사람 모두 한으로 투항했다.

209 천도(天道)는……걱정하랴 : 《후한서》 권28 〈환담·풍연열전상(桓譚馮衍列傳上)〉에 나오는 말이다.

것은 사람에 달려 있다."[210]라고 말한 것 역시 이 뜻이다. 그러나 여전히 성패(成敗)와 이해(利害) 사이에 연연해하고 있어서, 풍연의 말처럼 순정하고 곧지는 못하다.

광무제는 비록 전쟁 중에 있더라도 도리어 예악(禮樂)에 관한 일을 잊지 않았는데, 고조는 천하가 평정된 이후에도 도리어 육가(陸賈)를 욕했다.[211] 이로써 진시황의 분서(焚書)가 가져온 화(禍)가 왕망이 육예(六藝)를 외우며 자기의 간사한 말을 문식한 죄악[212]보다 더 참혹함을 알 수 있다.

광무제가 조서(詔書)를 내려 말하기를,
"백이(伯夷)와 숙제(叔齊)는 주나라의 곡식을 먹지 않았고, 태원(太原)의 주당(周黨)은 짐의 봉록을 받지 않았다."[213]

210 일을……있다 : 나관중의 《삼국연의(三國演義)》에 나온다.

211 고조는……욕했다 : 육가(陸賈)가 고조를 섬기면서 《시》·《서》를 자주 말하자 고조가 그를 꾸짖기를 "네 임금은 말 위에서 천하를 얻었으니, 어찌 《시》·《서》를 일삼겠는가."라고 하였다. 이에 육가가 말하기를 "말 위에서 얻었다고 어찌 말 위에서 다스릴 수 있겠습니까?"라고 하였다. 《史記 卷97 陸賈列傳》

212 왕망이……죄악 : "옛날 진나라 때《시》·《서》를 불태우고 사사로운 의론을 세어놓았지만, 왕망은 육예를 외우며 자기의 간사한 말을 문식하였다. 방법은 달랐지만 같은 결과를 가져와 모두 이로써 멸망하였으니, 모두가 성왕께서 내쳐 없애는 바이다." 라는 말이 《한기3》〈회양왕(淮陽王) 경시 원년〉에 보인다.

213 백이(伯夷)와……않았다 : 주당은 왕망이 황위를 찬탈하자 병을 핑계로 두문불출하였다. 뒤에 광무제가 즉위하여 불렀으나 끝내 민지(黽池)에 은거하였다. 인용한 글은 《후한서》 권113 〈일민열전(逸民列傳)〉에 보인다.

라고 하였다. 주당의 행동이 어찌 경시제(更始帝)가 황위에 끝까지 남지 못한 것을 불쌍히 여기고 광무제가 스스로 황위에 오른 것을 비난한 것이 아니겠는가?

왕량(王良)은 공손하고 검약하였으니 가히 어질다 말할 만하다. 그러나 그 친구의 말인즉 한 수 위이다.[214]

애석하구나. 양자(揚子 양웅)가 "노(魯)나라에 대신(大臣)이 있는데, 사가(史家)가 그 이름을 잃어버렸다."[215]라고 한 것은 이들과 같은 부류를 두고 한 말이런가.

공손술(公孫述)[216]은 재물을 뿌려 군사를 길렀으나, 때는 이미 늦었다. 하지만 그래도 목숨을 내놓겠다는 병사 5천 명을 얻어 오한(吳漢)을 습격한 끝에, 몰래 배를 마련하여 도망치게 하는 지경으로까지 만들

214 왕량(王良)은……위이다 : 왕량은 관직에 있을 때 청렴하여, 그 처자가 관사에 들어오지 않았으며 무명 이불을 덮고 질그릇을 썼다. 한번은 조정의 부름을 받고 가던 중에 친구의 집을 방문하였는데, 그 친구가 "충성스러운 말이나 기이한 계책도 없이 높은 자리를 차지하려고만 하다니, 어쩌면 그렇게도 구질구질하게 거리낌 없이 왔다 갔다 한단 말인가."라고 비난하며 내쳤다. 《後漢書 卷14 王良傳》

215 노(魯)나라에……잃어버렸다 : 양웅은 《법언》에서 "예전에 제나라와 노나라에 대신이 있었는데 사가(史家)가 그 이름을 잃어버렸다. 무엇 때문에 대신이라고 하는가? 숙손통(叔孫通)이 군신 간에 지켜야 할 예법을 제정하려고 제·노의 땅에서 선생들을 초빙하였는데, 그중 두 사람은 모셔오지 못하였다."라고 하였다. 즉 숙손통이 데려오지 못한 두 선비를 양웅이 대신이라고 칭하며 높이 평가했던 것이다.

216 공손술(公孫述) : 공손술은 왕망이 신을 세웠을 때 스스로 촉왕(蜀王)이 되어 성도(成都)에 도읍하고는 천자라고 칭하였다가, 광무제가 보낸 오한(吳漢)에 의하여 멸망하였다. 《後漢書 卷13 公孫述傳》

었다.[217] 만약 공손술이 일찌감치 군사를 길러 보듬었다면, 오늘과 같은 일이 벌어졌을 시 그 성패(成敗)가 어찌 되었을지 알 수 없다. 이것이 바로 악의(樂毅)가 하루에 이틀 갈 길을 걸어가며 제(齊)나라로 달려간 이유이다.[218]

"왕(王)이라는 작위(爵位)는 신하에게 봉할 수 있는 것이 아니다."

주호(朱祜)의 이 말은 맞지만 다 훌륭하지만은 않다.[219] 성인이 오작(五爵)을 두었을 때, 천자가 왕작(王爵)이었고 공작(公爵)·후작(侯爵)이 그 다음이었다.[220] 황제라는 명칭은 망한 진(秦)나라 때부터 시

217 공손술(公孫述)은……만들었다 : 오한의 군사에게 거듭 패하자 공손술은 재물을 모두 뿌려 목숨을 내놓겠다는 병사 5000명을 모집하여 연잠(延岑)에게 주었다. 연잠은 저자 다리에 거짓으로 깃발을 꽂아 놓고 북을 울리며 도전하는 체하고는, 몰래 기습병을 오한의 군대 뒤로 파견하여 습격한 끝에 오한을 대파하였다. 오한은 물에 빠져 말 꼬리를 잡고서 겨우 빠져나왔다. 이때 오한의 군사에게는 7일의 양식밖엔 남지 않아서, 몰래 배를 마련하여 도망치려고 하였다.《後漢書 卷13 公孫述傳》

218 이것이……이유이다 : 아래 사람으로서 윗사람에게 은혜를 입으면 목숨을 바쳐서라도 갚는다는 뜻이다. 연 소왕(燕昭王)은 제나라에 복수하기 위해 곽외(郭隗)가 시키는 대로 대(臺)를 지어서 그 위에 천금을 쌓아 놓고 천하의 어진 선비를 초빙하였는데, 이렇게 해서 얻은 장수가 악의(樂毅)였다. 악의는 연·조·초·한(韓)·위의 연합군을 거느리고 강대한 제나라를 쳐서 70여 성을 빼앗고 그 공으로 창국군(昌國君)에 봉해졌다.

219 왕(王)이라는……않다 : 주호(朱祜)는 광무제를 도와 후한을 세우고 나라의 기반을 다지는 데 많은 공적을 남겼는데, 안제(安帝)와 이름이 같아 피휘하여 주우(朱祐)라고 하였다. 그가 광무제에게 일찍이 상주하기를, "옛날에 신하를 봉할 때 '왕'이라는 작위[王爵]를 더한 적이 없으니, '제왕(諸王)'을 '공(公)'으로 바꾸는 것이 좋겠습니다."라고 하였다.《後漢書 卷13 公孫述傳》

220 성인이……다음이었다 : 선진시대에는 '천자'나 '황제'라는 개념이 없었으므로 왕

작되었으니, 법도로서 인습할 만한 것이 못 된다. 그런데 이것이 잘못된 것임을 알고서도 옛 제도를 다 회복하지 못한 탓에, 왕작이 마침내 폐지되고 성인의 제도가 문란해졌다.

태자가 아무리 총명하고 아는 것이 많다 하여도 국가의 정사(政事)와 위로 대신들이 하는 일에 이르기까지는 태자가 관여할 바가 아니다. 만약에 계책이 있거든 응당 궁중에서 틈을 보아 아뢰어야지, 넓은 조정에서 많은 사람들이 의논하는 날 커다란 계책을 세움으로써 공경(公卿)들의 의론에 간섭해서는 안 된다. 진 시황의 갱유(坑儒)와 같은 일의 경우, 나라의 존망(存亡)이 걸린 사안임에도 진(秦)의 뭇 신하들 중 한 사람도 이 일에 대해 말하는 자가 없어서 부소(扶蘇)가 부득이하게 간언했지만, 흉노와 화친(和親)하는 일의 경우, 나라의 안위가 걸린 일도 아니며 현신(賢臣)과 명장(名將)들이 그 방편을 논의하고 있던 중인지라 태자가 급급해하며 나설 일이 아니었다. 더구나 그 계책이 반연(班椽)보다도 못하지 않았던가?[221]

이 곧 천자였다. 후대에 천자가 생겨나자 봉작에 왕작(王爵)과 공・후・백・자・남(公・侯・伯・子・男)의 오작이 생겨났다.

221 흉노와……않았던가 : 여기서 거론한 것은 광무제 때의 일인 듯하다. 따라서 태자라고 지칭한 것은 후에 명제(明帝)가 된 유장(劉莊)이고, 반연(班椽)은 보통 반고(班固)라고 여기지만 반고가 활약했던 시대를 살펴보건대 이러한 사실(史實)을 찾을 수 없는 바, 일찍이 사도연(司徒掾)을 지냈던 반고의 부친 반표(班彪)를 가리킨다고 보아야 타당하다. (반고가 주로 활약했던 것은 명제 때부터 화제(和帝) 때까지이다. 명제 당시 태자는 후에 장제(章帝)가 된 유달(劉炟)인데, 그는 네 살 때 태자가 되어 열여덟 살에 등극했으므로 사실상 태자로 있으면서 황제에게 간언할 만한 기회가 없었다. 장제 당시 태자는 후에 화제가 된 유조(劉肇)인데, 그 역시 네 살 때 태자가 되어 열두 살에

명제(明帝)는 서역으로 사신을 파견해 불교와 불서, 그리고 사문(沙門)을 구해 오게 했다.[222] 후에 이적(夷狄)이 중국을 어지럽힌 것은 대개 여기서 근거하였다. 《서경》에 이르기를, "선왕께서 처음으로 인륜을 닦았다."[223]고 하였는데, 지금 인륜을 닦지는 못한다손 치더라도 어찌 차마 처음으로 어지럽힐 수 있단 말인가. 명제는 이에 그 시호(謚號)를 욕보이고 말았구나.[224]

《강목》에서 이 일을 대서특필하지 않은 것을 늘 이상하게 생각해왔는데, 후에 《사계집(沙溪集)》을 보니 역시 말하기를 이 해에 홍수가 나고 일식이 있었다고 하였으니,[225] 모두가 음(陰)이 성하고 양(陽)이

황제에 등극했으므로 간언할 만한 나이가 아니었다.) 건무(建武) 27년(51)에 북흉노가 처음으로 사신을 보내 화친을 청하자 광무제가 군신들에게 정의(廷議)할 것을 명했는데, 당시 황태자로 있던 유장(劉莊: 明帝)이 말하기를, "남흉노가 이제 막 귀부한 터에 만약 북흉노의 청을 받아들이면 남흉노가 의심하며 사단을 일으킬지 모른다."라고 하면서 반대하였다. 광무제는 태자의 의견을 받아들여 화친을 거절하였다. 이때 반표도 〈주의답북흉노(奏議答北匈奴)〉라는 글을 광무제에게 올려 북흉노와의 화친을 반대하였다.

222 명제(明帝)는……했다 : 명제는 채음(蔡愔)과 진경(秦景) 등을 천축국에 보내 불법을 구하였고, 영평(永平) 10년(67)에 사문 섭마등, 축법란 등을 낙양에 데려와 백마사(白馬寺)를 세우고 중국에 불교를 전파하였다.

223 선왕께서……닦았다 : 《서경》 〈이훈(伊訓)〉에 보인다.

224 명제는……말았구나 : '명제(明帝)'라는 시호에서 '명'의 뜻, 즉 현명하다는 뜻을 욕보였다는 말이다.

225 《사계집(沙溪集)》을……하였으니 : 김장생의 《사계선생유고》 권10 〈송시열록(宋時烈錄)〉에 "주희 《강목》에서 명제가 중국에 불법을 들여와 성인의 도를 어지럽힌 것을 대서특필하지 않은 것을 이상하게 여겼다."라는 말이 보이지만, 홍수와 일식에 관한 기록은 찾지 못하였다.

미미해진 현상이었다.

자고로 극악한 간신이 임금 옆에 있는데 장수가 성공하는 법이란 없었거늘, 무후(武侯 제갈량)처럼 현명한 사람이 어찌 이런 것을 생각지 않고서 먼저 황호(黃皓)[226]를 없애지 않고 몇 년씩이나 계속 병사를 거느리고 바깥에 거함으로써 황호로 하여금 더욱 거리낌 없이 굴게 하였던 것일까? 참으로 의심스러운 듯 보인다. 몇 년 전에 누군가를 위해 무후의 유상(遺像)에 글을 지어 이렇게 읊었다.

갑옷 입힌 말을 타고 기산에 오르기를	介馬祈山
오고 가고 오고 가고를 반복하였는데	旣往旣來
외적의 침략은 막을 수 있었지만	外侮可禦
나라 안이 어두워진 것은 그 누가 열어줄까	內昏孰開
공은 너무 일찍 밖으로 나옴으로 말미암아	繇公早出
학문으로 그 재주를 채우지 못하였네	學未充才
애석해라, 조금만 더 늦추어	惜不少遲
그 재주 노성하게 하지 못하였음이여	以老其材

이는 대개 그의 학문이 지극한 경지에 이르지 못한 것을 한스러워한 것이다.

그러나 근자에 다시 생각해 보니 무후는 이렇게 논해서는 안 되었다. 무후의 생각인즉 적은 하루도 토벌하지 않을 수 없는데 황호는 하루아

226 황호(黃皓) : 촉나라의 환관으로, 결국 촉나라의 멸망을 재촉한 인물이다.

침에 제거할 수 없으며, 게다가 후주(後主 유비의 아들 유선(劉禪)) 자체가 어둡고 어리석으니, 비록 황호를 제거한다 해도 또 다른 황호가 나오지 않을 줄 누가 알겠는가? 그리하여 세 명의 신하를 천거하여 안에서 후주를 바로잡고 보좌하는 책임을 맡기고[227] 자신은 적을 토벌하는 의(義)를 책임진 것이다. '비록 성공할지 실패할지, 이로울지 불리할지 미리 알 수는 없지만, 온갖 정성 다하여 나라를 위해 몸을 바쳐서 죽은 뒤에 그만둘 것이요.'[228]라고 하였으니, 무후의 뜻은 전후로 올린 두 편의 표문(表文)을 보면 알 수 있다. 이에 전에 했던 말이 경솔했음을 깊이 후회하고 이윽고 그 원고를 불태워 버렸다.

역사를 쓰는 사람은 다만 그 사실을 기록할 뿐, 그 당시의 형세나 효상(爻象 형상이나 형적(形跡))처럼 사실 바깥에 있어 기록할 수 없는 것들은 일단 생략하고 후인을 기다리면서 말없이 속으로 기억해 두어야 한다.[229] 역사를 보는 사람 역시 반드시 그 사실에 근거하여 그 당시 형세라면 응당 이처럼 해야 했구나, 이처럼 해서는 안 되었구나 하고 헤아려야 하니, 그러한 연후라야 득실(得失)을 절로 이해할 수 있다.

227 세……맡기고 : 제갈량은 북벌에 나서면서 비의(費禕)·곽유지(郭攸之)·동윤(董允)를 남겨 궁중의 일을 총괄하게 했다.

228 비록……것이요 : 제갈량이 후주 유선에게 올린 〈후출사표(後出師表)〉에서 "온갖 정성을 다하여 나라를 위해 몸 바쳐서 죽은 뒤에 그만둘 것이요, 성패와 이둔(利鈍)은 미리 헤아릴 바가 아니다."라고 하였다.

229 말없이……한다 : 공자가 "말없이 속으로 기억해 두며, 배우기를 싫어하지 않으며, 사람 가르치기를 게을리하지 않는 이 세 가지 중에 어느 것이 나에게 있는가.〔默而識之 學而不厭 誨人不倦 何有於我哉.〕"라고 말한 내용이 《논어》〈술이(述而)〉에 나온다.

이엄(李嚴)과 마속(馬謖)의 일[230] 같은 것도 얼핏 보아서는 의심스러운 바가 없지 않아 보이지만, 그 당시 형세를 자세히 궁구해 보면 그렇게 하지 않을 수 없었던 이유가 있다. 이엄은 본래 교활한 자인데, 조서를 거짓으로 꾸며 군사를 방해하는 일이 반드시 죽여 용서받지 못할 죄임을 어찌 모르고서 함부로 그런 일을 저질렀겠는가? 오직 후주(後主)가 어둡고 어리석어 측근의 아부하는 자들이 권력을 쥐고 있음을 깊이 알았기에, 안팎으로 결탁하고 여러 통로로 뇌물을 먹여 천지를 뒤흔들 만큼의 권력을 손에 넣은 연후에야 감히 이런 짓을 했던 것이다. 이때 무후는 이미 군대를 철수하고 국내에 들어와 있었으니, 이엄의 생사는 무후가 감히 자기 맘대로 결정할 수 있는 것이 아니었다. 그래서 반드시 후주에게 아뢴 후에야 행할 수 있었는데, 이엄을 죽이는 일은 또한 후주가 해낼 수 있는 바가 아니었다. 형세가 이와 같았으니, 이엄을 폐하여 재동(梓潼)으로 쫓아 보낸 것 또한 무후가 휘둘리지 않고 법을 시행한 한 가지 단서요, 무후가 아니었으면 아마도 해낼 수 없는 일이었을 것이다. 만약 무후가 군대에 있을 적에 이엄의 거짓을 발견했다면, 반드시 격문(檄文)을 보내 이엄을 소환한 다음 마속과 똑같이 그 죄를 성토하고 죽였을 것임에 의심할 여지가 없다.

230 이엄(李嚴)과……일 : 제갈량은 위나라와 전쟁할 때 부장 마속(馬謖)이 가정(街亭)에서 지시를 따르지 않다가 패하자 눈물을 흘리며 마속을 참형에 처하고서 그 후손들을 거두어 주었다. 이엄은 제갈량의 2차 북벌 시 군수 물자의 공급을 책임지고 있었는데, 책임을 방자히 하여 공급에 차질을 빚음은 물론, 황제(즉 후주)의 칙서를 위조하여 철군을 명령했다. 제갈량이 정말로 철군해서 돌아오자, 다시 거짓으로 아뢰어 국정을 농단하려 하였다. 이러한 사실을 눈치챈 제갈량은 이엄을 탄핵하는 상주문을 올려 결국 그를 서인으로 강등시키고 재동으로 유배 보냈다.

천하에는 단 하루라도 제통(帝統)이 없을 수 없다. 당시에 만약 소열제(昭烈帝 유비)가 없었다면, 조비(曺丕)가 비록 찬탈(簒奪)로써 나라를 얻는다고 하여도 그 사람이 악하다는 이유로 그 계통을 끊을 수는 없는 것이다. 사마공(司馬公 사마광)이 말하기를,

"진(秦)나라가 멸망하자 한(漢)나라가 이어받았고, 한나라가 망하자 위(魏)나라가 받았다. 소열제가 비록 중산정왕(中山靖王)의 후예라고 말하고 있으나, 혈통이 전해진 순서가 불분명하여, 후당(後唐)이 오왕(吳王) 이각(李恪)의 후예라고 말하는 것과 다르지 않다. 그러므로 감히 함부로 정통으로 귀속시켜서는 안 된다."[231]

라고 하였는데, 이는 일시적인 잘못된 견해일 따름이다. 그의 소견이 기왕에 이와 같았으니, 촉한(蜀漢)의 정통을 빼앗아 위(魏)나라에 준 것 또한 어찌 족히 깊이 탓할 만하겠는가? 주자(朱子)께서 《강목(綱目)》을 지으신 뜻도 대개 이러한 것에 기인한 것이다. 그러나 그것이 지극히 공정하고 사사로움 없는 마음에서 나온 것인즉 《통감강목》과 마찬가지이다. 지극히 공정했으나 다 훌륭할 수 없었던 것은 다만 소견이 미치지 못했기 때문이니, 깊이 탓할 수 없다.

죽림칠현(竹林七賢)[232]은 뜻과 절개가 매우 높았으니, 대개 위나라

231 소열제가……된다 : 《통감절요》 권24에 "소열과 한나라의 관계는 비록 중산정왕의 후예라고 말하고는 있으나 친족 관계가 소원하여 몇 대(代)인지 항렬이 어떻게 되는지 알 수 없으니, 남당의 열제가 오왕 각의 후예라 칭한 것과 마찬가지로 그 시비를 구별하기 어렵다."는 내용이 보인다. 중산정왕은 유승(劉勝)으로 경제의 아들이자 무제의 이복형이다. 소열제 유비는 유승의 후손을 자처하였다. 남유용은 여기서 '후당'이라고 적고 있으나, 사마광의 본문과 대조해 볼 때 '남당'이 되어야 옳다.

가 망한 후에 진(晉)나라에서 벼슬하고 싶지 않아서 술에 뜻을 의탁한 채 깊이 자취를 감추고서 스스로 방달하게 살았을 뿐이다. 사영운(謝靈運)과 같은 자는 기왕에 송(宋)나라에서 벼슬하며 한 세대를 보내놓고, 죽을 무렵이 되어서야 "한(韓)나라가 망하자 장자방(張子房)이 분발했다."[233]라고 하였으니, 그 누가 그를 슬퍼해 줄 것인가.

옛날 사인(士人)의 마음을 잘 얻은 이로 한나라에 전횡(田橫)[234]이 있고, 위나라에 제갈탄(諸葛誕)이 있었다. 제갈탄이 수춘(壽春)에서 패했을 적에, 휘하 수백 명이 두 손을 마주 잡고 줄지어 섰는데, 한 사람의 목을 벨 때마다 항복을 권유했으나 끝까지 얼굴색 하나 변하지 않으면서 모두 나아가 죽었다.[235] 사인의 사력(死力)을 얻지 않고서야

232 죽림칠현(竹林七賢) : 위나라 말 노장 사상에 심취하여 청담(淸談)을 일삼았던 일곱 명의 지식인. 완적(阮籍) · 혜강(嵆康) · 산도(山濤) · 상수(向秀) · 유령(劉伶) · 완함(阮咸) · 왕융(王戎)을 가리킨다.

233 사영운(謝靈運)과……분발했다 : 이 구절은 〈자서(自敍)〉에 나온다. "한나라가 망하자 장자방이 분발했고, 진나라가 칭제하자 노중련이 부끄러워했네."라는 구절 때문에 반역의 뜻이 있다 하여 필화를 입었다.

234 전횡(田橫) : 고조가 천하를 통일한 후 제(齊)의 토호였던 전횡을 회유하기 위해 불렀는데, 전횡이 낙양 근처까지 와서 자살하자 그를 따르던 객과 섬에 남아 있던 500여 명이 모두 자살하였다.

235 제갈탄이……죽었다 : 사마소(司馬昭)가 가충(賈充)을 보내 수춘(壽春)에 이르러서 제갈탄을 보고 선위(禪位)할 일을 의논하니 제갈탄이 말하기를 "경은 가예주(賈豫州)의 아들이 아닌가? 대대로 위나라의 은혜를 받았는데 어찌 사직을 남에게 넘겨줄 수 있는가." 하였다. 뒤에 거사하였으나 실패하여 피살되었다. 부하 수백 명이 항복하지 않은 죄로 참살을 당하면서 모두 말하기를 "제갈군을 위하여 죽으니, 한이 없다." 하고 두 손을 마주 잡고 죽 늘어서서 차례로 나아가 참살되었는데, 얼굴빛을 변하지 않은

이렇게 될 수 있었겠는가? 가히 거느림에 능하다고 이를 만하다.

시호는 산 사람에 대한 호칭이 아닌데 온공(溫公)의 《자치통감》에서는 시호를 훙(薨)하다, 졸(卒)하다 앞에 썼으므로 주자는 옳지 않다고 여겼다. 이런 이유로 《강목범례(綱目凡例)》에서 '지금 모두 바로잡았다.'라고 한 것이다. 그러나 간행본을 보면 양 문혜(梁文惠), 양 문헌(梁文獻), 광평 문정(廣平文貞), 분양 충무(汾陽忠武)와 같은 부류는 모두 시호로 적고 있다. 이와 같은 것들이 매우 많아서 왕씨(汪氏)는 그것이 오류가 아닌지 의심하였다.[236]

삼가 〈인사례(人事例)〉를 살펴보니, "현자는 아무 관(官), 아무 작(爵), 성명(姓名), 졸(卒) 순서로 적는다."[237]라고 하였고, 시호는 주석으로 달았다. 또 말하기를, "현자가 아니라면 시호가 헛되이 기리는

채 모두 순순히 죽었다. 《三國志 卷28 魏書 諸葛誕傳》

236 왕씨(汪氏)는……의심하였다 : 왕씨는 왕극관(汪克寬)을 말한다. 그가 지은 《강목범례고이(綱目凡例考異)》에 보면 "(강목에서 말하기를) '시호는 산 자에 대한 호칭이 아니다. 그런데 《통감》에서 '훙(薨)'과 '졸(卒)' 자 앞에 시호를 붙인 것은 옳지 않다. 지금 바로잡는다. 그러나 현자가 아니라면 헛되이 기리는 칭호가 될 것이니, 또한 취할 바가 없으므로 더 이상 시호를 쓰지 않았다.'라고 하였다. 그런데 지금 간행본을 보면 양 문혜공(梁文惠公) 적인걸(狄仁傑), 양 문헌공(梁文獻公) 요숭(姚崇), 허 문헌공(許文憲公) 소정(蘇頲), 광평 문정공(廣平文貞公) 송경(宋璟), 무목왕(武穆王) 이광필(李光弼), 문간공(文簡公) 양관(楊綰), 분양 충무왕(汾陽忠武王) 곽자의(郭子儀)……등을 모두 시호로 적고 있다."라고 하면서 의심하였다.

237 현자는……적는다 : 《자치통감강목》 범례의 〈인사례(人事例)〉에서는 "재상은 졸(卒), 현자(賢者)는 모관 모작 성명 졸(某官某爵姓名卒), 보통 사람은 작위도 쓰지 않고 성도 쓰지 않는다."라고 하였다.

칭호가 될 것이니, 또한 취할 바가 없으므로 더 이상 시호를 쓰지 않는다."라고 하였다.

몰래 생각해 보건대, 주자의 의례(義例)는 매우 지엄하며, 지금과 세대가 그다지 멀리 떨어져 있지도 않은데 어찌 오류가 이처럼 심각할 수 있겠는가? 게다가 목(目)에서 시호를 썼으면 강(綱)에서는 쓰지 않았고, 강에서 시호를 썼으면 목에서는 쓰지 않았으니, 위에 나온 몇몇 공과 같은 현자의 경우라도 역시 마찬가지였는 바, 그것이 간행본이 잘못 전한 것이 아님이 분명하다. 내 생각으로, '훙(薨)하다'나 '졸(卒)하다' 앞에 시호를 붙인 것은 먼저 시호를 정하고 나서 뒤에 장례를 치렀기 때문인 듯하다. 일단 이렇게 적어 두고 후에 변별해 줄 자를 기다린다.

적자(嫡子)로 후사를 세우는 것은 나라를 가진 자의 일상적인 법도이니, 이를 바꾸는 것은 난이 일어나는 원인이다. 송(宋)나라 소헌후(昭憲后)가 태조(太祖)에게 고했던 말은 춘추시대 송 선공(宣公)이 나라를 어지럽히게 된 원인이자[238] 《춘추》에서 깊이 비난하던 바이므로 태조가 이를 허락한 것은 옳지 않았다. 조보(趙普)는 이에 대해 간쟁하지 못하고 또 스스로 서약서를 썼으니,[239] 이는 임금을 악에 빠트린

238 송 선공(宣公)이……원인이자 : 춘추시대 송나라 선공이 죽을 때 아들 여이(與夷)를 두고 아우 목공(穆公)을 세우니, 목공이 또한 죽을 때 그의 아들 풍(馮)을 정(鄭)으로 내쫓고 여이를 세웠다.

239 송(宋)나라……썼으니 : 소헌후(昭憲后)는 송 태조 조광윤(趙匡胤)과 태종 조광의(趙光義)의 모후이다. 임종하기 전 개국공신이자 승상으로 있던 조보(趙普)를 불러 유명을 받들게 하고, 태조에게 황위를 아들이 아닌 동생 조광의에게 물려줄 것을 당부하

것으로 그 죄는 죽음으로도 용납할 수 없다. 후에 태종이 진왕(秦王)을 후사로 세우고자 하자 조보가 말하기를, "폐하께서 어찌 다시 잘못하실 수 있습니까?"[240]라고 하였으니, 조보는 이에 송나라 사직을 안정시킨 공을 세우게 되었다. 그렇지 않았다면 송나라의 난은 발꿈치를 들고 기다릴 수 있었을 것이며, 오계(五季 오대(五代))의 연속이 되지 않을 가능성은 희박했을 것이다.

후세 사람들이 그 죄를 가지고 조보를 탓하지 않고 그 공을 가지고 조보를 탓하는 것은 다스려지고 어지러워지는 이유에 밝지 못하기 때문이다. 내가 생각하기에 조보는 충성스러우나 어질지 못한 자이다. 어찌하여 어질지 못하다 하는가? 덕소(德昭)의 죽음을 조보가 구제하지 못했기 때문이다.[241]

> 고려 중엽의 재앙에는 두 가지 단서가 있다. 첫째는 강화(江華)로 천도하여 생령들을 창칼 밑에 버려둔 것이고, 둘째는 원(元)나라 왕비를 얻어와 융적(戎狄)에게 목숨을 제압당한 것이다. 윤상(倫常)을 더럽힌 것이나 불교를 숭상한 것은 여기에 끼지 않는다.

니, 태조가 승낙하였다. 소헌후는 다시 조보에게 침상 아래에서 이를 위배하지 않겠다는 서약서를 쓰게 하여 금갑 안에 숨겨놓았다.

240 폐하께서……있습니까 : 후에 송 태종이 넷째 아우인 진왕(秦王) 조정미(趙廷美)에게 전위할 뜻으로 조보에게 물으니, 조보가 "태조께서 이미 잘못하셨는데 폐하께서 어찌 다시 잘못하실 수 있겠습니까." 하였다. 《宋史·魏王廷美傳》

241 덕소(德昭)의…… 때문이다 : 조덕소는 송 태조의 차남이다. 태종을 따라 유주(幽州)를 공격하러 나갔을 때 밤중에 군중에 난리가 벌어졌으나 태종이 있는 곳을 알지 못하자 누군가가 그를 황제로 옹립하고자 모의했다. 이 말을 나중에 들은 태종은 매우 불쾌했다. 후에 도성으로 돌아온 뒤 덕소가 병사들의 논공행상에 관해 논의하자 태종은 "그대가 황제가 된 다음에 논공행상해도 늦지 않다!"라며 역정을 냈다. 조덕소는 퇴조한 후 자살하였다.

뇌연집

제17권

서 書

제문 祭文

서書

춘방[1] 제학사들에게 드리는 답장
答春坊諸學士

심부름꾼을 통해 멀리서 안부를 물어주신 덕분에 여러분 모두 청아하고 편안하게 지내고 계심을 알게 되었으니, 위로와 감사의 마음 한량없습니다.

보여드린 책자는 애당초 사서(史書)를 편수한다고 스스로 갖다 붙인 것이 아니라, 다만 이전의 기록에 근거하여 번잡한 것을 없애고 간략한 데로 나아가, 개인적으로 상고하고 열람하는 데 편의를 기하고자 한 것일 뿐입니다. 그런데 뜻밖에도 성청(聖聽)에 그만 잘못 들어가는 바람에 다시 베껴 적어 바치라는 명령이 내려오기에 이르렀으니, 부끄럽고 송구스러워 어찌 할 바를 모르겠습니다. 지금 비록 거칠게나마 편질(編帙)이 완성되기는 하였으나 아직도 미처 보완 수정 작업을 마치지 못한 것들이 있으며, 초본을 베껴 적는 사이에 또한 바뀐 글자나 착간(錯簡 편장(篇章)의 순서가 잘못된 것)이 많아 반드시 깨끗이 한번 정리하는 과정을 거쳐야만 바야흐로 완성본이 될 수 있습니다. 그러나 공사

1 춘방 : 세자시강원(世子侍講院)을 달리 부른 것이다.

(公私) 간에 근심과 잡일에 얽매여 아직 점검하지 못하고 있습니다. 두 번 세 번 부르심을 받고 있는 처지에 줄곧 시일만 끄는 것이 온당치 않다는 것을 모르지는 않으나, 이 초고를 가지고 성상의 눈을 감히 더럽히는 것은 또한 몹시도 황공한 일입니다.

또 엎드려 생각건대 하읍(下邑)에서 대죄(待罪)하고 있으면서 사서를 바치는 것은 그 사체(事體)가 가볍지 않아 함부로 해서는 안 될 터, 조만간 조정으로 돌아갈 때를 기다렸다가 다시금 며칠 동안 정리 정돈하고 수식과 윤문을 가함으로써 체례(體例)를 갖추어 바쳤으면 합니다.

이 책이 한번 출간되어 세상에 돌아다니게 된다면 한 시대의 사실을 이 책에서 확인하게 될 것이므로 경솔하게 할 수는 없습니다. 원컨대 여러분들께서 저의 구구하나마 신중하게 하고자 하는 뜻을 조금 양해해 주시어, 후일 주연(胄筵)에서 다시금 이 책에 관해 물어오시는 일이 있거든 잘 좀 아뢰어주십시오. 그리하여 서두르느라 일을 망쳤다는 탄식이 나오지 않을 수 있게 해주시는 것이 어떠하겠습니까?

서군수[2] 명응 에게 드리는 답장
答徐君受 命膺

허리와 다리가 아파서 잘 걷지를 못하는 통에 한 번 찾아갈 길조차 막혀 그저 그리워하는 마음만 간절합니다. 먼저 보내주신 편지를 받들고서 근자에 봄을 맞이하여 기거 평안함을 알게 되었으니, 위로와 감사의 마음 한량없습니다. 보내주신 옥고를 앉아서나 누워서나 거듭 펼쳐보면서 덕분에 병조차 잊고 지내니, 제게 주신 덕택이 실로 많습니다.

옛날 이저촌(李樗村)[3]은 도리(道理)에 관해 말하는 것을 좋아했으나 문자에 드러난 것인즉 호사(豪士)의 풍모를 가리지 못하였으며, 조동계(趙東溪)[4]는 세상을 경륜(經綸)하는 일에 관해 말하기를 즐겼으나 붓만 들었다 하면 문인의 버릇에서 벗어나지 못하였습니다. 두 공이 살아계실 적에 늘 이런 말로 서로 놀리곤 하였지요. 족하(足下 편지의 2인칭)의 글의 경우, 그 성대한 뜻이 가리키는 바를 추적해보건대 대개

2 서군수(徐君受) : 서명응(徐命膺, 1716~1787). 본관은 달성. 자는 군수(君受), 호는 보만재(保晩齋)·담옹(澹翁)이다. 예조참판·홍문관 대제학 등을 역임하였다.

3 이저촌(李樗村) : 서명응의 《보만재집(保晩齋集)》 권1에 〈이저촌 연섭 에게 바치다〔呈李樗邨 延燮〕〉라는 시가 있어 저촌이 이연섭(李延燮)임을 알 수 있을 뿐, 나머지 사항은 자세히 알 수 없다.

4 조동계(趙東溪) : 조귀명(趙龜命, 1692~1737)을 말한다. 본관은 풍양, 자는 보여(寶汝)·석여(錫汝), 호는 동계(東溪). 음사로 출사해서 태인 현감과 세자익위사 익위 등을 지냈다.

의리(義理)에 근본을 두고 경륜을 포괄하여 문장을 짓고자 하는 듯하였습니다.

이 세 사람에게는 필시 치우친 장점이 있을 터이거늘, 안타깝게도 제게 보는 눈이 없어 무슨 말로써 받들어 평해야 바야흐로 십분 타당한 정론(定論)이 될 수 있을지 모르겠기에, 오래도록 붙잡아 놓고서 감히 답하지 못하고 있습니다. 문편(文編)은 이미 숙독하였으나 시권(詩卷)은 전혀 읽어보지 못하였으니, 조금 시간을 넉넉히 주심이 어떠하신지요? 일을 마치는 대로 심부름꾼 편에 고스란히 돌려보낼 계획입니다.

서군수[5]에게 드리는 편지

與徐君受

일전에 보내주신 화전(華牋)을 홀연 받들고는 갑자기 색다른 일로 마음이 동요되는 듯한 느낌이 들었습니다. 단비가 막 개었는데, 영감께서는 기체 만강하시겠지요.

보내온 원고 7책(冊)을 고스란히 돌려드립니다. 고인의 문장은 학문(學問)과 경륜(經綸)을 벗어나지 않으며, 여기서 벗어난다면 문장이라 할 수 없습니다. 그러나 붓을 쥔 사람 중에 능히 시무(時務)를 경영할 수 있는 자는 대개 흔히 보이지 않고, 능히 본원(本源)에서 헤엄칠 수 있는 자는 또 더욱 드뭅니다. 그런데 족하(足下 편지의 2인칭)가 지은 글들은 다만 문사만 화려한 데 그치는 것이 아니라,[6] 붓끝에 드러난 내용의 편단 편단이 모두 쓸모 있는 것들이었으니, 어찌 흠송(欽誦)함을 이길 길 있겠습니까? 글을 구상한 것이나 말을 엮은 것이나, 비록 고의(古義)에 모두 부합한다고 감히 말할 수는 없지만, 경서(經書)에 대해 설명하고 정사(政事)를 논한 7, 8책(策)인즉 흉중에서 곧장 터져 나와 기맥(氣脈)이 두루 통하고 정신이 환히 빛을 발하였으니, 비록 '치밀한 옥 술잔에 울창주를 담으면 단 한 방울도 새지 않는다'[7]는 말에

5 서군수 : 서명응(徐命膺). 241쪽 주2 참조.

6 다만……아니라 : 원문에는 '非直詞華己者'라고 되어 있으나 문맥으로 보아 '己' 자는 '已' 자가 되어야 하기에 고쳐 번역한다.

7 치밀한……않는다 : 《시경》 〈한록(旱麓)〉에 "치밀한 저 옥잔에 누런 울창주가 들어

비유한다고 해도 과한 말은 아닐 것입니다.

앞으로 더욱 갈고 닦아 유속(流俗)에 꺾이지 않는다면, 고인의 사업인들 어찌 도달하기 어렵겠습니까? 기대하고 바라는 마음이 깊어 저도 모르게 망령되이 품(品)을 논의하는 말을 하였기에, 부끄러워 땀이 다 납니다.

있네. 화락한 군자여 복록이 내리는 바로다."라는 표현이 보이고, 김창흡의 《삼연집(三淵集)》 권22 〈중구에게 올리려 한 편지[擬上仲舅]〉에 "마치 촘촘한 그물이 못을 두른 것처럼, 가느다란 물고기 한 마리 빠져나가지 못하고, 치밀한 옥잔에 울창주를 담은 것처럼, 한 방울도 새지 않는다"라는 표현이 보인다.

김광중[8] 익 에게 드리는 답장

答金光仲 熤

견보(譴補)[9]는 본디 생각지 못했던 것은 아니었으나 먼 변방으로 급히 차비하고 떠난지라[10] 종복이며 말이며 병이 나서 앓고 있지나 않은지 한창 근심하고 마음 아파하던 차였는데, 인편에 도중에 먼저 보내오신 편지를 받아보고, 처음으로 먼 길 떠나 산 넘고 물 건너는 와중에도 넘어지고 낭패하는 일이 없었음을 대략 알게 되었습니다. 또 서릿발 같은 기세에 몹시 놀란 와중에도 허물을 돌아보고 유익을 구하는 도리를 잊지 않고 있으니, 이는 작은 기쁨이 아닙니다.

신하가 임금을 섬길 때는 오직 몸을 바르게 할 뿐입니다. 하지만 군자가 쓰이고 버려지는 일은 세도(世道)와 더불어 날줄과 씨줄이 되

8 김광중 : 김익(金熤, 1723~1790). 자는 광중(光仲). 호는 죽하(竹下)·약현(藥峴). 응교를 거쳐 대사헌·예조 판서·우의정·영의정을 지냈다.

9 견보(譴補) :《순조실록》3년 계해(1803) 1월 21일 기록에 "견보(譴補)는 천적(遷謫)과 똑같은 것이다."라는 내용이 보인다. 죄로 인하여 관위를 내리고 외진 곳으로 쫓아 보내는 것을 말한다.

10 먼……떠난지라 :《영조실록》40년 갑신(1764) 3월 24일 기록에 보면, "옥당관 홍낙명(洪樂命)·이명식(李命植)·김익(金熤)·이재간(李在簡)·이성원(李性源)·이명환(李明煥)·서명선(徐命善)·윤승렬(尹承烈) 등 8인을 갑산부(甲山府)에 귀양보냈는데, 이틀 길을 하루에 걸어 적소(謫所)에 달려가라고 명하였다."라고 하였다. 이때 인원왕후의 기신(忌辰)이 내일로 다가와 임금이 재계하면서 추모하고 있었는데, 옥당관들이 입직을 서로 다투면서 끝내 들어오지 않아 정원에서 번거롭게 여쭙기에 이르니, 임금이 노하여 분의(分義)로 꾸짖고 이런 명을 내린 것이다.

므로 나아가고 물러나는 일을 스스로 가벼이 해서는 안 됩니다. 지난날 질문을 받고서 어리석은 견해를 대략 바쳤는데, 주장(奏章)을 보니 화살처럼 곧은 언사로 한 자를 굽혀 여덟 자를 곧게 펴는 일[11] 사이에서 다투고 있었습니다. 그 글을 읽고 기운이 상쾌해지면서, 그 말이 마음으로부터 우러난 것임을 알 수 있었습니다. 비록 그러하나 성교(聖敎)로 인해 깊이 인책한 것인즉 과하셨습니다. 당시 성상의 뜻은 오로지 독촉하여 나오게 하는 것에 있어서 사령(辭令)이 어쩌다 보니 너무 박절해지고 말았던 것인데, 족하(足下 편지의 2인칭)는 그저 죄를 깊이 자책하고[12] 뒤이어 바로잡아 규간하는 뜻을 덧붙이면 되었지, 반복해 가며 입증하면서 자신을 위해 시일을 끌고 물러나 피할 여지를 만들어서는 안 되었습니다. 오직 처음 시작할 적에 제대로 도모하지 못하면 후에 시행함에 있어 조금씩 구멍이 보이게 됩니다. 바람에 뱃머리가 조금 흔들려도 거대한 배가 멀리 항해하는 기세에는 방해가 되지 않겠으나, 바람 없는 곳에서 자유롭게 나아가고 물러나는 것만 어찌 같겠습니까?

세상일은 다 궁구하기 어렵습니다. 족하는 아직 한창 왕성한 나이이니, 뜻이 없을까 걱정일 뿐, 떠날 날이 없을까 걱정이겠습니까. 그런데 이런 일로 결연히 떠나신다면, 제가 보기에는 안 될 일인 듯합니다.

11 한……일 : 《맹자》 〈등문공 하(滕文公下)〉에 '왕척직심(枉尺直尋)'이라는 말이 보이는데, 한 자를 굽혀 한 길을 편다는 뜻으로, 의리(義理)를 약간 굽혀 큰일을 이룸을 비유한 것이다.

12 죄를……자책하고 : 원문에는 '頌罪'라고 나와 있으나 '訟罪'의 오류인 듯하여 고쳐 번역하였다. 참고로 《실록》이나 《승정원일기》에 간혹 보이는 '頌罪'에도 대개 '訟罪'로 고쳐 번역한다는 각주가 달려 있다.

족하는 어찌 생각하시는지요?

제가 선(善)을 좋아하는 것은 파옹(坡翁 소식(蘇軾))이 술을 좋아하는 것과 같습니다. 자기는 술을 마실 줄 모르면서 다른 사람이 술잔을 들고 통쾌하게 들이붓는 것을 보면 마치 자기가 마신 듯 흔연히 기뻐지니, 참으로 우스운 노릇이지요. 이만 줄입니다.

누군가에게 주다
與或人

일전에 남쪽 밭[13]에서 족하를 멀리서 보고 기쁜 마음에 다가가 말을 나누고자 하였는데, 족하(足下 편지의 2인칭)는 멈칫멈칫 나를 피하는 것이 마치 부끄러워하는 듯한 낯빛이었습니다. 이는 심히 취할 만한 태도가 못 됩니다. 이윤(伊尹)과 제갈량(諸葛亮)의 사업은 실로 밭두둑에서 시작되었습니다. 만약 족하의 가슴속에 이 두 사람과 같은 뜻이 있다면, 비록 몸소 쟁기와 보습을 쥐고 소 아래에서 밥을 먹는다 하여도 더욱 어질기만 할 뿐, 욕됨이 아닙니다. 비록 그러하나, 근골을 수고롭히고 살갗을 다 드러낸 채 아침저녁 밭 사이에서 살다시피 하며 고생만 하면서 쉴 줄을 모른다면, 이는 이윤과 제갈량의 뜻은 아닐 것입니다.

《춘추(春秋)》에서는 다른 곡식은 기록하지 않고 오직 보리와 벼의 수확이 좋지 않을 때만 기록했습니다. 이로써 성인께서 오곡 중에 보리와 벼를 더욱 중히 여기셨음을 알 수 있지요. 보리를 거둬들이지 못하면 농민들의 식량이 부족해져 부지런히 일할 수가 없기 때문에 가을 벼 또한 장차 먹지 못하게 됩니다. 그러므로 보리란 농사의 시작이며, 벼란 농사의 끝입니다. 경작하고 거둬들이는 시작부터 끝까지, 살피지 않을 수 없습니다.

저는 시골에서 살기 시작한 이래로 농민들과 약조하기를, 봄에 두

13 남쪽 밭 : 일반적으로 전지(田地)를 가리킨다.

번 나와 보리와 벼 파종하는 것을 권면하고, 가을에 두 번 나와 보리를 파종하고 벼를 거둬들이는 것을 살펴보며, 여름에 두 번 나와 양맥(兩麥 보리와 밀) 거둬들이는 것을 도와주기로 하였습니다. 대략 한 해에 여섯 번 밖으로 나오고 나머지 날에는 모두 책을 읽을 수 있으니, 이로써 백성들에게 나의 일도 중요하여 또한 폐하지 않음을 보여주는 것입니다. 책을 읽다가 지겨우면 지팡이를 짚고 유유자적 걸을 수도 있고, 술을 걸러 들판으로 나가 나의 농민들을 위로할 수도 있지요.

동중서(董仲舒)가 말하기를,

> "다급히 재물과 이익을 구하면서 오로지 바닥나고 부족할까 봐 걱정하는 것은 서인(庶人)의 뜻이다. 다급히 인의(仁義)를 구하면서 오로지 백성을 교화하지 못할까 봐 걱정하는 것은 대부(大夫)의 뜻이다."[14]

라고 하였습니다. 선비가 되어서 이익을 구하는 데 급급한 것은 수치스러운 일이지만, 인의 앞에서 대부에게 양보하지 않는 것은 참월(僭越)이 아닙니다. 봄에 경작하는 일을 돌보고 가을에 가을걷이를 돌보던 것은 옛날 천자가 하던 일이거늘, 이로써 감히 선비를 권면하지 않을 수 있겠습니까? 감히 이를 수고롭다고 여길 수 있겠습니까? 이는 이익을 구하는 것이 아니라 경전의 뜻입니다. 하지만 이 일에만 전적으로 매달리면서 책을 읽지 않으면 인의를 잊게 됩니다. 인의를 잊고 이익을 향해 달려가는 것은 서인의 뜻에 그치게 되는 셈이니, 그래서야 되겠습니까?

14 다급히……뜻이다. 《한서(漢書)》 권56 〈동중서전(董仲舒傳)〉에 인용된 〈현량대책(賢良對策)〉에 나오는 말이다.

도자(陶子 도연명(陶淵明))는 시에서 "밭 갈고 씨도 이미 뿌려 놓고서, 때때로 돌아와 나의 책을 읽네."[15]라고 하였으니, 이 구절이 저의 스승이자 이윤과 제갈량의 뜻입니다. 족하는 오직 힘쓰십시오.

15 밭……읽네 : 도잠(陶潛)의 〈산해경을 읽고〔讀山海經〕〉에 나오는 구절이다.

아무개에게 주는 편지
答某人

감사하게도 편지를 보내주셨는데, 칭찬이 지나치게 성대하여 부끄러움 또한 컸습니다. 족하(足下 편지의 2인칭)는 재능〔才〕과 식견〔識〕이 비루한 것을 당세(當世)의 근심이라 여기시면서, 이것을 바로 잡을 방도를 제게 물으셨습니다. 당세를 바로 잡는 일은 저의 책임이 아닙니다. 게다가 족하 같은 분이 지금 상황이 근심스럽다는 것을 알면서 근심스러운 가운데 편안히 거하고 있는 것은, 아는 것이 미치지 못하여서가 아니라 알면서도 기꺼이 고치고자 하지 않기 때문이니, 이것이 바로 지금 상황을 바로 잡기가 더욱 어려운 까닭입니다. 만약 이를 바로 잡는 사람이 있다면, 분명 족하로부터 시작될 것입니다.

재능은 반드시 덕(德)으로써 도와야 하고, 식견은 반드시 배움으로써 보좌해야 합니다. 선비의 우환은 재주와 식견이 부족한 데 있지 않습니다. 선비의 우환은 늘 덕이 순정하지 않고 배움이 바르지 않은 데 있습니다. 선왕(先王) 때는 덕으로써 선비를 가르쳤고, 선비들은 오로지 수기(修己)에 힘썼습니다. 그러나 후세에는 문예(文藝)로써 선비를 선발하고, 선비들은 오로지 남을 뒤좇는 일에만 힘씁니다. 그래서 저는 일찍이 선비들의 덕이 순정해지고 학문이 바르게 서기를 바란다면 반드시 먼저 과거 문장을 없앤 후라야 가능할 것이라고 생각했습니다.

오늘에 살면서 옛날을 본받았던 사람 중에 한자(韓子 한유(韓愈)) 같은 사람이 어디 있었겠습니까? 한자가 어찌 남을 따라 한 자였겠습니까? 그러나 그가 성시(省試)에 응하면서 지은 작품이나 진사(進士)가 되기를 구할 적에 지은 문장들[16]을 보면 대우(對偶)며 변려(騈儷)며 번다하고 부화한 것이 전혀 옛날에 가깝지 않습니다. 아마도 마음이 공명(功名)을 얻는 데 급급하여 마지못해 이런 글을 지었기 때문일 것입니다. 당시 주사(主司 주고관(主考官))들이 취하는 바가 무엇이었는지, 이것으로 미루어 가히 알 수 있습니다. 대저 한자 같은 사람도 되려 시대와 더불어 부앙(俯仰)하였으니, 그 나머지 사람들이야 말할 것이 있겠습니까?

국조에서도 또한 변려문을 숭상하였습니다. 변려문의 작법이란 고문(古文)에 뛰어난 자들이 본래 잘할 수 있는 것이 아닙니다. 오직 자구(字句)를 찾아다 따다 붙이는 일에 뛰어나고, 기우고 붙이는 일에 약삭빠른 자들이라야 잘할 줄 알아 글에 맛이 있습니다. 주사들이 취하는 바인즉 일체 이와 같은 부류인데, 이러한 부류가 다시 이러한 부류를 뽑는지라 이와 같지 않고서는 비록 공자와 주공(周公)에게서 뜻을 취해 오고, 자유(子遊)와 자하(子夏)에게서 문사를[17] 빌려온다고 하여

16 성시(省試)에……문장들 : 당나라 과거는 진사가 되기 위한 1차 관문으로 예부(禮部)의 과거를 치르고, 이를 통과한 사람들이 다시 이부(吏部)의 전형(銓衡) 시험을 치러야 했다. 한유는 예부 과거에는 어렵지 않게 급제했으나 이부 전형에는 번번이 실패하였다. 그가 지은 성시(省試)의 글이란 대개 〈성시 학생을 재랑으로 대체하는 것에 관한 논의〔省試學生代齋郎議〕〉, 〈성시 안자가 두 번 잘못을 범하지 않은 것에 관한 논(省試顔子不貳過論)〉등을 가리킨다. 또 자신을 뽑아달라고 미리 청탁하기 위해 당시 재상에게 수차례 편지를 보낸 바 있는데, 대표적인 것이 재상에게 올린 〈재상에게 올리는 편지〔上宰相書〕〉 세 편과 〈과목에 응하면서 누군가에게 올린 편지〔應科目時與人書〕〉 등이다.

17 자유(子遊)와……문사를 : 자유와 자하는 공자의 제자 가운데서도 특히 문학(文

도 그 선발에 들 방도가 없습니다.

아! 이런 것으로써 덕에 뛰어나고 학문이 넓은 선비를 구한다면 무슨 수로 얻을 수 있겠습니까? 뜻 있는 사람이 혹 이를 부끄럽게 여겨 과거 공부를 하지 않는 것이야 참으로 훌륭하지만, 비록 부모나 가난 때문에 부득이하게 과거 공부를 한다 하더라도 경솔하고 구차하게 이 지경에 이르러서는 안 됩니다. 또한 선비가 과거를 중히 여기는 이유는 장차 이를 통해 그간 배운 것을 행하고자 함입니다. 그러니 뜻을 얻건 얻지 못하건 반드시 운명이 있는 법, 첩경으로 구할 수 있는 것은 아닙니다. 반드시 첩경을 통해야만 구할 수 있다면 무슨 일인들 하지 못하겠습니까? 오직 옛사람의 책을 힘써 배우면서 자신의 실질에 부끄러움이 없게 하고, 반드시 남의 마음에 들고자 하지 않아야만 가할 것입니다.

찾고 계신 책이라면, 저의 집에 어찌 그런 책이 있겠습니까? 또 있더라도 감히 바치지 못하겠습니다. 이 책이 세상에 나온 이래로 선비라는 사람들이 오로지 이 책만 공부하여 능숙하게 강송하기 시작하면서 사서오경의 말씀은 한 마디로 거론할 줄 모르게 되었습니다. 그들이 말하기를, "그 요지인즉 저기에 다 들어 있다."라고 하니, 아아! 세상에 이런 일이 어디 있단 말입니까? 비록 족하가 박식하고 고아하시어 결단코 이런 행동을 하지 않으시리라는 것을 잘 알고 있지만, 제가 몹시 싫어하는 책으로써 족하의 요구에 응하고 싶지는 않습니다. 족하는 용서하십시오. 다른 책이라면 또한 수천 권이 제집에 있으니, 경전(經傳)이건 자부(子部)건 집부(集部)건, 오직 족하가 요구하는 대로 응하겠습니다. 이만 줄입니다.

學)으로 뛰어났기에 문사를 빌려온다고 한 것이다.

이생[18] 상숙 에게 주는 답장
答李生 商肅

아무개가 이군 족하(足下 편지의 2인칭)에게 답장합니다. 나는 사는 것이 간소하고 행동이 우활하며, 함께 노니는 자들은 대부분이 평민입니다. 그러나 그들이 하는 말을 몰래 들어서 족하라는 분이 있다는 것을 알아 온 지 오래입니다. 일전에 조카인 공좌(公佐)[19]가 소매에 족하가 내게 보내준 편지를 가져다 주면서 족하의 말을 전해 주었는데, 장차 유익함을 구하고자 하는 듯하였습니다.

옛날에 대부(大夫)와 보통 선비〔士〕가 만날 때는 법도가 있었는데, 족하는 이런 것을 인혐(引嫌)하느라 마침내 직접 찾아오지 않고서 먼저 편지를 보냈을 것입니다. 나는 처음에 편지를 꺼내 보고서 매우 기뻐하였습니다. 나처럼 어리석고 취할 것 없는 사람에게 어진 족하가 먼저 편지를 보내주었으니 말입니다. 비록 추켜세우는 말이 정실을 넘어서 감당하기에 부족한 면이 있긴 하였지만, 그래도 한두 가지 채택할 만한 것이 있나 보다 싶었으니, 이것이 기뻐했던 이유입니다.

그러나 뒤이어 나는 부끄러워졌습니다. 거백옥(蘧伯玉)[20]은 위(衛)

18 이생 : 이의숙(李義肅, 1733~1805). 상숙은 별칭이다. 본관은 전주, 자는 경명(敬命), 호는 이재(頤齋)・월주(月洲)이다. 광평 대군(廣平大君) 이여(李璵)의 후손이다. 형 이상목(李商穆)에게 수학하여 문장으로 이름이 높았으며, 진사시(進士試)에 합격하고, 음보로 개령 현감을 지냈다.

19 공좌 : 남공좌(南公佐, 1740~1781). 자는 광지(匡之), 호는 상령(象靈). 남유용의 이복 아우인 남유정(南有定)의 아들이다.

나라의 대부이고 안평중(晏平仲)[21]은 제(齊)나라의 경(卿)이었는데, 사(士)의 신분이었던 공자께서 이들과 만날 때 이러한 이유로 인혐했다는 말은 들어 보지 못하였습니다. 현자를 만나겠다는 마음이 컸기에 성인께서는 자잘한 예절에 얽매이지 않았던 것이지요. 나 같은 사람은 그저 두 현자만도 못할 뿐인데, 족하는 어찌하여 그런 자잘한 예절을 먼저 보았단 말입니까. 이것이 부끄러워했던 이유입니다.

편지 끄트머리에 내가 강호(江湖)로 돌아갈 날을 기대하겠다고 적었는데, 나는 여기서 족하의 인자함이 능히 고의(古義)로써 남의 일을 도모할 수 있는 것에 탄복하였습니다. 또 요행히 끝내 버려지지 않을 수 있었으니, 내가 어찌 감히 거듭 감사를 표하지 않을 수 있겠습니까? 그러나 내게도 되레 답할 말이 있습니다. 장자후(章子厚)[22]는 지위를 가지고 세력에 의지했던 자였으니, 후산(后山)[23]이 그를 기다릴 때 반

20 거백옥(蘧伯玉) : 춘추시대 위(衛)나라의 대부 거원(蘧瑗)으로, 공자보다 40살 연상이라고 전해진다. 공자와 거백옥이 만났다는 기록이 《논어》와 《공자가어(孔子家語)》 등에 몇 번 나오는데, 공자는 그의 사람됨을 크게 칭찬하였고, 위나라에 있을 적에 거백옥의 집에 손님으로 머물렀다고 한다.

21 안평중(晏平仲) : 춘추 시대 제나라 재상이었던 안영(晏嬰)이다. 공자가 제나라 경공(景公)을 만나 유세하여 이계(尼谿) 땅을 봉지로 주려고 하였으나 안영이 반대하여 성사되지 못한 일이 있다. 후에 공자가 다시 제나라에 갔을 때 처음에 안영을 찾아보지 않았으나, 후에 자신의 잘못을 깨닫고 다시 찾아가 만났다고 한다.

22 장자후(章子厚) : 자후는 송나라 철종(哲宗) 때의 대표적인 간신이며, 왕안석(王安石)의 장인이었던 장돈(章惇)의 자이다. 장돈은 채경(蔡京) 등과 결탁하여 원우당인(元祐黨人: 사마광(司馬光)을 필두로 하여 여문저(呂文著)·문언박(文彦博)·소식(蘇軾)·정이(程頤)·황정견(黃庭堅) 등 왕안석(王安石)의 신법(新法)을 반대한 문인·학자 119인의 단체)을 간당(奸黨)으로 몰아 간당비(奸黨碑)를 세우고는 조정에서 모두 내쫓았다.

드시 동문(東門) 밖에 올라가 하겠다고 한 것은 참으로 마땅한 말이었습니다. 그러나 나는 늙고 피폐하여 변변치 못한 사람이라, 겨우 스스로에게 만족하면서 외물에 달리 구하는 것이 없습니다. 아무 구하는 것 없는 몸으로 그저 갈매기나 손바닥 위에서 길들이기를 구하고 있거늘, 하물며 당세의 현사(賢士)를 구구한 형적(形迹)을 가지고 막겠습니까? 나를 좋아하는 현사가 있다면 시조(市朝 저자와 조정)이건 강호이건 어찌 족히 따질 만하겠습니까? 저의 마음은 이러하니, 오직 족하가 양찰하여 주십시오.

23 후산(后山) : 후산은 진사도(陳師道)의 호이다. 《송사》 권 203 〈문원전(文苑傳) 6〉에 이와 관련한 고사가 나온다. 장돈이 추부(樞府)에 있으면서 진사도를 추천하려고 불렀는데, 진사도는 답장을 보내 "선왕의 제도에 사(士)가 예물을 보내 신하가 되지 않으면 왕공을 만날 수 없었습니다.……나와 공 사이에는 귀천(貴賤)의 혐의가 있으며, 평소 알고 지내던 사이도 아닙니다. 공을 제가 찾아가 만날 수는 있으나, 예법을 없앨 수 있습니까? ……만약 법의(法義)를 무시하고 명령을 받들자마자 문 아래로 달려간다면, 저를 불러들이신 의미가 없어질 터, 공께서도 무슨 얻을 것이 있겠습니까? 그러나 후에 공께서 공(功)을 이루고 정사에서 물러나, 복건(幅巾: 처사의 두건)을 쓰고 동쪽으로 돌아오시는 날, 제가 조랑말을 타고 가벼운 수레에 올라 공을 동문 밖에서 기다려도 늦지 않을 것입니다."라고 하고는 끝내 부름에 응하지 않았다.

한 부솔[24] 용화 에게 드리는 답장

答韓副率 用和

보내온 다소간의 내용을 통해서 고아한 뜻이 무엇인지 알 수 있었습니다. 학식 많은 분이 적은 사람에게 구하는 것은[25] 본디 옛날 벗들 간의 의(義)이겠지만, 추켜세우고 기림이 정실을 넘어서고, 칭찬하는 말이 분수를 넘어선다면 이는 내가 감당할 수 있는 바가 아닙니다. 비록 그렇기는 하나, 간곡히 물어왔으니 답변하지 않을 수는 없겠지요.

문장이 도(道) 됨은 그 역시 큰지라, 자고로 성현의 덕행과 경륜(經綸)은 반드시 여기에서 길을 찾아야만 그 정미하고 심오한 내용을 전달하고 그 광휘를 드러내 펼칠 수 있었습니다. 이것이 곧 〈단(彖)〉·〈상(象)〉, 〈전(典)〉·〈모(謨)〉[26]가 천지와 더불어 그 높이와 두께를 나란히 할 수 있는 까닭이니, 어찌 쉬이 이야기할 수 있겠습니까. 구류(九流)[27]가 일어난 이래로 각각 자신들의 스승을 높이고 자신들의 학설을 말하면서 대도(大道)가 흩어지고 문술(文術)이 무너지고 말았습니다.

24 한 부솔 : 한용화(韓用和, 1732~1799). 본관은 청주(淸州), 자는 예지(禮之), 호는 광암(廣庵)이다.

25 학식……것은 : 증자(曾子)가 안연(顔淵)을 칭송하기를, "유능하면서도 무능한 사람에게 묻고, 학식이 많으면서도 적은 사람에게 묻고, 있어도 없는 듯이 하고, 가득해도 빈 듯이 했다."라고 하였다. 《論語 泰伯》

26 〈단(彖)〉……〈모(謨)〉 : 《주역》의 〈단사(彖辭)〉와 〈상사(象辭)〉, 《서경》의 〈요전(堯典)〉과 〈순전(舜典)〉, 〈대우모(大禹謨)〉와 〈고요모(皐陶謨)〉를 가리킨다.

27 구류(九流) : 선진시대의 아홉 개 학술의 유파를 말한다.

문장은 여사(餘事)라느니 운운하는 것들은 대개가 후세 군자가 시절을 가슴 아파하는 말일 뿐, 옛날 성인들은 일찍이 도(道)와 문(文)을 나누어 말한 적이 없습니다.

비록 그러하나 문장과 세도(世道)는 서로 날줄과 씨줄이 됩니다. 하늘이 내게 부여한 것은 성인과 똑같으니, 사문(斯文)이 사라질 리는 절대 없습니다. 생각으로 그 잡된 말을 깨끗하게 하고 학문으로 그 진리를 하나로 귀결시켜, 뜻을 바로 하고 기(氣)를 완벽하게 하여 많은 것을 온축했다가 제때 밖으로 꺼낼 수 있다면, 대저 이것 바깥에 어찌 또 이른바 문장이라는 것이 있겠습니까? 다만 그렇게 할 수 있는 사람을 찾기 어려운 것이 걱정일 뿐이지요. 족하(足下 편지의 2인칭)는 힘쓰십시오.

비루한 문장을 달라고 하였는데, 단점과 졸렬함을 스스로 감추고 싶지 않아 두 함(函)에 넣어 보냅니다. 시골의 질장구와 마을의 북이 청묘(淸廟)의 필요에 응할 수 있다고 여기는 것이 아니라, 실로 이렇게 하여 성대하고 높은 안목을 지닌 사람에게 질정을 받고 싶어서일 뿐입니다. 이만 줄입니다.

사국의 제당에게 드리는 답장
答史局諸堂

여러분께서 회동하여 사서(史書) 편찬하고 있다니, 참으로 다행한 일입니다. 당부하신 말씀은 잘 알아들었습니다. 저의 비루한 책[28]은 애당초 사서를 편수하는 일에 갖다 붙일 수 있는 것이 아니라, 사사로이 한 시대의 큰일들을 기록하여 잊히지 않도록 대비한 것에 불과합니다. 다만 견문이 몹시 짧아 수록한 내용이 넓지 않은데, 늙은 몸에 해마다 병이 이어지는 탓에 더이상 찾아 점검하지 못하고서 먼지 낀 책 상자에 방치해둔 지 오래입니다. 그런데 뜻밖에 성총(聖聰)에 잘못 들어가는 바람에 상호 참조하여 교정하라는 어명이 내리기에 이르렀으니, 외람됨이 지극한지라 황공하기 그지없습니다.

다른 사서를 저본으로 삼은 다음 이 책을 가져다 참조, 교정한다 하여도 되레 털끝만치의 도움도 되기에 부족할 터이거늘, 하물며 이 책으로 간행하여 '일대지사(一代之史)'라고 이름 붙인다면, 이것이 어찌 성조(聖朝)에서 사서를 편집하여 후세에 드리우고자 하는 뜻이겠으며, 또한 어찌 제공들께서 충실히 공무를 받들어 행하는 의리에 맞겠습니까? 저는 그렇지 않다고 생각합니다.

또한 이 책이 간행되어서는 안 될 이유가 세 가지 있습니다. 지난가

28 저의……책 : 남유용이 1772년(영조48)에 편찬한 《명사정강(明史正綱)》을 가리킨다. 이 책은 그 서법이 존주지의(尊周之義)에서 벗어난다고 하여 영조로부터 질타를 받았다.

을 입시(入侍)했을 적에 저는 어제(御製) 서문(序文)을 본 적이 있는데, 제목을 하사하시기를 '황명통감(皇明通鑑)'이라고 하면서 '강목(綱目)'의 전례를 채용하지 않으셨습니다. 그런데 저의 책인즉 대강을 세우고 조목을 나누었는 바, 책에 이름을 붙이신 성명하신 뜻에 어긋납니다. 이것이 첫 번째 불가한 이유입니다. 명나라 말에 있었던 사실 중에 오늘날 기휘하는 것이 늘 열에 여덟아홉은 됩니다. 이러한 지점은 참으로 처신하기 어려우며, 성상께서 어렵게 여기고 신중히 여기는 뜻이 절로 심원합니다. 그런데 저의 책인즉 숭정(崇禎) 이후 계통을 세 황제[29]로 이음으로써 망령되나마 필법(筆法)을 지켰습니다. 이것이 두 번째 불가한 이유입니다. 더구나 이 책이 비록 대충 편질(編帙)이 완성되었다고 말하고는 있으나 아직도 보충하고 고친 것에 미진한 부분이 많으며, 초본을 베껴 적는 와중에 잘못 바뀐 글자와 편장의 순서가 뒤섞인 구절이 많습니다. 그런데 저는 침상에 병들어 누워있느라 미처 깨끗이 손을 볼 겨를이 없었는지라, 요컨대 아직 완성되지 않은 책에 불과할 뿐입니다. 이런 책을 후세에 전한다면 식자의 비난을 사지 않을 줄 또 어찌 알겠습니까? 이것이 세 번째 불가한 이유입니다.

삼가 듣자니 그저께 연석(筵席)에서 대신(大臣)이 이씨(李氏)의 강목(綱目)[30]을 저본으로 삼고 경우에 따라 첨가하거나 삭제하면 속히

29 세 황제 : 숭정제를 끝으로 명나라가 망한 후, 남명(南明)을 세워 그 명맥을 이어간 세 황제, 즉 홍광제·융무제·영력제를 가리킨다.

30 이씨(李氏)의 강목(綱目) : 이현석(李玄錫, 1647~1703)이 지은 《명사강목(明史綱目)》 24권 30책을 말한다. 이 책은 명나라의 역사를 태조 고황제부터 남명(南明)의 영력제(永曆帝)까지 시대순으로 정리한 역사서이지만, 남명의 세 황제는 권24 의종(毅宗)에 대한 기록에 뒤이은 부록에 별도로 실어놓았다. 이 때문에 이현석이 남명을 정통

완성되기를 기대할 수 있을 것이라고 청하였다고 합니다. 이것이 두루 편한 논의가 되는 데는 해될 것이 없습니다만, 이씨가 편찬한 강령에는 따져볼 만한 것들이 많습니다. 세 황제를 편외(編外)에 부록한 것의 경우, 그 정도(正道)에서 벗어나고 의(義)를 해침이 유독 심하기 때문에 어명을 받들어 바로잡지 않을 수 없습니다. 그밖에 기록한 내용인즉 자못 풍부하고 자세하여 열여섯 조정[31]의 제도와 문헌을 고찰하기에 충분합니다. 그런데 지금 어찌하여 기필코 이미 간행된 책을 버리시고 사실(私室)에 간직하고 있는 이 책을 취하여 구차히 마감(磨勘)하려고 하십니까? 여러분의 가르침이 비록 간곡하기는 하나, 저는 감히 저의 책을 곧장 사국(史局)에 바칠 수가 없습니다. 여러 논의가 끝나 결정이 난 후에, 전날 연석에서의 가르침에 따라 가지고 가셔서 참고, 교정하시겠다면 제가 어찌 감히 사양하겠습니까?

아침에 어지럼증이 갑자기 심해져서 이불을 부둥켜안은 채 심부름꾼에게 불러주느라 글의 순서가 뒤죽박죽입니다. 송구하기 그지없습니다. 부디 헤아려주십시오.

으로 취급하지 않았다는 후대 인물들의 비판이 많이 제기되었다.

31 열여섯 조정 : 명나라 황제는 태조 주원장부터 마지막 황제인 숭정제까지, 총 16명이다.

다시 사국에 보내는 편지
又與史局

어제 긴 편지를 받들어 보내 저의 뜻을 다 드러냈는데, 오늘 보내온 편지를 받고 보니 끝내 이해를 얻지 못하였더군요.

제공들은 밝은 어명을 받들어 큰 임무를 맡고 있으면서 장차 그 말로써 후세의 법이 되고자 하는 사람들입니다. 그런데 먼저 조정에서 충신(忠信)을 잃다니, 저는 몰래 개탄스럽습니다. 저의 책이 간행되어서는 안 될 세 가지 이유에 대해서 지난번 편지에서 다 말씀드렸는데, 그중 두 번째 단락의 경우는 반드시 조용히 임금께 전달하여 분명히 여쭈어 정한 연후라야 이 책을 쓸지 쓰지 말지 결정할 수 있을 것입니다. 그런데 지금 제공들이 연석에서 상주한 글을 보건대 숭정제(崇禎帝)와 홍광제(弘光帝) 사이의 역사에 대해서는 언급하지 않으셨으니, 이는 특히나 일을 시행하면서 처음을 도모하는 도리가 아닐뿐더러 더욱이 임금께 충실로써 고하는 뜻에 어긋납니다. 대체 무슨 생각인지, 저는 모르겠습니다.

오늘 또 듣자니 입시하라는 명이 있었다던데, 반드시 이 부분에 대해 상전의 재결을 얻은 후 공경히 지휘를 기다려야 할 터, 기왕의 우활한 실수로 훗날의 후회와 허물을 자초하지 않으시는 것이 어떠하십니까? 저의 책을 성상께서 한번 보신다면 그 즉시 내치고 물리실 것임을 저는 본디 잘 알고 있으니, 이는 성조(聖朝)에 있어서도 아름다운 일이 아니요, 천한 신하에게 있어서도 그 죄의 빌미가 될 것입니다. 제공들은 어찌하여 심사숙고하지 않으십니까? 가령 이 책을 두고 가히 참고로 쓸 만하다고 여기어 만약 체례(體例)를 자르고 찢어놓은 다음 부록이나 별편(別編)으로 삼고자 하신다면, 이것은 애당초 이 책을 편찬한 본래 뜻이 아닌지라 차라리 큰 꾸지람을 들을지언정 감히 명을 받들 수 없습니다. 이 뜻을 깊이 유념하시어 상의해주신다면, 공사 간에 몹시 다행한 일일 것입니다.

유 참봉 여성[32] 한경 에게 주는 편지

答兪參奉汝成 漢炅

안부를 물어주니, 참으로 고맙습니다. 일전에 좋은 선물로 도장을 보내주었기에 즉시 시를 지어 그 성대한 뜻에 답하였습니다.[33] 늙고 병든 몸이 편지 보내는 일조차 게을러져서 만날 날을 기다렸다가 읊어드려야지 하고 있던 차였는데, 지금 찾아온 심부름꾼 편에 시를 보내니 혹 화답시를 보내 한 때의 미담을 성사시켜 줄 수 있을는지요?

내가 비록 전서(篆書)와 주문(籒文)[34]이 정교한지 졸렬한지에 대해 잘 알지는 못하지만, 이 도장의 예스럽고 기이함은 범범한 실력으로 능히 도달할 수 있는 경지가 아니라는 것쯤은 또한 알고 있습니다. 그러나 마음에서 우러나 선물을 주면 마음으로 이것을 애지중지하면 그뿐, 호인(胡人)의 한 마디 품평이 꼭 있어야만 빛이 나겠습니까? 이 분부는 받들 수 없을 듯한데, 그대의 뜻은 어떠한지요? 반드시 벽안

32 유……여성 : 유한준(兪漢雋, 1732~1811). 본관은 기계. 자는 만청(曼倩) 또는 여성(汝成), 호는 저암(著菴) 또는 창애(蒼厓)이다. 한경(漢炅)은 그의 초명이다. 김포 군수 등을 역임하고 형조 참의에 이르렀다. 남유용의 제자로 송시열을 추모하여 《송자대전(宋子大全)》을 놓지 않았다고 한다. 당대에 뛰어난 문장가로 손꼽혔으며 저서로 《저암집(著菴集)》이 전한다.

33 일전에……답하였습니다 : 《뇌연집》 권8에 실린 〈유 상사 여성이 큰 보물을 하나 보내왔는데……〔兪上舍汝成見貺一大寶……〕〉 시를 가리킨다.

34 전서(篆書)와 주문(籒文) : 모두 서체(書體) 종류인데, 주로 도장에 새기는 글씨이다.

(碧眼)[35]에게 한번 보이고자 하신다면 응당 받들어 들여보낼 터이나, 또한 되돌려주는 것은 원치 않으니 다시 알려주시면 좋겠습니다.

35 벽안(碧眼) : 문맥으로 보아 서양인에게 보여주려 한 듯하다.

유여성[36]에게 주는 답장
答兪汝成

빗속에 보내오신 시함(詩函)을 보고 게으른 잠에서 퍼뜩 깨어났으니, 그 터져 나온 기쁨이야 봉문(蓬門)에서 웃으며 맞이할 때와 무슨 차이가 있겠습니까?

두 편의 사(詞)는 내용이 예스럽고 지취(旨趣)가 담박한 것이 자못 고인을 일으켜 더불어 노니는 듯하였으니, 실로 유속(流俗)이 미칠 바가 아니었습니다. 어제 누군가가 새장 속의 학을 보내왔기에 마침 장난치며 놀고 있었는데, 보내온 시에 '이끼 낀 길〔苔徑〕'과 '선학(仙鶴)'[37] 운운한 것이 있어서 비로소 진참(眞讖)[38]이요 실경(實境)이 되었으니, 참으로 기쁩니다.

36 유여성 : 유한준(兪漢雋). 264쪽 주32 참조.

37 이끼……선학(仙鶴) : 유한준의 《자저(自著)》 권12에 〈구옹에게 화답하여 부치다〔和寄癯翁〕〉라는 시가 실려 있는데, 거기에 "익숙한 이끼 낀 길 옆에 성근 가지 있었네.〔不迷苔徑傍疎柯〕", "장난삼아 선로를 불러다 빗속에 술잔을 날려보네〔戲招仙老雨飛觴〕"라는 시구가 있다. 이 구절을 말하는 듯하다. 이끼는 화표학(華表鶴) 고사를 염두에 두고 쓴 구절인 듯한데, 학은 떠나고 비석엔 이끼만 꼈다는 표현을 자주 사용한다. 선학은 《열선전(列仙傳)》에 "주 영왕(周靈王)의 태자 진(晉)이 칠월 칠석에 흰 학을 타고 피리를 불며 구지산(緱氏山)의 마루에 머물러 손을 들어 사람들에게 인사를 하고 떠났다."라고 한 고사에서 유래하였다.

38 진참(眞讖) : 참(讖)은 예언이나 징조라는 뜻이다. 즉 누군가가 학을 보내온 것이 유한준이 시를 보내올 예언이었음이 증명되었다는 뜻이다.

유여성[39]에게 주는 답장
答兪汝成

어제는 오는 것도 못 보고 가는 것도 못 보아 몹시도 서글펐습니다. 방 안에 있던 사람들이 모두 싫어하는 객은 아니었을 터인데, 어찌 한 마디 인사말조차 아낀 채 돌아갔습니까? 너무 편협한 행동이 아니었나 우려됩니다.

밤중에 돌아간 후로 기체 더욱 좋아졌는지요? 나는 하루라도 기분 좋게 지낼 수 있었으니, 이 또한 노년에 얻기 어려운 일입니다만 족하(足下 편지의 2인칭)와 더불어 자리를 마주하고 좋은 이야기를 나누지 못한 것이 아직까지도 못내 섭섭합니다. 다음에 다시 만나줄 수 있겠습니까? 근자에 시문(詩文) 몇 편을 지은 것이 있는데, 직접 만나 질정을 구하고자 하니, 거듭 원컨대 이 뜻을 저버리지 말아 주세요.

39 유여성 : 유한준(兪漢雋). 264쪽 주32 참조.

유여성[40]에게 주는 답장

答兪汝成

빗속에 편지를 받고 보니 어두웠던 두 눈이 갑자기 맑아졌습니다. 참으로 고맙습니다. 다만 당분간 숙직하러 들어가야 해서 장차 오래 떨어져 있어야 하는 것이 몹시도 서글플 뿐입니다. 보내온 시권(詩卷)은 받들어 남겨두었습니다.

나는 일찍이 단구(丹丘 충북 단양)와 황려(黃驪 경기도 여주) 사이를 3년 동안 유람한 적이 있었습니다. 그때 한양에 있는 벗들을 그리워하며 지은 시에 이런 구절이 있었지요.

사람에게 절로 감정 있어 도성이 그리워지니	自有人情戀京國
오도(吾道)가 강호에 있다 감히 말하랴[41]	敢言吾道在江湖

이 뜻을 그대는 알 수 있을 것입니다. 평어(評語)의 경우, 소싯적부터 오묘한 생각이나 뛰어난 견해라곤 없어서 감히 남의 시권을 더럽히지 못하였는데, 하물며 지금은 늙고 쓸모없어진 마당에 무얼 하겠습니까?

40 유여성 : 유한준(兪漢雋). 264쪽 주32 참조.

41 사람에게……말하랴 : 《뇌연집》 권4에 실린 〈보아의 '고' 자를 차운하다〔次輔兒孤字〕〉 시에 나오는 구절이다.

유여성[42]에게 주는 답장

答兪汝成

어린 아들이 관례(冠禮)[43]를 올리게 되어 속으로 기뻐하고 있었으나, 훌륭하신 분[44]께서 자리를 빛내주시어 저의 기쁨을 보태주지 못한 것이 몹시도 안타까웠습니다. 그러나 이내 서찰을 보내 안부를 물어주고, 훌륭한 시편도 함께 보내주신 덕분에 받든 말씀을 세 번 노래하면서 잔치 자리의 영예로 삼을 수 있었으니, 구구한 나의 감사하는 마음이야 어찌 다 말로 할 수 있겠습니까?

충성스러운 계책과 덕으로 베풀어 준 사랑은 가슴에 새긴 지 오래입니다. 내가 비록 늙어 문장을 멀리하고는 있지만, 힘써 생각하여 화답함으로써 벗이 내려 준 글에 답하지 않을 수 있겠습니까?

42 유여성 : 유한준(兪漢雋). 264쪽 주32 참조.

43 관례(冠禮) : '冠醮'는 관례에서 삼가(三加)를 행할 때마다 한 번씩 초(醮)를 따르는데, 이것을 삼초(三醮)라고 칭하는 데서 나온 말이다.

44 훌륭하신 분 : '紫芝'는 뛰어난 풍채를 비유하는 말로, 여기서는 유여성을 지칭한다. 당나라 방관(房琯)이 원덕수(元德秀)를 만날 때마다 "자지(紫芝)와 같은 미우(眉宇)를 대하니 명리(名利)의 마음이 죄다 없어지게 된다."라고 감탄하였다는 고사에서 유래하였다.《新唐書 卷194 元德秀傳》

공철의 혼서[45]

公轍婚書

아무개 아룁니다. 가명(嘉命)을 엎드려 받들고 보니, 손녀 분을 제 아들 공철에게 주시겠노라 허락하셨습니다. 다박머리 아이를 지목하여 혼담이 이루어짐에 사돈의 좋은 관계가 맺어지고, 머리를 묶어[46] 빙례(聘禮)를 행함에 실가(室家)의 의례가 크게 아름다우니, 예물과 글을 공손히 바치면서 노년의 큰 위로로 삼습니다.

손녀 분께서는 일찍이 규훈(閨訓)을 익혔으니 계녀(季女)의 공경스러움[47]은 가히 예측할 수 있지만, 공철은 어려서 가정의 훈육[48]을 받지 못한 탓에 한갓 어린아이들이 심히 좋아하는 것들만 알 뿐인데도 외람

45 혼서 : 혼인 때에 신랑 집에서 예단(禮緞)에 붙여 신부 집으로 보내는 서간을 말한다. 두꺼운 종이를 말아 간지(簡紙) 모양으로 접어서 사용한다. 남공철의 장인은 한용화(韓用和, 1732~1799)이다. 이 혼서에서 '손녀'라고 지칭한 것으로 보아 이 편지의 대상은 한용화의 부친인 한후유(韓後裕)임을 알 수 있다.

46 머리를 묶어 : '結髮'은 성혼(成婚)하였다는 의미이다. 고례(古禮)에 성혼한 저녁에 남자의 오른쪽 머리털과 여자의 오른쪽 머리털을 같이 묶기 때문에 그렇게 말한 것이다.

47 계녀(季女)의 공경스러움 : '계녀'는 나이 어린 여인을 이르는 말로, 《시경》 〈채빈(采蘋)〉에 "이에 제수를 종실의 창문 아래에 올리도다. 누가 이것을 주장하는가, 공경스러운 계녀로다.〔于以奠之 宗室牖下 誰其尸之 有齊季女〕"라고 하였다.

48 가정의 훈육 : '庭聞'은 공자의 아들 공리(孔鯉)가 뜰을 지나갈 때 불러 세우고 시와 예를 공부하라고 가르침을 내렸던 고사에서 나온 "과정(過庭)"을 인용한 것이다. 후에 "과정문례(過庭問禮)"는 부친의 가르침을 가리키는 말로 사용되었다.

되이 취미(臭味)가 가깝다는 이유로 마침내 서로 연을 맺는 영광을 얻게 되었습니다. 여(呂)·장(張)[49]의 풍범(風範 풍모와 모범)을 전하는 일이 어찌 열 상자의 남겨준 재물[50] 정도에 그치겠습니까? 상평(向平)[51]처럼 자식의 혼사를 모두 마치고서 바야흐로 오악(五嶽) 노닐 일을 도모할까 합니다. 기쁘고 다행스러운 마음, 이루 다 펼칠 길이 없습니다. 살펴주시기를 바라오며, 삼가 글을 올립니다.

49 여(呂)·장(張) : 송나라 때 유학자 여대림(呂大臨)은 정문 사선생(程門四先生)이라 불렸다. 그는 젊어서 횡거(橫渠) 장재(張載)에게 배웠고, 또 그의 아우 장전(張戩)의 사위가 되었는데, 장전이 사람들에게 말하기를 "내가 안회를 얻어 사위로 삼았다.〔吾得顔回爲婿矣〕"라고 하였던 고사가 있다. 《伊洛淵源錄 卷8》

50 남겨준 재물 : '영금(籯金)'이라는 말이 있는데, 상자에 담긴 황금이란 뜻으로 많은 재물을 말한다. 《한서》 권73 〈위현전(韋賢傳)〉에 "자식에게 한 상자 가득 황금을 물려주는 것이 책 한 권을 가르치는 것보다 못하다.〔遺子黃金滿籯, 不如教子一經.〕"라고 하였다.

51 상평(向平) : 동한 때의 고사(高士) 상장(向長)을 말한다. 자(字)는 자평(子平). 은거하며 벼슬하지 않다가 자녀의 혼사를 모두 마친 뒤로는 오악 명산을 두루 노닐었는데, 후에 어디로 갔는지 알 수 없었다고 한다. 후에 상평은 자녀의 혼사를 모두 마친 사람을 뜻하는 전고로 사용되었다.

제문 祭文

외형(外兄)[52] 이군[53] 세신 에 대한 제문
祭外兄李君 世臣 文

경자년(1720) 7월 계유일에, 의령(宜寧) 남유용이 삼가 술과 음식으로 외형(外兄) 연안(延安) 이군(李君)의 영령 앞에 제사 올리며, 글을 지어 영결합니다.

사람이 태어나 그 누군들 한번 죽음이 없겠습니까. 그러나 죽음 중에도 유달리 애달픈 것이 있으니, 위에 부모가 계시는데 죽는 것이 애달프고, 아래에 장성한 자식이 없는데 죽는 것이 애달프고, 나이 아직 젊은데 죽는 것이 애달프고, 재주가 있어도 드러내 보지 못하고 죽는 것이 애달픕니다. 애달픈 중에도 또한 간혹 위안이 될 만한 것이 있으니, 부모가 비록 늙었으나 형제 자매가 있어 자기를 대신하여 봉양해줄 수 있는 것이 위안이 될 만하고, 자식이 아직 장성하지 못했으나 그래

52 외형(外兄) : 고모의 자식을 외형이라고 부른다.

53 이군 : 남유용에게는 여섯 명의 고모가 있었는데, 이중 연안 이씨인 이창조(李昌朝)에게 시집 간 사람은 둘째 고모이다. 따라서 이 제문의 대상이 이세신은 이창조의 아들임을 알 수 있다.

도 걷고 뛰고 절하고 일어나 조상 제사의 시동(尸童)이 될 수 있는 것이 위안이 될 만하고, 비록 칠팔십 살까지 살지 못했으나 그래도 오륙십 살의 수명을 얻는 것이 위안이 될 만하고, 비록 당세(當世)에 공(功)을 베풀어 이름을 간책(簡冊)에 빛내지 못하였으나 그래도 조금이나마 그 재주와 뜻을 펼칠 수 있어 후사로 하여금 계술(繼述)할 수 있게 하는 것이 위안이 될 만합니다. 하지만 가령 죽은 자에게 이처럼 위안이 될 만한 것이 있고 애달파할 만한 일이 없다 하여도 산 자의 슬픔에 무슨 보탬이 되겠습니까.

지금 군의 죽음에는 애달픈 일 네 가지가 모두 있으며, 가히 위안이 될 만한 일은 하나도 없습니다. 영영 가버린 자의 혼백에게도 필시 천지가 다하도록 가시지 않을 한이 남을 터이지만, 산 자인들 또한 어찌 그 슬픔을 잊을 수 있겠습니까. 오호라. 차마 어찌 말로 하겠습니까.

군이 이 땅에 태어나던 날은 선군자(先君子)[54]께서 세상을 하직한 지 세 달밖에 되지 않았을 때였습니다. 나의 고모님께서는 슬픔을 머금고 근심 속에 거하시며 하루도 죽음을 생각지 않은 날이 없었으니, 그 생각이 어찌 아들에게 있었겠습니까? 그래서 나의 돌아가신 증조할머니께서 가련히 여기어 길러주셨지요. 이러한 때에 어미에게는 피할 길 없는 위태로움이 있고, 자식에게는 온전히 살아남을 방도가 없었던 터라, 온 집안사람들이 조마조마 오로지 나의 고모님이 살지 못할까 두려워하였을 뿐이니, 군이 죽지 않을 것을 어찌 되레 바랄 수나 있었

54 선군자(先君子) : 돌아가신 아버지라는 뜻으로, 여기서는 이세신의 부친인 이창조(李昌朝)를 가리킨다.

겠습니까. 그러나 하늘의 영(靈)과 선군자의 은택으로 군은 점차 자라났습니다. 말을 배우고 글을 읽을 수 있는 나이가 되자 고모님은 늘 군의 머리를 쓰다듬으며 흐느끼시면서, 선부자(先夫子 죽은 남편)에게 보여주지 못한 것을 안타까워하셨으나 그래도 혼자 위로받는 바는 있었습니다.

관례(冠禮)를 올리고 혼인을 하고, 제사를 받들고 손님과 벗을 접대하기에 이르자 나의 고모님께서는 때로는 슬퍼하시고 때로는 두려워하셨으나 또한 때로는 기뻐하셨습니다. 군은 또 배움에 부지런하지 못하면 고모님의 마음을 위로해드릴 수 없을 것이라 스스로 생각하여, 뜻을 독실히 하여 배움에 임하면서 밤이고 낮이고 지칠 줄을 몰랐습니다. 고모님께서는 군의 학문이 발전하는 것을 기뻐하셨으나 또 오로지 병이라도 날까 봐 걱정스러운 마음에 가끔씩 쉬며 천천히 하라고 권하기도 하셨습니다. 그러나 군은 더욱 부지런히 힘써서 마침내 사림(士林)에서 영예를 드날리게 되었습니다.

군이 오래도록 아들을 보지 못해 고모의 근심이 크셨는데, 느지막이 아들 하나를 보아 이제 막 걸음마를 배우고 있었습니다. 우리 형제가 댁을 찾아가 인사 올릴 때면 군은 반드시 고모님 옆에 모시고 앉아 있었고, 아이는 또 군의 무릎에 앉아 있었으니, 의젓한 삼대(三代)의 모습이었지요. 고모님은 이날 흐뭇해하시며, 궁한 처지도 잊고서 온화한 얼굴로 웃으며 말씀하셨고, 우리 형제도 물러나 서로 경하하면서, 고모님의 두터운 덕과 우리 형님의 순수한 효심이 오늘에야 하늘의 보우하심을 입었다고 생각하였습니다. 그런데 누가 알았겠습니까? 크게 어긋난 일이 이 지경에 이를 줄을.

군은 태어날 때 여자로 태어나지 않고 남자로 태어났으며, 혼탁한 기질과 탐욕스럽고 패악한 성정을 타고나는 대신, 청명하고 순수하고 아름다운 바탕과 소탈하고 화락한 행실을 지니셨습니다. 강보에서 죽지 않고 장성할 때까지 살아 아들까지 품에 안음으로써 어머니의 마음을 기쁘게 해드렸습니다. 이것이 어찌 하늘이 선공(先公 이세신의 부친)에게 재앙을 내린 것을 후회하여 그 어린 고아를 기름으로써 이른바 보시(報施)의 이치를 밝히고자 함이 아니었겠습니까? 그런데 지금 중도에 요절하게 하여 빼앗아 가는 것은 또 무슨 까닭이란 말입니까? 요절하게 하려거든 차라리 태어나게 하지를 말았어야지, 기왕에 고생만 주더니 또 이렇게 갑자기 빼앗아 가버려, 만 번 죽다 한번 살아난 우리 고모님으로 하여금 인간 세상의 궁액을 죄다 맛보게 하고, 지난날 보잘 것 없던 즐거움마저 한바탕의 연극이 되어버리고 말게 하다니, 아아! 하늘이 어찌 이런 일을 통쾌히 여긴단 말입니까!

모르겠습니다. 혹 천리(天理)라는 것은 어두워서, 시종 여탈(與奪)과 화복(禍福)이 모두 우연히 그리되는 것일 뿐 본디 주장하는 바가 없는 것일까요? 아니면 하늘은 본디 인자하지만 사람의 일〔人事〕에 미치지 못한 바가 있어, 섭양(攝養)이 방도를 어기고 의약(醫藥)이 제대로 된 처방을 내리지 못한 탓에 하늘 역시도 어찌할 수 없었던 것일까요? 이게 대체 무슨 이치란 말입니까? 이것이 모두 운명이라는 것입니까? 또한 비명(非命)인데 운명이라고 이르는 것이 있는 것입니까?

우리 족당(族黨)은 수가 적어서, 같은 성을 가지고서 형제가 된 사람은 둘뿐이요, 다른 성을 가지고서 형제가 된 사람 역시도 몇 명에 불과합니다. 그중 나이가 비슷해 함께 자라면서 어울린 사람으로 말한다면, 널리 찾아보아도 오직 군 한 사람뿐이었습니다. 먹을 때도 같은 상에서 먹었고, 잘 때도 같은 이부자리에서 잤으며, 의복도 같이 입었고, 거마(車馬)도 같이 탔습니다. 즐거울 때면 그 즐거움을 함께했고, 근심 있을 때면 그 근심을 함께했으니, 은애의 돈독함이 한 형제나 다름없었습니다.

올봄, 가대인께서 동음(洞陰 경기도 포천)의 현감으로 나가게 되셨습니다. 동음은 빼어난 산수(山水)가 많기로 이름났는데, 군이 매우 기뻐하며 나의 팔을 잡고 "너와 함께 유람을 할 수 있겠느냐?"라고 하였습니다. 이에 동사(同社)의 두세 사람과 더불어 4월 15일에 창옥병(蒼玉屛)[55] 남쪽에 술자리를 마련하기로 약조했었지요. 제가 먼저 떠나고 약속한 날짜가 되자 두세 사람도 모두 도착했는데, 군만은 유독 오지 않았습니다. 이에 제가 편지를 보내 책망하자 군이 답장을 보내와 이렇게 말했습니다.

"어찌 가고 싶지 않겠는가. 일전에 감기에 걸려서 바람을 맞으면 안 된다네."

저는 깜짝 놀랐으나, 처음에는 근심거리로 여기지 않았습니다. 그러다 5월 4일 꿈에 군이 나타났는데, 산을 등지고 물 건너편에 서서 손을 들고 인사를 하는 것이 마치 멀리 떠나려는 사람인 것 같았습니다. 이날 서울로 달려가 문병을 하려던 차였거늘, 도중에 군의 부음을 받았습니다.

아아, 가슴 아프다! 군이 병에 걸렸다는 말을 들었을 때 급히 달려가 지켜주지 못한 탓에, 군의 혼령으로 하여금 나의 꿈에 나타나 영결을 고하게 하였구나. 이는 유명(幽明) 간에 내가 군을 저버린 것이요,

55 창옥병(蒼玉屛) : 경기도 포천시 창수면 주원리 영평천에 있는 벼랑이다.

군이 나를 사랑함이 죽어서도 쇠하지 않았음이라.

아아! 군의 자식은 이제 겨우 세 살이라 옷이 채 한 자〔尺〕도 되지 않지만, 눈동자며 미간이 수려하고 맑은 것이 마치 장수하고 부귀해질 사람처럼 보입니다. 저는 이런 말로써 들어가 고모님을 위로하고, 나와 군을 위해 곡할 따름입니다. 관을 어루만지면서 길게 통곡하며 영영 이별을 고하니, 존령(尊靈)께서는 저의 슬픔을 굽어 살피소서.

상향(尙享).

둘째 고모 공인에 대한 제문

祭二姑母恭人文

유세차 을사년(1725) 11월 18일 임자일에 나의 고모이신 공인(恭人)의 관과 선부자(先夫子 죽은 남편)이신 통덕랑(通德郎)의 영구를 광릉(廣陵)의 양지에 함께 모시고 같은 날 합장합니다. 대개 옛날 무덤을 옮겨 와 새로 합장함으로써 그의 망자(亡子)인 여교(汝喬)[56] 가까이에 있게 한 것은 공인의 유명(遺命)이었습니다. 초나흘 무술일에, 유용이 감히 맑은 술과 음식으로 재배하고 영결을 고하나이다.

오호라! 천하의 살아있는 목숨 중에 그 누구인들 사는 것을 기뻐하고 죽는 것을 싫어하지 않겠는가마는 공인께서만은 사는 것을 싫어하고 죽는 것을 기뻐하셨으니, 아마도 따라 죽지 못한 원한이 살아있는 내내 그치지 않았기에 차라리 죽어 같은 무덤에 묻히기를 바랐을 것이고, 아들을 그리워하는 애달픔을 이생에서 스스로 풀 길 없었기에 차라리 죽음으로써 따라가고자 했던 것이리라.

지금은 신미년(1691)[57]으로부터 35년이 지났고, 경자년(1720)[58]으로부터도 6년이 지났습니다. 죽어서도 지각이 있다면, 서로 떨어져 있던 기간은 얼마 되지 않고 서로 함께 있을 날이 무궁할 것이요, 죽어서 지각이 없다면 이며 머리카락이며 다 썩어지고 기운과 정신도 함께

56 여교(汝喬) : 바로 앞에 실린 제문의 대상인 이세신(李世臣)의 자(字)이다.

57 신미년 : 남유용 고모의 남편인 이창조(李昌朝)가 죽은 해이다.

58 경자년 : 남유용 고모의 아들인 이세신이 죽은 해이다.

민멸되어, 까맣게 모두 잊어버리고서 어둑어둑 긴 잠만 자겠지요. 이것이 오직 공인께서 가슴을 치고 피를 쏟으며 밤낮으로 하늘에 호소하고 부모에게 호소하며 오로지 뜻대로 되지 않을까 두려워했던 이유였습니다. 저는 감히 모르겠습니다. 하늘이 이 한 여인의 원한을 불쌍히 여기시어 그 몸을 죽게 함으로써 그 하소연을 들어준 것인가요? 아니면 장차 그 집에 큰 흉사를 내려 목숨을 급히 앗아감으로써 그 과부와 고아가 된 손자[59]로 하여금 서로 의지하며 살아가지 못하게 한 것인가요?

오호라! 교보(喬父 여교 이세신)는 죽으면서 이 어린 고아들을 공인에게 부탁하였습니다. 공인께서 온 마음을 쏟으며 차마 죽지 못했던 것은 단지 이씨(李氏)의 고아 때문이었을 뿐입니다. 아이들은 배고프면 공인께서 먹여주기를 기다렸고, 추우면 공인께서 품어주시기를 바랐습니다. 그러나 지금 공인께서 보듬어주지 못하고 마치 버려진 아이처럼 버리셨기에, 아이들은 바야흐로 그리워하는 마음에 울고 흐느끼며 집을 빙빙 돌며 찾아다니고, 문 앞에서 발돋움하며 기다리고 있습니다. 오직 공인께서 날로 멀어져 가 다시는 돌아올 기약이 없기에, 이런 불안한 상황을 고하는 것입니다. 고아가 된 손주들이 공인을 원망하고 있으니, 죽은 자에게 지각이 있다면 교보가 분명 물을 터인데, 장차 무슨 말로 대답하시렵니까? 분명 이렇게 말씀하시겠지요.

"누나가 두 명 있으니, 내가 여기 올 때 너의 아들을 맡기고 왔단다. 눈물 흘리며 신신당부하고, 거듭 돌아보며 내 뜻을 다 펼쳤으니, 아마 힘이 닿는 데까지 두 아이가 분명 최선을 다할 것이다."

상향(尙饗).

59 과부와……손자 : 앞서 죽은 이세신의 부인과 그 어린 아들을 가리킨다.

맏형에 대한 제문
祭伯氏文

유세차 무신년(1728) 3월 초파일 무오일에, 태화 선생(太華先生)[60]께서 한양의 집에서 운명하셨습니다. 아흐레가 지난 후인 병인일에 양주(楊州)에서 발인하고, 장차 5월 신해삭 22일 임신일에 진택(眞宅)[61]으로 돌려보내려 합니다. 초이틀 임자일에 그 아우 유용이 변변치 않은 제물을 갖추어 놓고 감히 비통한 글을 지어 영연(靈筵)[62]에 재배하고 영결을 고하나이다.

오호라, 공이여! 갑자기 왔다가 갑자기 가십니까. 사람은 고통스럽고 슬플 때면 언제나 우러러 하늘을 부르는데, 하물며 지금 공의 죽음을 두고 사람들이 모두 말하기를 실로 하늘이 한 일이라고 하니, 내가 하늘을 부르며 물어보지 않는다면 응당 어디에 대고 하소연한단 말입니까? 애통하고도 애통합니다.

하늘이 기왕에 공에게 맑고 순수한 자질을 주시었는데, 부모가 그 생명을 받음에 어진 아들이 생겼고, 아우에게 어진 형이 생겼고, 부인에게 어진 남편이 생겼고, 자식에게 어진 아비가 생겼습니다. 사대부는

60 태화 선생(太華先生) : 남유상(南有常, 1696~1728). 남유용의 형으로, 자(字)는 길재(吉哉), 호는 태화자(泰華子)이다.

61 진택(眞宅) : 사람이 죽은 뒤에 돌아가는 진정한 집, 곧 무덤을 가리킨다.

62 영연(靈筵) : 영좌(靈座)와 같은 말로, 시신을 떠난 혼령이 머물 수 있도록 마련한 자리이다.

즐겨 공과 더불어 벗이 되었고, 조정에서는 즐겨 공을 얻어 신하로 삼았습니다. 한 집안이 기대고 의지하며 보호함을 받고, 한 시대가 칭찬하고 기대하던 사람인즉 첫째도 공이요 둘째도 공이었습니다. 나가면 기린과 봉황이 들판에서 노니는 듯하여 아녀자들이 가리키며 상서(祥瑞)로 여겼고, 들어오면 좋은 벼와 아름다운 이삭이 곳집에 가득한 듯하여 친척들이 의지하여 살아갔습니다. 하늘이 공을 낸 것은 대개 우연이 아니었으며, 공이 하늘로부터 받은 바는 이처럼 무겁고도 컸습니다. 그랬기에 힘써 연마하고 몸을 단정하게 하여 사람 된 도리를 닦은 것 또한 지극히 완비되어 결함이라곤 없었습니다. 어버이를 섬김에 있어서는 효를 다하고, 형제와 우애함에 있어서는 사랑을 다했으며, 처자식을 기를 때는 반드시 도(道)로써 하였고, 벗을 대할 때는 반드시 충신(忠信)으로써 하였으며, 임금을 섬길 때는 숨김이 없을 것을 기약하였습니다.[63] 문장은 국가의 계책을 윤색하기에 충분하였고, 유술(儒術)은 당세(當世)를 경륜하기에 충분하였습니다. 또 장년(壯年)에 입신출세하여 전도(前途)가 바야흐로 열리었건만, 하늘이 북돋워 기르고 그 뜻을 이루어주지 못할지언정, 도리어 처음 자라나는 싹을 일찌감치 막아버리고 한창 영글어가는 열매를 잘라버리면서, 더 이상 털끝만큼도 돌아보고 안타까워하는 마음이 없다니! 백 명의 몸뚱이로 그 죽음을 대속하지 않고 단 하루도 그 목숨을 늦추어 주지 않다니! 오호라, 하늘이여! 처음에는 무엇 때문에 공을 낳았으며 나중에는 무엇 때문에 공을 죽게 하였단 말입니까.

63 임금을……기약하였습니다 : 《예기》 〈단궁 상(檀弓上)〉에 "임금을 섬길 때는 범안(犯顏)하여 직간하면서 숨김이 없어야 한다."라고 하였다.

삶과 죽음에 관한 이야기는 성인께서 분명히 말씀하지 않던 바였기에 나는 어떻게 해야 장수이고 어떻게 해야 요절인지 잘 모릅니다. 그러나 백우(伯牛)가 병에 걸리자 부자께서는 그 손을 잡고 흐느끼셨고,[64] 안연(顔淵)이 일찍 죽자 부자께서는 곡하며 애통해하셨으니,[65] 덕을 지니고도 장수하지 못한 이는 성인께서도 깊이 슬퍼하던 바였습니다. 성인께서 슬퍼하는 바라면 또한 하늘도 의당 슬퍼할 터이거늘, 두 사람의 죽음을 하늘은 구제하지 못했습니다. 생사여탈(生死予奪)의 권한을 달리 주관하는 자가 있는 것이어서 하늘이 힘을 쓸 수 없는 것인지, 나는 모르겠습니다. 하늘도 힘을 쓸 수 없는 것이라면 제아무리 성현이라 하여도 어찌할 도리가 없겠지요. 그래서 안자(顔子 안연)가 죽을 당시 안로(顔路)[66]는 사실 아무 탈도 없었는데도 안자가 죽었던 것이겠지요. 안자의 효심으로 어찌 차마 먼저 죽음으로써 그 아비를 슬프게 할 수 있었겠습니까. 그런데도 이러한 지경에 이르렀으니, 여기에는 필시 하늘에 속한 것도 아니요 사람에게 관계된 것도 아니요, 그렇게 되기를 기대하지 않았는데도 그렇게 되고 그렇게 되는 줄도

64 백우(伯牛)가……흐느끼셨고 : 《논어》 〈옹야(雍也)〉에 백우(伯牛)가 질병을 앓자 공자가 문병을 한 뒤 창문 너머로 손을 잡고는 "병에 걸릴 사람이 아닌데 걸렸으니, 명이로다. 이 사람이 이런 병에 걸리다니, 이 사람이 이런 병에 걸리다니." 하고 탄식하였다는 내용이 보인다.

65 안연(顔淵)이……애통해하셨으니 : 《논어》 〈선진(先進)〉에 "안연이 죽자 공자가 곡하며 너무도 애통해하였는데, 따라간 제자가 '선생님께서 너무도 애통해하십니다.'라고 하니, 공자가 '이 사람을 위해서 애통해하지 않고 누구에게 애통해하겠는가.' 하였다."라는 내용이 보인다.

66 안로(顔路) : 안회의 아버지이다. 안회가 죽었을 때 공자의 수레를 팔아 곽(槨)을 만들 것을 공자에게 청하였으나, 공자에게 거절을 당한 바 있다. 《論語 先進》

몰랐는데도 그렇게 되는 이치가 있을 것입니다.

하늘이 재주 있는 자를 냄에 그 뜻을 성취하게 해주고자 하는 마음은 자애로운 아비가 어린아이를 보호하는 마음과 다르지 않을 것입니다. 그러나 오직 성하고 쇠하고 막히고 통하는〔否泰〕[67] 운이 오고 가며 변하는 까닭에, 성하고 통하는 때를 만난 자라면 평범한 재주를 지닌 사내라 하여도 되레 각기 그 재주를 팔아 족히 천수를 누리기도 하고, 쇠하고 막힌 때를 당한 자라면 비록 성현의 재주를 지닌 자라 하여도 끝내 그 재주를 쓰지 못한 채 먼저 화를 입기도 합니다. 이것이 바로 가생(賈生 가의(賈誼))이 스스로 가슴 아파하고 후세 사람들이 그를 위해 애도하며 안타까워하는 이유입니다.[68] 그러나 가생은 문제(文帝)를 만나 한 해 만에 높은 자리로 승진할 수 있었으며, 그가 건의한 의론 중에는 또 한두 가지 시행된 것도 있었으니, 궁하다고는 말할 수는 없습니다. 반면 그와 같은 경술(經術)과 그와 같은 문장을 지니고도 다만 대신들의 미움을 사 장사(長沙)에서 답답하게 죽음으로써 끝내 그 학식을 다 펼치지 못한 것인즉 궁했다고 말해도 괜찮을 것입니다. 가생은 대략 33년을 살았는데, 공 역시 겨우 서른셋에 돌아가셨으니,

67 성하고……통하는 : '비태(否泰)'는 《주역》의 두 괘의 이름이다. 하늘과 땅이 서로 교류하지 않고 만물이 서로 막힌 것을 비(否)라 하고 하늘과 땅이 서로 교류하고 만물이 서로 통하는 것을 태(泰)라고 하여, 만물의 성쇠와 운명의 순역(順逆)을 표현한다.

68 가생(賈生)이……이유입니다 : 가의는 전한 문제 때 사람으로, 시문에 뛰어나고 제자백가에 정통하여 문제의 총애를 받았으며 약관에 최연소 박사가 되었다. 그러나 주발(周勃) 등 당시 고관들의 시기로 장사왕(長沙王)의 태부(太傅)로 좌천되었다. 뒤에 회왕(懷王)의 태부가 되었으나 33세에 요절했다. 후에 많은 문인들이 그를 굴원(屈原)과 병칭하며 애도를 표하였다.

오호라! 어찌 하늘의 뜻이 아니겠습니까. 하늘의 뜻이 아니겠습니까.

공이 남쪽으로 귀양[69] 갔을 적에 지은 시를 보니 가생을 끌어다 자신에게 견준 곳이 많았으니, 공이 장기(瘴氣) 가득한 바닷가에 갇혀 지내게 되자 본디 병이 많던 사람이 스스로 오래 살지 못할 것을 가슴 아파하여 가생과 같은 슬픔을 품었던 것 아니겠습니까? 비록 그러하나 공은 타고난 자질이 도에 가까우며, 온건하고 치우침이 없어 공문(孔門)에 있었다면 바로 이른바 "단비처럼 감화시킨다."[70]라고 한 사람이었을 것입니다. 내가 공을 애통해하고 애도하는 이유는 공이 안자처럼 되지 못한 것을 안타까워해서일 뿐이니, 어찌 가생처럼 되기를 공에게 기대하는 데 그쳤겠습니까. 애통하고도 애통합니다.

사람들에게 보배로 여겨지는 물건은 이지러지기 쉽고, 사람들에게 귀하게 여겨지는 사람은 온전하기 어렵습니다. 혹 공은 진실로 요절할 사람이 아닌데 다만 사람에게 귀히 여겨진 탓에 스스로를 온전히 지키지 못한 것일까요? 그런 것이라면 하늘이 차라리 공에게 몽기(蒙倛)나 방상(方相)[71]의 얼굴을 내리고, 공에게 포악하고 사나운 성정, 용렬하

69 남쪽으로 귀양 : 남유상은 영조 3년(1727)에 실록청 실록랑(實錄廳實錄郎)에 제수되었는데 소론의 영수 이광좌(李光佐)가 총재관(摠裁官)이 된 것에 불만을 품어 병을 핑계 대고 출사하지 않다가 견책을 받아 전라남도 영암에 유배되었다.

70 단비처럼 감화시킨다 : 공자와 같은 성인의 가르침을 뜻하는 말이다. 맹자는 공자의 교육 방식을 다섯 가지로 분류하면서 첫 번째로 "제때 내리는 단비처럼 감화시키는 경우가 있다.〔有如時雨化之者〕"라고 하였고, 그에 대한 주자의 집주(集註)에서는 "공자가 안자와 증자를 가르칠 때 바로 그렇다.〔若孔子之於顔曾是已〕"라고 하였다. 《孟子 盡心上》

71 몽기(蒙倛)나 방상(方相) : 여귀(厲鬼)의 이름이다. 눈이 넷인 것을 방상, 둘인 것은 몽기라 한다.

고 둔하고 어리석은 재주를 주어 사람에게 천시와 미움을 받음으로써 그 목숨을 온전히 하게 지켜줄 것이지, 도리어 수려하고 빼어난 바탕과 우뚝 빼어난 재주를 주어 사람들이 공을 귀히 여기게 함으로써 그것을 빌미로 목숨을 앗아갔단 말입니까? 하늘이 정말 이러하단 말입니까?

부자께서 안자를 사랑하지 않았다면 안자가 안 죽고, 백어(伯魚 공자의 아들)를 사랑하지 않았다면 백어가 안 죽었을까요? 가생이 재주가 없었다면 장수하였을까요? 이하(李賀)[72]와 이관(李觀)[73]과 형거실(邢居實)[74]의 무리에게 재주가 없었다면 요절하지 아니하였을까요? 그렇지 않다면 공이 무엇 때문에 죽었단 말입니까? 혹자는 말하기를,

"공은 너무 일찍 성공하고 이름이 너무 성하였다. 이름이 성하면 귀신이 꺼리고, 일찍 성공하면 꼭 멀리까지 이르지는 못한다."

라고 하는데, 그렇다면 감라(甘羅)[75]는 어떻게 경상(卿相)에 이르렀

72 이하(李賀) : 당나라의 천재 시인이라 일컬어지는 이하(李賀, 790~816)는 7살에 능히 시를 지을 줄 알아 한유(韓愈)와 황보식(皇甫寔)을 깜짝 놀라게 한 적이 있는데, 27세에 죽을 때 천상에서 붉은 옷을 입은 사람이 붉은 용을 타고 내려와서 "상제가 백옥루를 완성하고, 지금 그대를 불러다가 기문(記文)을 짓도록 명하였다."라고 하였다는 고사가 전한다.

73 이관(李觀) : 이관은 한유(韓愈)가 아끼는 친구 중 한 사람이었다. 문장을 지을 때 전인(前人)의 글을 답습하지 않으면서 한유와 막상막하의 실력을 겨루었는데, 29세에 타향에서 요절하자 한유가 묘지(墓誌)를 지어 슬퍼하였다.

74 형거실(邢居實) : 어려서부터 기이한 재주가 있어서 8세 때 이미 명비인(明妃引)을 지어 황정견(黃庭堅), 장뇌(張耒) 등이 그 재주를 몹시 사랑하였다. 아버지를 따라 수(隋)에 가 있으면서 〈남정부(南征賦)〉를 지었는데, 소식(蘇軾)이 그 글을 읽어보고는 탄복하기를, "이는 옛사람의 글솜씨를 빌려 온 것이다." 하였다. 그러나 19세의 나이로 폐병을 앓다가 죽었다.

75 감라(甘羅) : 진 무왕(秦武王)의 승상(丞相)이었던 감무(甘茂)의 손자로, 어린

고, 이필(李泌)[76]은 어떻게 후(侯)에 봉해졌습니까? 게다가 자고이래로 이름이 성대했는데도 천수를 누린 자 역시 많은데, 하늘이 어찌 그런 사람들 사이에 후하게 대하고 박하게 대하고 차이를 둔단 말입니까? 혹자는 말하기를,

"공은 병들고 가난하여 스스로 조섭하지 못한 탓에 이 지경에 이르렀다."

라고 하는데, 그렇다면 원헌(原憲)[77]을 두고 가난해서 죽었다고 말해야 합니까? 안자의 죽음을 두고 가난으로 인해 죽었다고 말해야 합니까? 두 사람의 목숨이 가난에 달려 있었지 하늘에 달려 있지 않았다는 말입니까? 애통하고도 애통합니다.

옛날 나의 자모께서 우리 형제를 낳으시고, 형의 나이 열셋, 내 나이 열하나에 세상을 뜨셨습니다. 임종 시에 거듭 우리를 돌아보고 흐느끼

나이에 큰 공을 세워 상경(上卿)에 봉해진 인물이다. 그는 12세 때 시황제(始皇帝)의 사명(使命)을 받들고 조 양왕(趙襄王)을 설득하여 다섯 성(城)을 떼어 받고, 또 양왕으로 하여금 연(燕)나라를 쳐 30개의 성을 빼앗고 그중 11개를 진(秦)나라에 바치게 하였다.

76 이필(李泌) : 7세에 이미 문장에 능하여 기동(奇童)으로 일컬어졌는데, 일찍이 숭산(嵩山), 종남산(終南山) 등지를 유람하면서 신선술에 빠졌다가, 현종(玄宗) 연간에 동궁(東宮)의 한림 공봉(翰林供奉)이 되면서부터 천자와 태자의 은총을 한 몸에 입게 되었다. 그 후 권신의 질시를 받아 한때 형산(衡山)에 은거하기도 했으나, 대종(代宗), 덕종(德宗) 때에 다시 부름을 받고 조정에 들어가서 뒤에 벼슬이 중서시중동평장사(中書侍中同平章事)에 이르고 업현후에 봉해졌다.

77 원헌(原憲) : 공자의 제자 원헌이 노(魯)나라에 실 때 매우 가난하여 오두막집 마당에는 띠풀이 무성하고 쑥대로 만든 방문은 온전하지 못했으며 깨진 독으로 구멍을 내서 들창문으로 삼고서, 위로는 비가 새고 아래는 습기가 찬 방에서 바르게 앉아 금슬(琴瑟)을 연주했다고 한다.《莊子 讓王》

며 말씀하시기를,

"너희를 버리고 죽는구나."

하셨고, 또 공을 가리키면서 울며 말씀하시기를,

"네가 이렇게나 자랐는데, 나는 네가 장가드는 걸 보지 못하는구나."

하셨습니다. 이때를 당하여 가대인께서 왼쪽에는 공을, 오른쪽에는 나를 끼시고서 마치 자모처럼 우리를 보듬어 길러주시고, 돌아가신 할머님께서 옷가지를 팔아서 먹을 것 입을 것을 마련해주신 덕분에 우리 형제는 살아갈 수 있었습니다. 가끔씩 그때 이야기를 하면 서로 끌어안고 눈물 흘리지 않은 적이 없었습니다. 그런데 어찌 알았겠습니까? 공의 나이 이제 겨우 자모께서 돌아가시던 나이이고, 아이가 아직 아내를 맞이하지도 못하였거늘, 공으로 하여금 우리 자모와 똑같이 지하에서 한을 머금게 할 줄을. 애통하고도 애통합니다.

공의 어버이를 사랑하는 성정은 하늘로부터 품부받은 것에 그 뿌리를 두고 있었기에, 힘을 다하고 마음을 다 바쳐 갖은 방법으로 봉양하면서,[78] 부모가 있는 것만 알 뿐, 자기 몸은 아랑곳하지 않았습니다. 무자년(1708)에 어머니의 상을 당했을 때 슬퍼하여 몸이 수척해지기를 마치 성인처럼 하였고, 매년 기일이 돌아올 때마다 눈물을 흘려 옷깃을 적시면서 엎드린 채 일어날 줄을 몰랐습니다. 이 모습을 보는 사람들도 가슴에 슬픔이 차올랐습니다.

집에 거할 때는 어버이 곁을 떠나지 않았으며, 갖가지 집안일이며

78 힘을……봉양하면서 : '致養無方'이란 때와 장소, 방법을 가리지 않고 부모를 극진히 봉양하는 효자의 도리이다. 《예기》 〈단궁 상(檀弓上)〉에 "좌우에서 나아가 봉양하되 일정하게 정함이 없다.〔左右就養無方.〕"라고 하였다.

일체의 응대하는 일이며 반드시 공이 대신 하면서도 한 번도 감히 태만한 모습을 보이지 않았습니다. 아버님 연세가 많아지실수록 집안 형편이 더 어려워졌는데, 제때 식사를 올리지 못할 때면 이를 가슴 아파하면서 자주 얼굴에 슬픈 기색을 띄었습니다. 한 가지 맛난 음식이 있으면 부모를 생각하였고, 부모님께서 미처 맛보지 못하였으면 끝내 먹지 않았습니다. 병신년(1716)에 가대인의 병이 위독해지자 공은 밤에 허리띠도 풀지 않았고, 낮 동안 두 끼를 먹지 않았으며, 의원을 맞이해 와서 절 올리고, 약을 먼저 맛본 후에 올렸습니다. 눈물 흘리며 병시중 든 것이 스무날이 넘었는데도 끝내 효험이 없자 글을 지어 신을 모신 사당에 직접 기도 올렸더니 이윽고 병이 나았습니다.

공 또한 병치레가 잦아서 가대인께서 심히 걱정하시었습니다. 공은 비록 병이 났다 하더라도 앓아누울 정도에 이르지 않으면 스스로 말하는 법이 없었고, 평상시처럼 애써 웃고 말하였습니다. 어쩌다 어버이와 떨어져 있는데 병에 걸리게 되면 근심을 끼칠 것을 염려하여 억지로 일어나 편지를 썼는데, 집안의 대소사를 모두 기록하면서도 오직 병 이야기만은 하지 않았습니다. 병이 심해져 몸이 지칠 때면 반드시 사람을 붙잡아 놓고 잠시 기다리게 한 다음 다시 썼으며, 심지어 겉봉투까지도 직접 쓰면서 심부름꾼에게 절대 나의 병에 대해 말하지 말 것을 신신당부하였습니다. 늘 자신으로 인해 부모에게 근심을 끼칠까 두려워하면서 밝디 밝은 이 마음 30년을 하루같이 지켜오더니, 지금 하늘과 땅이 다할 때까지 끝나지 않을 근심을 그 부모에게 남겨두고서 슬퍼하거나 연연해하는 마음을 한 푼도 두지 않는 것은 어째서입니까? 애통하고도 애통합니다.

공이 평소에 나를 사랑하는 마음은 스스로를 사랑하는 마음과 다르지 않았고, 나의 자식 보기를 자기 자식 보듯 하였습니다. 누이동생에게 불행히도 폐질(廢疾)[79]이 있어 자모께서 늘 불쌍히 여기며 근심하셨는데, 공은 누이동생을 대할 때마다 늘 처연히 슬퍼하시며, 음식이며 일상의 기거며 누이동생을 위해 좌로 우로 도와주셨습니다. 배가 고픈지 목이 마른지 늘 묻고, 추울 때나 더울 때나 살뜰히 보살펴주셨기에 병든 자로 하여금 거의 자신의 병을 잊게 할 정도였습니다. 몇 해 전 남쪽 군(郡)에 살던 누이동생이 출산에 임박하여 병에 걸린 일이 있었습니다. 공이 하루는 불길한 꿈을 꾸고 이튿날 길을 떠나 닷새를 달려가 살펴본 다음, 병이 다 나아서야 돌아오셨습니다. 매제 대하기를 동기간처럼 하여서, 셋이 서로 마주할 때면 먹지 않아도 배가 불렀고, 거의 반 발자국도 서로 떨어지려 하지 않을 정도였습니다. 하루라도 헤어져야 할 일이 있으면 마당에서 손을 잡고 주저하며 헤어지지 못하다가 한참이 지난 후에야 떠나갔는데, 그러고도 되레 두 번 세 번 고개를 돌리면서 속으로 아쉬워했습니다. 그런데 지금의 이별은 천고의 영결(永訣)이건만, 마치 낙토(樂土)로 가는 듯 훌쩍 한번 떠나버리면서, 끝내 잠시도 우리를 위해 머뭇거리려 하지 않는 것은 어째서입니까. 애통하고도 애통합니다.

나와 공은 형제로서 서로 은애(恩愛)하였고 또 사우(師友)를 겸하여 의(義)를 나누었기에, 공을 돈독히 사랑하고 공을 깊이 아는 자로 의당 나만 한 사람이 없을 것입니다. 공은 안에는 신명함이 간직되어 있고 밖으로는 정기(精氣)가 드러났습니다. 낯빛은 온화하고 기운은 장중

79 폐질(廢疾) : 몸에 장애가 있음을 뜻하는 말인데, 남유용의 누이동생은 눈이 멀어 앞을 보지 못하였다.

하였으며, 입은 무겁고 행동은 민첩하였습니다. 평생 몸가짐을 지켜오면서 공순하여 마치 아무것도 할 줄 모르는 사람처럼 행동하였으니, 겸손하지만 저속하지 않았고, 고상하지만 교만하지 않았으며, 정신은 또렷하고 풍류는 수려하였습니다. 효우(孝友)를 밖으로까지 미루어 나아감에 종족 간에 화목하였고, 가난하고 궁핍한 자를 긍휼히 여기고 고아와 과부를 보듬어 살피기를 마치 배고픔과 갈증이 자기 몸에 있는 듯이 하였습니다. 둘째 고모님인 이씨(李氏)의 부인[80]은 남편도 잃고 자식도 잃었는데, 공이 실로 그 집안을 도왔기에 고모님이 공을 깊이 의지하시면서 일찍이 말씀하시기를,

"내가 자식은 없으나 자식 같은 아이는 있구나."

라고 하였습니다. 임종 시에 눈물 흘리며 공에게 고아 될 손자를 부탁하니, 공도 울면서 그 부탁을 받들었습니다. 후에 아이에게 병이 생기면 그로 인해 식음을 전폐하면서 밤낮으로 아이 곁을 지켰습니다. 그때 공의 어린 딸아이도 병에 걸려 위태로웠는데, 공은 집 문 앞을 지나면서도 들어가 보지 않았습니다. 향당(鄕黨)이 이 일로 인해 감읍하며, 모두 "죽은 자가 다시 살아 돌아온다 하여도 산 자로서 정말 부끄러움이 없을 수 있다."라고 하였습니다.

천도(天道)에 지각이 있다면 이와 같은 사람은 의당 선에 대한 보답을 받아야 할 터이거늘, 복을 받지 못했을 뿐 아니라 다시 화를 입어 처를 과부로 만들고 자식을 고아로 만들기를 마치 복수라도 하는 것처럼 하였으니, 어찌면 하늘의 도란 것이 이와 같단 말입니까? 하늘이 사람을 세상에 낼 때, 타고난 본성을 따르고 정해진 윤상을 닦기를

80 둘째……부인 : 앞에 실린 제문에 보이는 이세신의 모친이다.

바랄 것입니다. 본성을 따르고 윤상을 닦는 것 중 효제(孝悌)를 돈독히 하고 과부와 고아를 긍휼히 여기며, 또 효제로부터 미루어 나가는 것보다 더한 것은 없을 터인데, 천하에는 이러한 도를 행할 수 있는 자가 드뭅니다. 지금 한 사람이 있는데, 이런 것에 뜻을 두고 몸소 실천해나갔는데도 하늘은 또 그에게 재앙을 내려 요절하게 하였습니다. 오호라. 사람 도리 다하기가 참으로 어렵구나. 악은 본디 행할 수 없고, 선은 행하여도 복을 얻지 못하니, 이것이 바로 사람들이 선을 행하는 것을 게을리하고 감히 악을 자행하면서, 하늘을 보고 흐리멍덩하다고 말하는 까닭입니다.[81] 어찌 애통하지 않겠습니까.

공은 일찍부터 문리(文理)를 깨달아 경전(經傳)으로부터 깨달음을 얻은 것이 많았습니다. 늘 말하기를,

> "문장의 쓰임으로는 시(詩)가 가장 커서, 안으로는 사람의 성정을 다스릴 수 있고, 밖으로는 시대의 성쇠를 살필 수 있다. 부흥(賦興)의 뜻[82]과 정변(正變)의 음(音)[83]처럼 한결같이 천연에서 나와 인위적인 것이 섞이지 않은 연후라야 비로소 시를 말할 수 있다."

81 하늘을……까닭입니다 : 《시경》 〈정월(正月)〉에 "백성들은 지금 위태로운데, 하늘 보면 흐리멍덩하기만 하네.〔民今方殆 視天夢夢〕"라고 한 데서 온 말이다.

82 부흥(賦興)의 뜻 : 《시경》에 육의(六義)가 있는데, 풍아송(風雅頌)과 부비흥(賦比興)이 그것이다. 후자는 수사법을 뜻하는데, '부'는 어떤 소감을 사실 그대로 서술하는 것이고, '흥'은 먼저 다른 사실을 읊어서 뒤에 읊고자 하는 말을 일으키는 것이다.

83 정변(正變)의 음(音) : 《시경》에 나오는 공명정대한 시와 퇴폐적인 시를 말한다. 국풍 가운데 정풍(正風)은 주남(周南)과 소남(召南)을 가리키고, 변풍은 패풍(邶風) 이하 빈풍(豳風)까지의 13국의 작품을 말한다. 대아(大雅)와 소아(小雅)에도 각각 주(周)나라의 흥망성쇠에 따른 정아(正雅)와 변아(變雅)가 있다.

라고 하였습니다. 그래서 시에 힘쓰기를 더욱 전적으로 하였는데, 한 편(篇)이 완성될 때마다 반드시 내게 평하게 하였고, 평이 끝나면 또 나더러 화답하게 하였습니다. 나 또한 주(邾)나라나 등(滕)나라[84]의 형편없는 작품을 가지고 대국의 단점(壇坫)[85] 사이에서 창화한 것이 수차례였습니다. 나의 보잘것없고 얕은 식견으로 공의 높고 심오한 경계를 다 알기에는 비록 부족하지만, 공이 지은 시를 좋아하고 읊고 감탄해온 것은 대개 동년 시절부터 이미 그러하였습니다. 매번 그 시를 읽을 때면 호련(瑚璉)[86]이 명당(明堂)에 진열되어 있고 소호(韶頀)[87]가 드넓은 궁정에서 연주되는 것만 같았으며, 맑고 참다운 뜻과 장중한 소리는 한 번 노래함에 여운이 길게 남았습니다. 공에게 있어 시는 비록 여사(餘事)요 말단의 기예였으나, 그래도 관각(館閣)에서 붓을 잡고 아송(雅頌)을 지음으로써 국가의 성사(盛事)를 읊을 수도 있었으련만, 하늘이 빨리 앗아가는 바람에 하나도 펼치지를 못하고 그 빼어난 재주며 영특한 견해며 모두 구천으로 가져가 흙과 더불어 썩어지게 만들었습니다. 지금 세상을 보아도 공을 대신할 자가 없으니, 어찌 통탄해하며 안타까움에 탄식하지 않을 수 있겠습니까. 애통하고도 애통합니다.

공이 낭주(朗州 전라남도 영암)로 귀양 갔을 적에 나는 사천(沙川)까지 따라갔습니다. 공은 내가 마련한 술을 마시고는 내 손에 있는 부채를

84 주(邾)나라나 등(滕)나라 : 아주 작은 속국을 뜻한다.

85 단점(壇坫) : 맹회(盟會)의 장소이다.

86 호련(瑚璉) : 종묘 제사에 서직(黍稷)을 담는 제기로서 옥으로 만든 것이다.

87 소호(韶頀) : 은나라 탕왕의 음악이다.

가져다 시를 적어주면서 이별하였는데, 그 글씨는 마치 어제처럼 그대로 남아 있습니다. 오호라! 낭주가 비록 멀다고는 하나 그래도 인간 세상에 있는 땅이고, 공과 나 모두 젊어서 또한 다시 만날 날이 있었는데도 도리어 술잔을 들고 서로 위로하며 시를 지어 이별하였구나! 또 한 번은 병을 앓던 중에 하루에 세 번 꿈에 공을 보았는데, 울적하니 근심에 쌓여 노래 12장(章)을 지음으로써 가슴속의 불평(不平)을 펼쳤습니다. 그런데 하물며 지금의 영결은 만고토록 또 우주가 다하도록 다시는 볼 수 없음이라, 술이 있어도 권하지 못하고 시를 지었어도 주지 못하니, 애통하고도 애통합니다.

내 이를 어찌 참으리오. 죽은 자에게 지각이 있습니까? 정말로 지각이 없습니까? 지각이 없다면 나 혼자 슬프지 공은 슬프지 않을 것이요, 지각이 있다면 내가 슬퍼하듯 공도 슬퍼할 것입니다. 비록 그러하나, 나의 슬픔은 부모 친척과 더불어 실로 위로받아 떨쳐 보내고, 실로 의지하여 기댈 수 있어 때로는 잊을 수도 있다지만, 공의 슬픔은 사람이 알 길 없어 홀로 구천에서 답답해하고 있으리니, 애통하고도 애통합니다. 이에 나는 죽은 자에게 지각이 없기를 실로 바라는 바입니다.

공은 남쪽에서 풀려나 돌아오자 오백옥(吳伯玉)[88]의 시냇가 별장에서 은거하였습니다. 나와 백옥이 찾아가 며칠 동안 머무르며 술을 마시고 시를 지었는데, 술이 얼큰해져서 서로 고금 치란(治亂)의 자취며

88 오백옥(吳伯玉) : 오원(吳瑗, 1700~1740). 본관은 해주, 자는 백옥, 호는 월곡(月谷), 시호는 문목(文穆)이다. 숙부인 해창위(海昌尉) 오태주(吳泰周)와 현종의 딸인 명안공주(明安公主)에게 입양되었다. 이재(李縡)의 처질이며 문인이다. 부제학·공조 참판 등을 역임하였고, 좌찬성에 추증되었다. 문집에 《월곡집》이 있다.

군자가 나아가고 머무르는 의(義)에 대해 이야기할 때면 공은 비분강개하기를 그치지 못하면서 눈물을 줄줄 흘리기까지 하였습니다. 이때부터 성시(城市)에서 사는 것에 염증을 내셨는데, 한 번은 가릉(嘉陵 경기도 가평)에 들어갔다가 그곳의 산수를 마음에 들어 하더니 마침내 터를 잡고 살 마음이 생겨 손수 그림을 그려 내게 보여주기도 하였습니다. 근자에는 또 선영(先塋)을 오가며 수백 그루 나무를 심었습니다. 늘 부모님 모시고 처자식 데리고서 띠 풀 베어내고 집을 나란히 지은 다음 나물 먹고 국 마시며 즐거움을 삼고자 하였습니다. 나도 장차 동쪽 마을에 있는 집을 팔고, 아내도 비녀와 귀걸이를 팔아 몇 이랑의 산밭을 산 다음, 온 식구를 데리고 함께 농사지으면서 공의 뜻을 따르고자 하였습니다. 누가 생각이나 했겠습니까? 이 계획이 막 시작되자마자 공이 갑자기 나를 버리고 저세상으로 가실 줄을. 애통하고도 애통합니다.

공이 돌아가시고 이레 뒤에 역적이 궐을 침범하여[89] 창칼을 휘둘렀습니다. 나는 공의 영구를 모시고 온 식구와 함께 송산(松山 양주)으로 나갔다가 또 고아를 보러 가릉으로 들어갔는데, 숲이며 샘이며 촌락이며 길이며 공이 그려준 것과 비슷했습니다. 공과 노닐었던 산속에 사는 승려와 들판의 노인들은 공이 산에 들어왔을 때의 상황을 말할 수 있었는데, 공이 작고했다는 말에 크게 탄식하였고 나 또한 그들과 마주하고 눈물을 흘리다가 통곡하는 지경에 이르렀습니다. 간혹 "살고 죽는 데는 운명이 있고, 오래 살고 요절하는 것은 정해진 때가 있으니, 수많은 천하 사람들 중 그 누군들 이를 면할 수 있겠소?"라고 말하면서 이로써

89 역적이……침범하여 : 이인좌(李麟佐)의 난을 가리킨다.

나를 위로하려는 자도 있었습니다. 나 또한 처음 그 말을 들었을 때 마음이 환히 트이기에 스스로 생각하기를,

'사람이 싫어하는 것 중에 죽음보다 더한 것은 없다지만, 달관한 자가 보면 비웃을 것이다. 어려서 집을 떠나 돌아올 줄을 모른다[90]고 여기면서 천지를 여관으로 여기는 자도 있고, 임금〔君〕이 되건 하인〔牧〕이 되건 모두 한바탕의 꿈이라고 여기는 자도 있다.[91] 나는 지금 공을 위해 곡하지만, 공 역시 일찍이 다른 사람을 위해 곡했었다. 그러니 나 또한 얼마 있다가 공을 따라 떠나가지 않겠는가?'

라고 하였습니다. 이윽고 이런 말로 스스로를 위안해 보았으나, 이런 마음은 잠시일 뿐, 눈 깜짝할 사이에 슬픈 감회가 다시 이르러 쫓아 보낼 수 없었습니다. 그런즉 조물주가 기왕에 공을 형으로 태어나게 하고 나를 아우로 태어나게 하여, 이 정의 뿌리가 내 마음을 휘감고 있는 것을 오로지 원망할 뿐이었으니, 애통하고도 애통합니다.

적막히 산속에 거하면서 방황하며 그림자를 돌아봅니다. 지팡이 짚고 문을 나서면 마치 기다리는 사람이 있을 것만 같은데, 해가 지고 나면 옷소매로 눈물을 훔치며 서글프게 돌아올 뿐입니다. 바야흐로 생장(生長)하는 여름을 맞아 만물이 자라나고, 조수(鳥獸)와 미물들도

90 어려서……모른다 : 《장자》 〈제물론(齊物論)〉에 "삶만을 좋아하는 것이 미혹된 것이 아닌 줄 어찌 알랴. 그리고 죽음을 싫어하는 것 역시 어려서 집을 떠나 돌아갈 줄을 모르는 것이 아니라고 어떻게 단언할 수 있으랴."라고 하였다.

91 임금이……있다 : 《장자》 〈제물론〉에 "큰 깨달음이 있고 난 뒤에야 이것이 큰 꿈이라는 사실을 알게 된다. 그런데 어리석은 사람들은 스스로 깨어 있다고 생각하여 잗달게 아는 체하며 임금〔君〕이라서 고귀하고 하인〔牧〕이라서 비천하다는 식으로 말들을 하니, 고루하다고 하겠다."라고 하였다.

서로 찾아 모여 무리 짓고 흔연히 서로 즐거워하건만, 나만은 하늘에 무슨 죄를 지었기에 이 처지가 되었단 말입니까? 밭일하는 노인, 들판의 농부는 어리석고 무지하여, 살아도 세상에 보탬 되지 못하고 죽어도 사람들에게 손해될 것이 없는데도 백발이 다 되도록 죽지 않건만, 공만은 무슨 일로 하늘을 저버렸기에 이런 지경에 이르렀단 말입니까? 푸른 나무가 그늘을 드리우고 노란 꾀꼬리가 이리저리 날아다니는데, 공과 함께 시를 짓고 싶어도 그럴 수가 없습니다. 산골의 해가 막 길어져 봄볕이 집을 비추는데, 공과 함께 책을 읽고 싶어도 그럴 수가 없습니다. 한 칸짜리 초가집에서 공과 함께 살고 싶지만, 이제는 그만입니다. 한 소쿠리의 보리밥을 공과 함께 배불리 먹고 싶지만, 이제는 그만입니다. 한 줄기 쓴 나물인들 무슨 수로 우리 형과 함께 먹을 수 있겠으며, 한 벌의 헤진 옷인들 무슨 수로 우리 형과 함께 입을 수 있겠습니까? 남겨놓은 한 상자의 글만 여기까지 따라왔기에 때때로 펼쳐보는데, 그 손때가 아직도 새것인 것만 같아 끌어안고 통곡하지 않은 적이 없습니다.

오호라! 공의 덕(德)과 공의 재주가 그 누구만 못합니까? 무슨 시험인들 붙지 못할 것이며 공경인들 되지 못하겠습니까? 하지만 황폐한 밭과 쓰러져가는 집을 우부우부(愚夫愚婦)도 다 능히 가지고 있거늘 공만은 구해도 얻지 못하였습니다. 게다가 공은 부귀를 싫어하고 빈천을 달게 여기던 사람이 아니었는지라 도(道)를 통해 얻었다면 만종(萬鍾)의 재산도 마치 자기가 본디 가지고 있던 것인 양 여겼을 것이거늘, 공으로 하여금 부귀를 즐기지 못하게 하고 빈천에 뜻을 두게 한 데서 이미 그 명의 궁박함을 볼 수 있습니다. 궁박한 명이 공경(公卿)이 되지 못하게 하였고, 또 우부우부도 가지고서 즐거움으로 삼는 것을 가지지 못하게 하였습니다. 하늘이 공에게 해독을 끼침이 또한 가히 멈출 만도 하련만, 끝에 가서 다시 그 목숨을 끊어놓은 후에야 통쾌히 여기다니, 이 무슨 까닭이란 말입니까?

내 일찍이 밤새워 울면서 생각해보았습니다.

'공에게 평소 무슨 보이지 않는 재앙이 있었던 것인가? 혹시 공의 골상(骨相)이 요절할 상인가?'

그 까닭을 알 수 없기에 다시금 흐느껴 울며 말하기를,

"나는 알겠노라. 하늘의 뜻인즉 '내가 이미 이 세상에 뜻이 없는데, 너를 남겨두어 무엇하겠느냐?' 하는 것이리라."

하였으니, 어찌 원통하지 않으리요? 어찌 슬프지 않으리요?

공은 아이일 때부터 담벽증(痰癖症)이 있어서 일 년에 서너 차례 발병하였으나 금세 절로 가라앉곤 하였습니다. 의원이 말하기를, 이 병을 가진 사람들은 대부분이 장수하니, 이대로 잘 섭생하면 오래 살 수 있다고 하였습니다. 또 담을 없애고 벽을 편안히 해주는 약이 있어서 이를 복용하면 바로 효험이 있었습니다. 공 역시 이것이 죽을병이라는 것을 알지 못했기에 조금만 차도를 보이면 바로 일어나 이 일 저 일 응대하였습니다. 근자에는 또 병이 도지는 일이 점차 드물어져서, 여덟아홉 달이 되도록 발병하지 않기도 하였습니다. 이에 공은 몹시 기뻐하면서, 어쩌면 이 병의 뿌리가 마침내 제거되었나 기대했습니다. 그러니 공이 끝내 이 병으로 인해 이 지경에 이를 줄 그 누가 알았겠습니까.

공은 처음 병이 도져서 돌아가실 때까지, 닷새 동안 한 마디도 뒷일을 언급하지 않았습니다. 공의 주도면밀함으로 말하자면, 평상시 집안일을 조치함에 있어 질서 있게 아우르면서 하나도 놓치는 법이 없었습

니다. 남쪽으로 귀양 갔을 적에 집에 보낸 편지에서도 온갖 먹고 자는 것이며 살림에 대한 상황들을 종이 몇 장을 이어가며 상세히 적었는데, 반드시 마치 직접 이곳에 와서 눈으로 보는 것처럼 하면서 집안사람들의 근심 걱정을 풀어주기 위해 애쓰셨습니다. 그런데 지금 삶과 죽음으로 이별하는 즈음에 한마디 말씀도 하려고 하지 않은 것은 어째서입니까? 악귀(惡鬼)가 급히 다그치며 잠시도 목숨을 빌려주려 하지 않은 탓에, 가슴속에 비록 만 가지 한이 남아 있음에도 꺼내 말할 수 없었던 것입니까? 죽음을 앞두고 슬프고 고달픈 이야기를 하면 그저 어버이의 마음을 거듭 아프게 하기에 족할 뿐이라고 여겨 참고 말하지 않으면서, 차라리 자신이 구천으로 한을 가지고 가 눈 감지 못한 혼령이 되고자 끝내 차마 한 가닥 숨이 꺼지기 전에 자부(慈父)에게 수심을 남기지 못한 것입니까? 애통하고도 애통합니다.

공은 목숨이 위태로워지자 시중드는 자에게 명해 머리가 북쪽을 향하도록 자리를 펴게 하고는 나를 거듭 돌아보았습니다. 내가 그 손을 어루만지자 공이 나의 손을 잡으며 마치 무슨 말을 할 듯하였으나 끝내 말하지 않았습니다. 나 또한 증세를 위중하게 만들까 봐 두려워서 하고 싶은 말이 무엇이냐고 감히 묻지 않았는데, 지금에 와서 돌이켜 생각해 보니 애간장이 끊어질 것만 같습니다. 공이 하려고 했던 말이 무엇인지 알 수 없지만, 내가 그 참에 물어보았더라면 공 또한 한마디 하였을까요? 공은 삶과 죽음으로 나뉘는 이치에 대해 이미 정해진 식견이 있었기에, 죽음에 임해 정신도 혼미하지 않고 말도 어긋나지 않았으며, 슬프거나 가련한 기색을 짓지 않았습니다. 따라서 설령 내가 물었다 해도 분명 조용히 담소하며 그 마음을 크게 상하는 지경에는 이르지 않았을 터이거늘, 이것은 나의 죄입니다, 나의 죄입니다.

나는 평소 공과 함께 지낼 적에 속내를 다 꺼내 보여주었기에 지기(知己)로서의 감정을 지니고 있다고 스스로 여겨왔습니다. 그런데 생사의 갈림길에서 손을 잡고 당부하면서도 몰래 참으면서 말하지 못한 것이 있었다니, 그 마음이 또한 애처롭습니다. 비록 그러하나 공이 말하고 싶었던 것이 무엇이었는지, 물어보지 않고도 나는 다 알 수 있습니다. 공이 말하지 않았던 것도 내가 이미 알고 있어서 공이 말할 때까지 기다릴 필요가 없다는 것을 잘 알고 있기에 마침내 말하지 않은 것이 아닌 줄 또 어찌 알겠습니까? 오호라. 더욱이 슬퍼할 일이로다.

나는 일찍이 공은 겉모습은 청아하지만 속은 실로 강인하여 비록 칠십, 팔십까지는 못 산다고 하여도 중간 정도의 수명은 가능할 것이고, 나는 비록 공보다 두 살 아래이지만 속이 실로 부실하여 중간 정도의 수명도 되레 어려울 것이라고 생각했습니다. 그런데 지금 내가 공을 위해 통곡을 하고 있으니, 이는 또 어찌 된 일입니까? 공이 기왕에 나보다 먼저 태어났으니, 앞으로 2, 30년 뒤에 비록 나보다 먼저 죽는다 한들 또 어떻겠습니까? 지금 공은 이미 죽고 나는 아직 젊지만, 나의 목숨이 앞으로 몇 년이나 남았을지 또한 알지 못합니다. 죽기 전까지의 시간 동안 공을 그리워하지 않는 날이 없을 것인데, 마음이 목석이 아니고서야 이를 어찌 견딘단 말입니까. 아아, 그만입니다! 나는 이 세상에 더 이상 즐거움이 없습니다. 애통하고도 애통합니다.

공이 벼슬하여 임금을 섬긴 것은 겨우 석 달 뿐이라, 흉중에 담았던 포부를 하나도 펼치지 못하였기에, 평소 공에게 탄복하던 벗들이라 하여도 한갓 공의 문장이 훌륭하다는 것만 알 뿐 재능을 충분히 갖추고 있었음은 알지 못하고, 공에게 고결한 행실이 있는 것만 알 뿐 조행(操行)의 굳세고 위대함은 알지 못합니다. 공은 제생(諸生)이 되었을 때부

터 이미 경세(經世)의 뜻을 지니고 있었습니다. 늘 말하기를,

"나라를 위해 도모하는 데는 방법이 있으니 먼저 치란(治亂)의 기미를 알아야 하고, 임금을 바로잡는 데는 도(道)가 있으니 먼저 의리(義利)의 차이를 구분해야 하며, 몸을 바로 하는 데는 요점이 있으니 먼저 출처(出處 나아가고 물러나 거함)의 절개를 알아야 하고, 사람을 다스리는 데는 방법이 있으니 먼저 사정(邪正)의 구분을 살펴야 한다. 이 네 가지를 다 하고자 하면 경전의 도움을 받아야 할 뿐만 아니라 또한 반드시 전대의 말씀과 전대의 행실에 두루 통달해야 하고, 당세의 업무를 참고해야 한다."

라고 하였습니다.

그러나 사서(史書)가 정신없이 어수선하여 요지를 들기 어려운 것을 외려 걱정하였습니다. 일찍이 내게 명하여 《좌씨전(左氏傳)》 강목(綱目)에서 고인의 훌륭한 말씀이나 좋은 행실을 편집하게 하고, 공은 또 찬절(纂節)과 수록(手錄)을 약간 더하여 몇 권으로 만들었습니다. 또 역대 명신(名臣)들의 주장(奏章) 중에서 의리(義理)에 관계된 것을 편차하되 〈이훈(伊訓)〉[92]에서부터 시작해 편록(編錄)한 것이 또한 수백 편(篇)이었습니다. 장차 아래로 국조(國朝)에까지 이를 계획이었으나, 반도 채 이루지 못하였습니다.

공은 또 고금의 시문(詩文) 저술이 너무 방대하여 이루 다 송독할 수 없으며, 중간에 선집(選集)으로 엮는 법이 있기는 하였지만 넓고 간략함에 중도를 잃은 것을 근심하여, 일찍이 동지들과 함께 이른바

92 〈이훈(伊訓)〉 : 《서경》의 편명이다. 탕(湯)의 뒤를 계승한 태갑(太甲)에게 선조의 훌륭한 뜻을 잘 받들도록 재상인 이윤(伊尹)이 훈계한 글이다.

《고시원류(古詩源流)》라는 것을 지으려고 도모하였습니다. 대개 풍아(風雅)에서 발원하여 한위(漢魏) 사이로 물결이 흘러 들어가고, 성당(盛唐)에서 큰 바다로 나아갔다가 송명(宋明)에 이르렀으며, 국조(國朝)는 부록할 계획이었습니다. 손수 8, 9권에 달하는 고문을 직접 기록하였는데, 내가 실로 그 일을 도왔습니다. 《춘추(春秋)》 삼전(三傳)과 태사공(太史公)·반고(班固) 및 선진(先秦) 이하 고문에 수록된 당송 대가(大家)들의 글도 기왕에 공과 함께 편찬하여 모두 그 목록을 갖추었기에 장차 글씨 잘 쓰는 사람에게 베껴 쓰게 하여 한 질로 엮고자 도모하던 중이었으나 이제는 그만입니다. 아아! 가슴 아픕니다. 공이 이 책들을 편집해온 것이 이미 십여 년이었는데, 취하고 버릴 것을 토론하고, 같고 다른 것을 고증하고 비교하는 일에 있어 나는 그 서론(緖論)에 참여하지 않은 적이 없습니다. 규모도 거칠게나마 세워지고 법례(法例)도 대략 갖추어졌거늘, 지금 홀연 공을 잃고서 나만 혼자 남았습니다. 내 비록 이 뒤를 이어 일을 진행하고 싶어도, 비유하자면 훌륭한 장인(匠人)이 큰 건물을 짓다가 채 반도 안 짓고서 갑자기 일어나 떠나버리고, 솜씨 없는 장인이 그 옆에 있다가 망연자실 어찌해야 할 바를 알지 못해 하는 것과 같은 형국입니다. 비록 그렇기는 하지만, 내 결단코 공의 숙원 사업이 마침내 민멸되어 전해지지 않게 하지는 않을 터, 응당 두세 사람과 더불어 정해 놓은 규례에 따라 이 책을 완성할 것입니다.

공의 유고(遺稿)는 공이 돌아가신 뒤라 더욱 소중해지는데, 책 상자에 흩어져 있던 잔편(殘篇)과 끊어진 편장들을 모두 모았더니 천여 편을 얻을 수 있었습니다. 이제 다시 집안 어른에게 질정을 구하고 동지들과 상의하여 빼어난 것만 채택함으로써 불후를 영원히 도모해야 마땅할 것입니다. 더구나 공은 평소에 저술이 있을 때마다 긴 글이건 짧은 문장이건 따지지 않고 반드시 내 앞에서 오래도록 평가하였기에 지금 공이 비록 돌아가셨어도 그 뜻이 가하다고 여긴 것과 그렇지 않게 여긴 것을 나는 모두 알고 있습니다. 그러나 유독 〈설악일기(雪嶽日記)〉와 〈가야잡시(伽倻雜詩)〉만은 11년이나 버려둔 채 끝내 원고를 꺼내지 않아 내가 보여 달라고 청한 것이 수차례였습니다. 그래서 공이 나를 위해 대여섯 편을 읊어주기는 하였으나, 끝내 전부 다 꺼내려 하지 않으시면서 말씀하시기를,

"나는 후산(后山)의 전례[93]를 따르고자 하니, 문 닫아걸고 깊이 생각하여 옛날 원고를 다시 정리한 다음 내 뜻에 만족스러워진 연후에 너더러 보라고 할 것이다."

라고 하였습니다. 지금 시축 중에 있는 것은 대부분이 시커멓게 먹칠한 어지러운 초고일 뿐이라, 비록 찾아가며 교정하고 점검하게 한다고 하여도 공의 뜻에 다 맞을지 모르겠습니다. 애통하고도 애통합니다.

공은 필법이 유려하고 정교하여 언제나 마치 신의 도우심이 있는 듯하였으며, 붓을 휘둘렀다 하면 글자가 완성되었는데, 글자가 완성되자마자 이미 누군가가 주워 가서 보배로 여기며 완상하곤 하였습니다.

93 후산(后山)의 전례 : 후산은 송나라 때 시인 진사도(陳師道)의 호이다. 그의 문인 위연(魏衍)이 《팽성 진선생집기(彭城陳先生集記)》에서 이르기를, 그는 "조금만 마음에 차지 않으면 바로 버렸기에 집안에 남아 있는 것이 이것밖에 없다."라고 하였고, 본인도 〈진관에게 주는 답장〔答秦觀書〕〉에서 말하기를, "저는 시를 누군가로부터 배운 적이 없었으나 젊어서부터 좋아하여 늙을 때까지 싫증 내지 않았기에, 지은 시가 수천 편에 달했습니다. 그러나 한번 황예장(黃豫章 황정견)을 만나고서는 원고를 다 태워버리고서 그의 시를 배웠습니다."라고 하였다.

나를 위해 써준 글씨 중에 〈시운첩(時運帖)〉과 《시경》 〈상체장(常棣章)〉이 있으며, 나머지 낱장에 써준 글씨도 이루 다 헤아릴 수 없을 정도입니다. 종종 상자 속에서 공이 장난삼아 쓴 글씨를 꺼내 볼 때면 눈길이 닿자마자 마음이 놀라, 마치 천년 전의 기이한 필적을 보는 것만 같습니다. 태반은 십수 년 전에 쓴 시문의 부스러기 원고들인데, 그 날짜를 모두 기억할 수 있어서 종이를 채 반도 펼치기 전에 미처 훔칠 새도 없이 눈물이 쏟아집니다. 형제의 죽음에 있어 비록 안타까워할 만한 재주가 없는 자라 하여도 그 누군들 슬픔을 다하지 않겠습니까? 지금 나는 애달파하고 안타까워하는 마음이 교차하며 나란히 생겨나니, 비유하자면 마치 오른손이 잘려 나갔을 때 먼저 경악하며 아파한 연후에 그 안타까움을 아는 것과 같습니다. 그러나 아픔은 그칠 때가 있으나 안타까워하는 마음은 수시로 터져 나와 끝내 잊을 길이 없으며, 안타까운 마음이 잊히지 않으면 슬픔이 따라서 일어나나니, 아아, 그만입니다. 무슨 말을 더 하겠습니까.

내 불가(佛家)에서 하는 말을 들으니 사람이 죽어도 일기(一氣)가 사라지지 않아 윤회하는 이치가 있다고 합니다. 게다가 공이 병들었을 무렵 잠꼬대처럼 중얼거리는 소리로 '상제께서 나를 부르신다.'고 하는 말을 들었습니다. 오호라! 공은 타고난 기질이 지극히 맑았고 평생 선한 일을 하였으니, 그 영혼은 분명 귀하고 영험해졌을 것입니다. 장차 구름을 타고 해와 달을 옆에 끼고서 옥황상제 앞에 나아가 알현하여 진관(眞官) 선리(仙吏)가 되었을까요? 아니면 밝디밝은 해와 달이 되고, 찬란한 별이 되었을까요? 혹 우뚝 솟아 산악이 되고, 흘러 흘러 강과 바다가 되었을까요? 물(物)이 되었다면 기린·봉황·거북·용 등 상서로운 족속이 되고, 나무가 되었다면 오동이나 대나무[94]처럼 진

귀한 식물이 되었을까요? 아니면 내려와 다시 인간이 되었을까요? 영혼이 떠나가서 과연 나의 자모(慈母)를 만나 옛날처럼 받들고 모시는 즐거움을 누리고 있을까요? 자모의 무덤을 두고 풍수 보는 자 중 혹자는 편안하고 재난이 없다고 말하였고, 혹자는 불길하니 반드시 옮겨야 한다고 말하였습니다. 두 사람의 말 중 누가 맞고 누가 틀리는지, 공이 내 꿈에 나타나 알려주시기를 바랍니다.

공의 아들은 이제 열네 살인데, 그릇 크기와 도량이 남다르고 학업이 조금씩 발전하고 있어 우뚝 보통을 넘어서니, 그래도 천도(天道)가 있어 장차 공에게 보답하려는 것임에 분명합니다. 이제 해야 할 일은 이 아이를 잘 기르고 이 아이를 잘 가르쳐서, 성인이 되기를 기다렸다가 처를 얻어와 아이를 낳게 하는 것입니다. 또 여러 딸들이 자라기를 기다려 혼사를 다 마침으로써 형수로 하여금 의지하며 살아갈 수 있게 하고, 부모의 슬픔을 위로하고, 가문의 기망에 부응하는 것입니다. 또 장차 공의 언행을 다 기록하여 입언(立言) 군자[95]가 글로 지어주기를 기다렸다가 묘지 앞에 세움으로써 후세로 하여금 징험할 수 있게 하는 것입니다. 그런 연후라야 공의 혼백이 기꺼이 "내게 아우가 있구나."라고 말할 것이요, 내가 죽는 날 지하에서 공을 만나도 부끄러운 낯빛이 없을 수 있을 것입니다.

세월은 쉬지 않고 흘러 하관할 날이 잡혔습니다. 한번 두터운 흙

94 오동이나 대나무 : 《장자》 〈추수(秋水)〉에 "원추라는 봉황새가 남해를 출발하여 북해로 날아갈 적에 오동나무가 아니면 내려앉지 않고 대나무 열매가 아니면 먹지 않으며 약수가 아니면 마시지 않는다."라는 말이 나온다.

95 입언(立言) 군자 : 묘지명을 지어 후세에 남길 사람을 가리킨다.

속에 갇히고 나면 천 년 동안 열리지 않으리니, 아침저녁으로 관을 부여잡고 통곡하는 일도 장차 하지 못할 것입니다. 양주의 산에는 소나무 있고 가래나무 있습니다. 양주의 물에는 개구리 풀 있고 마름 있습니다. 나의 조고(祖考)와 조비(祖妣) 여덟 대(代)가 실로 이곳에 묻혔고, 나의 어머님 또한 이곳에 묻혀 있습니다. 공이여, 그곳으로 돌아가 편안히 쉬십시오. 애통하고도 애통합니다.

바위는 닳으면 없어질 날 있으리나 이 원한은 없어질 날이 없습니다. 강물은 떠 마시면 마를 날 있으리나 이 한은 마를 날이 없습니다. 정신이 어질어질하여 바보가 된 듯, 미치광이가 된 듯합니다. 입에서 나오는 대로 글을 지었더니 내용에 순서라곤 없습니다. 가슴속에 하고 싶은 말을 백에 하나도 못 했기에, 오직 소장공(蘇長公) 시에 나오는 "그대와 대대토록 형제가 되어, 내생에는 끝나지 않을 인연을 다시 맺어 보자꾸나."[96]라는 구절을 영구 앞에서 경건히 읊조릴 뿐입니다. 공이여, 들으십니까? 듣지 못하십니까?

아득한 이 세상 悠悠此世

96 그대와……보자꾸나 : 소식(蘇軾)이 시사(時事)를 의논하다가 감옥에 갇혀 괴로운 날을 보내면서 아마도 살아남지 못할 것이라고 짐작하고는 〈내가 일에 연루되어 어사대 옥에 갇혔는데 형리에게 고초를 당하였다. 혼자 생각하기를 이를 감당하지 못하고 옥중에서 죽으면 자유와 한번 이별도 못하겠구나 싶어서 시 두 수를 지어 옥졸 양성에게 주면서 자유에게 전해달라고 하였다.〔予以事繫御史臺獄, 獄吏稍見侵, 自度不能堪, 死獄中, 不得一別子由. 故作二詩, 授獄卒梁成以遺子由.〕〉라는 시를 지어 아우인 자유(子由)에게 영결(永訣)을 고한 시의 마지막 부분에 "너와 함께 대대로 형과 아우로 지내면서, 내생에서도 다하지 않을 인연을 다시 맺자꾸나.〔與君世世爲兄弟, 又結來生未了因.〕"라는 표현이 나온다. 《蘇東坡詩集 卷19 予以事繫御史臺獄云云》

즐거움 적고 슬픔만 많아라 樂少哀多
공은 떠났으니 무슨 슬픔이 있을까 公去奚悲
내가 남은들 무슨 즐거움이 있을까 我留奚樂
뱃속 가득한 것은 다 슬픔이요 滿腹皆悲
땅에 떨어지는 것은 다 눈물이로다 墮地皆淚
삼가 생각건대 존령(尊靈)께서는 伏惟尊靈
나를 불쌍히 여기시어 내 제사 흠향하시라 哀我歆我
상향(尙饗)

유군산 부기 에 대한 제문
祭兪君山 阜基 文

그대의 기운은 거침없고 그대의 입은 통쾌했는데, 험난한 세상을 만나고도 유독 그 기운을 가두고 그 입을 닫지 못한 까닭에 마침내 이로써 누차 사람들에게 미움을 받았고, 형구(刑具)를 짊어지고 옥에 갇혀 거의 추위와 굶주림에 옥사할 뻔하였다가 마침내 풀려났습니다.[97] 이윽고 자신의 부족한 바를 보충하고[98] 기이한 성질을 수렴하여, 남쪽 밭으로 나가서 밭 갈고 고기 잡아 노인을 봉양하였습니다. 저쪽에서 그대를 미워하고 싫어하던 자들도 조금 풀어졌는데 홀연히 죽다니, 아아 슬픕니다!

다섯 해 동안 똑같은 군산(君山)을 두고 어떤 때는 반드시 죽을 처지에서 구해내고 어떤 때는 이미 살아난 후에 빼앗기도 하였으니, 천도(天道)가 어찌 그리 일정치 않단 말입니까. 혹 그대가 이미 타고난 명을 다 살아서 그때이건 지금이건 모두 죽었어야 하는데, 많은 이들이

97 형구(刑具)를……풀려났습니다 : 유부기(兪阜基)는 유명홍(兪命弘)의 아들로, 남유용에게는 막내 처남 되는 인물이다. 《경종실록(景宗實錄)》 4년(1724) 1월 12일 기사 및 같은 날 《승정원일기》를 보면 "1723년(경종3)에 유부기(兪阜基)가 배천(白川)의 통인(通引) 조중로(趙重老)에게 장(杖)을 가한 일이 있었는데 얼마 있다 조중로가 죽었다. 당시 형조에서 보고 기한이 지난 것으로 보고하여 도배의 율로 감처되었으나, 장살(杖殺)의 의혹이 있다 하여 다음 해에 별도로 어사를 보내어 다시 조사하게 하였다."라는 기록이 보인다.

98 자신의……보충하고 : 《맹자》 〈고자 하(告子下)〉에 "마음을 조심스럽게 가지고 성품을 참아 자신의 부족한 바를 보충한다."라는 말이 나온다.

분노하는 중에 죽게 된다면 그대에게 있어서는 원통함이요 하늘에 있어서는 불인(不仁)이 되겠지만, 이미 벗어난 후에 죽게 된다면 하늘에 있어서는 인자함이요 그대에게 있어서는 원통함이 없어지게 되어서일까요? 나는 깊이 생각해도 그 까닭을 알 수 없어 한갓 군산을 위해 슬퍼할 따름입니다.

상향(尙饗).

백씨 소상 하루 전날 지은 제문

伯氏小祥前一日祭文

유세차 기유년(1729) 3월 초이레 신해일은 태화(太華 남유상의 호) 선생의 소상 전날입니다. 사제(舍弟)인 유용이 삼가 변변치 않은 제수를 갖추어 영연(靈筵)에 밝히 제사 올리고 글을 지어 슬픔을 고합니다.

아아, 슬픕니다! 선생이 돌아가신 후로 친척과 벗들이 슬퍼 애도하고 탄식하며 안타까워하는 마음은 오랠수록 더욱 쇠하지 않고 있습니다. 혹자는 말하기를 하늘이 한 일이라고 하고, 혹자는 말하기를 사람이 한 일이라고 합니다. 불민한 저는 일찍이 선생으로부터 말씀을 들은 적이 있기에, 몰래 하늘이 한 일이지 사람이 한 일이 아니라고 생각하고 있습니다. 선생이 남쪽으로 귀양 갈 적에 나를 돌아보며 말씀하시기를,

> "최상은 나의 도(道)를 행하고 나의 말을 전달하여 우리 임금을 저버리지 않는 것이고, 그다음은 나의 행실을 고결히 하고 나의 뜻을 겸손히 하여 나의 부모를 욕되게 하지 않는 것인데, 나는 둘 다 못하게 되었구나."

라고 하였습니다. 이 두 마디 말이면 선생의 심사를 다 드러낼 수 있을진대, 그 징험은 돌아가신 후에 나타났습니다.

오호라. 선생이 아직까지 살아있었다면, 최상의 것을 하고자 하여도 시대가 불가능했을 것이고, 그다음 것을 하고자 하여도 의리상 불가했을 것이니, 두 가지가 다 불가능하다면 그 인생은 그저 구차할 따름입니다. 구차히 사는 것은 하늘이 선생에게 명한 바가 아니지요. 옛사람

은 가생(賈生 가의(賈誼))을 논하면서, "가생이 죽지 않고서 몇 년의 수명을 더 얻었다면 등통(鄧通)[99]이 아첨하여 총애받는 꼴을 보았을 것이고, 십년의(십 년의) 수명을 더 얻었다면 칠국(七國)이 반역[100]을 일으키는 것을 보았을 터, 이때 이르러 필시 근심과 울분으로 죽었을 것이다."라고 하는데, 참으로 맞는 말입니다. 이는 하늘이 가생을 세상에 내시면서 본디 오래 있을 수 없는 땅에 두었던 것이니, 사람의 힘이 미칠 수 있는 바가 아닙니다.

선생께서 조정에 계셨던 기간은 겨우 석 달인지라, 유술(儒術)이며 문장이며 하나도 펼쳐보지 못하였습니다. 유독 옥중에서 쓰신 편지에서만 대략 임금을 섬긴 큰 절의(節義)를 볼 수 있으나, 그 말이 쓰이지 못하고 다시금 화를 입었습니다. 돌아가시고 몇 달 지나지 않아 역적이 거병하였는데,[101] 이른바 '숙묘(肅廟 숙종)를 저버리고 선왕께 누를 끼칠' 자가 권력 휘두르기를 날로 제멋대로 하고, 의기가 날로 거세어져서 그 칼날을 건드리기만 하면 화가 번번이 뒤따랐습니다. 만약 선생이 죽지 않아 오늘을 보게 되었다면 그 비분과 근심 어린 탄식이 필시

99 등통(鄧通) : 가의(賈誼)를 모함하여 죽음에 이르게 한 인물이다. 효문제(孝文帝) 때 처음으로 황두랑(黃頭郎)이 되었으나, 후에 총애를 받아 상대부(上大夫)의 지위에 올랐다. 전후로 많은 하사를 받았는데, 특히 촉군 엄도(嚴道)의 동산(銅山)을 하사받고, 사사로이 돈을 주조하는 일도 허락받아 결국 등전(鄧錢)이 두루 천하에 퍼졌다. 경제(景帝) 즉위 후 관직에서 면직되고, 얼마 후 재산이 모두 몰수되어 곤궁한 채로 죽었다. 《사기》 125권 〈영행열전(佞幸列傳)〉 참조.

100 칠국(七國)이 반역 : 조조(晁錯)가 경제 때 강성해진 제후들을 억제하기 위하여 그들의 봉지를 삭감하려 하자 오(吳)·초(楚) 등 일곱 나라가 이에 반란을 일으킨 일을 말한다.

101 역적이 거병하였는데 : 이인좌(李麟佐)의 난을 가리킨다.

전보다 열 배는 더하였을 터, 그 화가 영해(嶺海) 밖으로 귀양 가는 데 그치지 않았을 것입니다. 그러니 또한 하늘이 선생을 세상에 낼 때 이미 오래 머물 수 없는 땅에 두었던 것입니다. 설사 작년에 돌아가시지 않았다 하더라도 나는 그 수명이 끝내 길지는 못했으리라는 것을 분명코 압니다.

하늘이 인재를 낼 때는 본디 큰일을 하게 하려 하지만, 기수(氣數)와 관계된 바에 이르러 그 쓰임을 펼칠 길이 없게 될 시 다시 끌어오면서 혼탁한 세상에서 욕을 당하지 않도록 하십니다. 자고로 뜻을 지녔으되 명이 박복한 사람이 또한 몇 명이나 되어, 천년이 지난 오늘날까지도 사람들로 하여금 눈물 흘리게 합니다. 그런데 지금 또 불행히도 우리 선생에게서 이런 일을 친히 보게 되었으니, 오호라, 슬프구나! 누가 이렇게 되게 만들었는가!

작년에 선생이 돌아가시고 나서 이레 만에 난이 일어났습니다. 가대인(家大人)께서 관을 어루만지며 변고가 일어났음을 고하시고는 또,

"네가 무엇을 슬퍼했는지, 그 이유를 알겠구나."

라고 말씀하셨습니다. 가대인을 따라서 울던 빈객과 자제들도 모두 "저 죽은 사람이 부럽습니다."라고 말하였습니다. 이때를 당하여 종사(宗社)가 위태로워 아침에 저녁을 도모할 수 없고, 뜻있는 선비와 어진 이들은 어디를 가건 제명에 죽을 수 없었습니다. 오직 선생만은 초연히 승화하여 찬연히 더러운 세상을 떠나셨으니, 혼탁한 세상을 내려다보시기를 마치 먼지나 쭉정이만큼도 못 하게 여기실 터, 그 즐거움이 그래도 꿩과 토끼가 풀 사이에 뛰어가 엎드려서는 근심하며 살려고 도망치는 것보다야 낫지 않겠습니까? 이에 저는 하늘이 선생을 처우하신 것에 본디 또한 부득이한 것이 존재함을 알게 되었습니다.

세월이 쉬지 않고 흘러 소상일(小祥日)이 벌써 다가왔습니다. 삼십 년 형제의 우애가 마치 하루의 일처럼 또렷하건만, 양주(楊州)의 무덤엔 풀이 벌써 묵었습니다. 매번 생각하건대 연로하신 부모님은 침통함이 가슴에 사무쳐 병환이 해마다 이어지고, 저 또한 이 세상에서 홀로 쓸쓸히 지내느라 뜻은 날로 황폐해지고 배움은 날로 퇴보한 채 더 이상 세상에 쓰이고자 하는 뜻이 없습니다. 몇 묘(畝)의 전원을 얻어 몸소 농사지으며 물고기 잡고 나무도 하여 늙으신 부모님을 봉양하고, 과부 된 형수, 고아 된 자식과 옆집에서 나란히 함께 밥 지어 먹으며, 자식에게 경사(經史)를 가르치고 딸에게 명주실이며 삼실 잣는 법을 가르쳐 유유자적 즐거움으로 삼으면서 선생의 고결한 행실과 겸손한 뜻을 뒤따르고 싶습니다. 그러나 사방을 둘러보아도 의지할 만한 한 조각 땅도 없는 데다가 근자에는 또 침원(寢園)의 녹[102]에 매여 있어 미처 해직을 구할 겨를도 없습니다. 장차 구차한 삶이 되지 않으리라 점칠 수도 없기에, 늘 가슴 치며 스스로 슬퍼하면서 선생께서 구천에서 다시 살아오지 못하는 것을 더욱 슬퍼하고 있습니다.

엎드려 생각하건대 선생께서는 나의 뜻을 슬피 여기고 나의 정성을 내려다보시어, 이 형작(泂酌)[103]을 흠향하시겠지요.

상향(尙饗).

102 침원(寢園)의 녹 : 이때 남유용이 강릉 참봉(康陵參奉)으로 있었다.

103 형작(泂酌) : 변변치 못한 제수를 이른다. 《시경》 〈형작〉에 "저 길가에 고인 빗물을 멀리 떠다가, 저기에서 떠내고 다시 여기에다 붓는 정성만 지극하다면, 제사에 올리는 밥도 만들 수 있다."라는 말에서 유래하였다.

장인 죽리 유 상서[104]에 대한 제문

祭外舅竹里兪尚書文

유세차 기유년(1729) 유월 갑술일에, 의춘(宜春) 남유용이 처에게 삼가 맑은 술과 제철 제수를 마련하게 하여 장인이신 고(故) 예조 판서 죽리(竹里) 유공(兪公)의 영령 앞에 밝히 제사 지내고, 제문을 지어 올립니다.

오호라! 나는 고인을 그리워하였으나 고인은 아득하기만 하더니, 우리 공을 만나고 나서 고인의 모습을 가히 알 수 있었습니다. 고인은 멀리 있지 아니하고, 공의 긴 눈썹에 있었습니다. 물러나 이 세상을 보면 무염(無鹽)을 치장하여 서시(西施)로 만들었지만,[105] 고운 줄은 모르겠고 그 추함만 더욱 드러날 뿐이었습니다.

오호라! 구경(九卿)이면 현달한 자리이니 어찌 반드시 대사(台司 의정부(議政府))여야 하겠으며, 여든이면 장수한 셈이니 어찌 반드시 백 살이어야 하겠습니까. 바야흐로 숙고(肅考 숙종) 시대에 밝은 세상을

104 유 상서 : 유명홍(兪命弘: 1655~1729). 본관은 기계(杞溪). 자는 계의(季毅), 호는 죽리(竹里). 한성 판윤·예조 판서·우참찬 등을 역임하였다. 남유용의 첫 번째 부인이 유명홍의 딸이다.

105 무염(無鹽)을……만들었지만 : 무염은 전국시대 제 선왕(齊宣王)의 후비 종리춘(鍾離春)으로, 무염 사람이기 때문에 무염 또는 무염녀(無鹽女)라고 불렸다. 덕은 있었으나 못생겨서 후대에는 추녀를 대표하게 되었다. 진(晉)나라 유량(庾亮)이 주의(周顗)에게 "사람들이 모두 그대를 악광(樂廣)에 견주고 있다."라고 하니, 주의가 "어떻게 무염을 화장시켜서 서시(西施)의 앞에 내세운단 말인가?"라고 답변한 각화무염(刻畫無鹽)의 고사가 전한다.《晉書 卷69 周顗列傳》

만나 군자들 차분하고도 의젓하였고, 공께서도 그때 백복(百福)으로 편안을 누리셨습니다. 그러나 이윽고 험난함 겪을 일이 많아져 이처럼 온갖 재앙을 만났으니, 소인들은 다행이라 여겼고 군자들은 탄식했습니다. 공께서 세상을 버린 것이 마침 이때였으니, 살아서 영예롭고 죽어서 편안하기가 공과 같은 이 그 누구이겠습니까? 선을 행한 공효로 이것을 얻었으면 족할 뿐, 또 그 무엇을 슬퍼하겠습니까? 그러나 거짓된 습속은 도도하게 날로 얄팍한 데로 나아가고, 노성한 기풍은 날이 갈수록 따라잡기 어려워지고 있으니, 또 어찌 나이도 지위도 이미 높았고 살고 죽음에 대해 여한이 없다는 이유로써 공을 위해 탄식하며 눈물 흘리지 않을 수 있겠습니까?

오호라! 불민한 제가 공의 집안에 장가든 이래로 지금 17년이 흘렀습니다. 저는 처음에 유치하고 어리석었으며 마음은 방만하고 기운은 거침 없었으나, 매번 공을 배알할 때면 마치 부끄러움이 있는 듯 숙연히 스스로를 수렴하면서 공께서 제어해주시기를 기다렸습니다. 하지만 공께서는 아무런 말씀도 하지 않으시고 몸소 규범을 보여주셨는데, 저는 한참이 지난 후에야 비로소 깨달은 바가 있어 공을 저의 스승으로 여기게 되었습니다. 지키시는 바는 간소하고 고요하였으며, 자태는 바르고 단정하였는데, 묵묵히 신심(身心)을 기르시고 엄숙히 스스로를 지켰습니다. 이윽고 그 음성을 들으니 낭랑하였고, 그 모습을 접하니 온화하였기에 사람들로 하여금 일어나려고 하다가도 다시 앉게 만들었습니다. 정신은 화락하고 기운은 평온하여 뭇 사람들이 왈가왈부 비평하는 중에도 격동하거나 붙좇지 않았고, 뭇 사람들이 영리(榮利)에 몰두할 때도 닮거나 물들지 않았습니다.

젊어서부터 아름다운 명성을 날리며 영화로운 자리에 출입하였으나, 순서를 따르며 뛰어넘지 않았고 양보하면서 얻었습니다. 돌아보건대 언제 일찍이 임금께 은혜를 빙자한 적이 있으며, 요로(要路)에 명예를 빌린 적이 있었습니까? 묘당(廟堂)에서 관복 입고 나랏일에 힘을 다 쏟을 적에는 능히 근검하면서 시인이 퇴조하여 밥 먹는[106] 의형(儀形)이 있었고, 물러나 언덕과 골짜기에서 어렵고 곤궁하게 사실 적에는 구절장(九節杖)[107]과 책 한 권으로 길게 읊조리며 기거하시면서 나무꾼 어부와 한데 어울려 더욱 즐거워하셨습니다. 그래서 48년 벼슬살이하는 동안 영예와 모욕, 험난함과 평이함이 만 번 변하는 중에도 근심과 기쁨을 낯빛이나 언사에 드러내지 않았습니다. 이는 본디 뭇 사람들이 알지 못하는 바이나 군자들이 다 같이 추켜세우는 바요, 공이 편히 여기는 바이자 하늘이 복으로 내려주신 바입니다.

오호라! 나는 실로 어리석고 비루하나 공께서는 멀리 내버리지 않으시고, 장려하고 북돋고 기대하고 면려하심이 실로 적지 않았습니다. 술과 시로 누차 불러주실 때면 빛나는 덕에 훈도(薰陶)되고 젖어 들어 그 즐거움에 피곤한 줄도 잊었습니다. 평상에서 공을 배알할 때면 부인께서는 휘장 안에 계시면서 허연 머리 어른어른 비치며 즐겁게 담소하셨습니다. 여러 자식들이 빙 둘러서고 손주는 또 그 자식을 안고, 유쾌한 소리와 기쁜 낯빛이 온 집안에 넘쳤습니다. 공께서는 그 사이에

106 시인이……먹는 : 《시경》 〈고양(羔羊)〉의 "크고 작은 양의 가죽이여, 흰 실로 다섯 줄을 꿰맸도다. 퇴청하여 집에서 먹으니, 조용하고 자득하도다.〔羔羊之皮 素絲五紽 退食自公 委蛇委蛇〕"에서 온 말인데, 이 시는 남국(南國) 사람들이 문왕(文王)의 정사에 교화되어 높은 지위에 있는 이들이 모두 검소하고 정직하므로, 한 시인이 그것을 찬미하여 부른 노래이다.

107 구절장(九節杖) : 신선이 짚고 다닌다는 아홉 개의 마디가 있는 지팡이를 말한다.

온화하고 편안하게 앉아계셨으니, 성대하신 삼조(三朝 숙종·경종·영조)의 유로(遺老)께서 어쩌면 신체가 그리 강건하고 어쩌면 덕이 그리 높고 어쩌면 자손이 그렇게 많았는지요. 복이 아직 그치지 않았고, 지위에 더 높은 자리가 남아 있으며, 수명에 남은 기한이 있음을 알 수 있어서 바야흐로 무강한 복을 송축하던 차였는데, 어찌하여 한번 병이 들어 갑자기 시들어버렸단 말입니까?

오호라. 예전에 공께서 편찮으시다는 말을 듣고 수성(隋城 경기도 수원)으로 달려가 배알하였는데, 처음 이별한 날로부터 그간 3년이 흘러 비록 모습은 예전과 달라져 있었지만 그래도 정력이 아직 쇠하지 않아 기뻤습니다. 저녁 내내 쉬지 않고 거듭 웃고 말씀하셨는데, 병환을 근심하는 대신 왕실의 위태로움을 염려하셨습니다. 말씀하시기를,

"옛말에도 있지 않은가? 죽을병엔 훌륭한 의원도 없다고. 나는 이제 늙었으니, 그저 죽는 것이 혹 늦어질까 그것이 걱정일 뿐이다."

라고 하셨는데, 어쩌면 그토록 슬픈 말씀이 폐부로부터 나오는지, 말씀을 듣고 물러서는데 눈물이 앞을 가렸습니다.

4월 임오일에 감히 공의 질병에 대해 점을 쳤습니다. 괘를 펼쳐 둔괘(遯卦)를 얻었기에 내가 점치는 자에게 그 조짐이 무엇이냐고 물었더니,

"속세를 피해 조용히 사는 사람이 계곡에 있어 지초(芝草)를 캐는 조짐입니다."

라고 하였습니다. 공은 이미 은퇴했거늘 또 어디로 피한단〔遯〕 말입니까? 아아! 알겠노라. 점이 나를 속이지 않았구나. 군자가 질장구를 두드린다는 말이 《주역》 이괘(離卦)에 나오는데,[108] 공께서는 거의 이와 같이 할 수 있으시니 어디를 가건 적합지 않겠습니까?

공께서 서울 자택으로 돌아오신 후 병이 날로 위태로워졌습니다. 이미 극심한 지경에 이르러 공 자신도 고치기 어렵다는 사실을 아셨을 때도 오로지 나랏일에 대한 근심만 간곡히 잊지 않았을 뿐, 기타 생사에 대해 당부의 말씀 같은 것은 처자식을 돌아보며 일절 남기지 않았습니다. 지금 공께서 비록 돌아가셨으나 그 정령(精靈)만은 공과 더불어 죽지 않았을 터이니, 결코 이물(異物)을 따라 썩어 흩어지지 아니하고 천상에서 선왕을 좇아 옥루(玉樓)와 요지(瑤池)에서 훨훨 날아다니고 계실 테지요.

오호라. 신정(新鄭)의 남쪽에 검계(儉溪 천안의 지명)라는 마을이 있는데, 실로 공의 선조들이 사시던 옛터입니다. 그곳에 명암(鳴巖)이라는 이름의 언덕이 있는데, 또한 공께서 옛날 오르내리며 노닐던 장소이니, '공이 이곳에 오셨으면 누런 관에 녹거(鹿車)를 타고 오실 터인데 지금은 어찌하여 이 흰 상여를 타고 오셨을까?' 하고 여길 것입니다. 그러나 이곳은 평소 즐거워하시던 곳이니, 만세토록 무너지지 않고 영원히 묻히실 수 있으실 것입니다.

오호라. 성함이 있으면 쇠함이 있는 것은 자고로 마찬가지였으니, 우연히 왔다가 우연히 가는 것이야 어찌 족히 추념할 만하겠습니까. 공께서는 이러한 이치에 이미 달관하여 의심치 않으셨으나 불민한 제가 시간이 오랠수록 더욱 슬퍼하며 잊지 못하는 것은 오직 고인을 그리워하기 때문이니, 어찌 단지 장인과 사위 사이의 호의와 저를 알아주신

108 군자가……나오는데 : 생사의 도리를 알아 마음을 편히 가져야 한다는 말이다. 《주역》 이괘(離卦) 구삼효(九三爻)에 "서산에 해가 기우는 형상이니, 질장구 치고 노래 부르지 않는다면, 이는 노년을 한탄함이니, 흉하도다." 하였다.

사사로운 정 때문이겠습니까.

붉은 만장이 길을 나서고 하얀 휘장이 장차 옮겨가려 함에 해는 처량히 빛나고 바람은 슬피 불어옵니다. 아득한 이 이별 어찌 끝이 있겠습니까. 존령께서는 저를 위해 한 잔 술 흠향하소서. 오호라, 슬프도다.

상향(尙饗).

망실 공인 유씨에 대한 제문

祭亡室恭人兪氏文

오호라. 살고 죽은 것은 낮과 밤이 반드시 찾아오는 것과 같으니, 앞서고 뒤서고를 어찌 족히 깊이 따지겠는가? 내 비록 장자(莊子)의 생사를 통달한 이치에는 부끄러움이 있지만 또한 순자(荀子)처럼 성(性)을 해치는 지경에는 이르지 않았으니, 마음으로 침통함을 그치지 못하는 까닭은 실로 그대에게 미안한 것이 많기 때문이오.

오호라. 그대가 나를 섬긴 것은 제갈량(諸葛亮)이 한(漢)을 섬긴 것과 같았소. 가난해도 원망치 않고 오직 운명에 편안해했고, 곤궁해도 태만하지 않고 오직 선한 일을 행하였소. 그밖에 하늘에 달려 있지 사람에게 달려 있지 않은 일은 모두 그대의 마음을 움직이기에 부족하였소. 그대가 나를 알아줌은 포숙(鮑叔)이 관중(管仲)을 알아주는 것과 같았기에, 내가 공명(功名)에 급급해하지 않는다는 것을 알고 벼슬에 관한 일은 입 밖에 낸 적이 없었고, 내가 문장 짓기를 좋아하는 것을 알고서는 이내 고인의 업(業)으로써 나를 권면하였소. 과거에 낙방해도 근심하지 않음은 때를 만나지 못한 것을 알았기 때문이고, 녹봉을 받아와도 기뻐하지 않음은 그것이 내 뜻이 아님을 알았기 때문이었소. 그대의 아내 노릇이라면 부도(婦道)를 다했다 이를 만하거늘, 곤궁한 처지로 살다가 세상을 뜨고 말았으니, 내가 그대에게 얼마나 잘못했는지 가히 미루어 짐작할 수 있을 것이오.

살아서 잘못한 일이야 훗날 도모할 수 있다지만 죽어서 잘못한 것은 또 어찌 갚는단 말이요. 이것이 바로 내가 슬퍼하면서 잊지 못해 하는 이유라오. 오호라.

상향(尙饗).

내제 심태이[109] 도희 에 대한 제문

祭內弟沈泰而 道希 文

유세차 연월일에, 의춘 남유용이 맑은 술로 내제 심군의 영령에 제사 올립니다.

나는 어머니를 그리워하였으니	我思母氏
어렴풋한 중에 계신 듯하여서	昧昧如在
외가의 것이라면	外家之出
풀도 나무도 또한 사랑하였네	草木亦愛
자식이 못났어도	子之不才
이고 지고 다니거늘	將負將戴
자식에게 또 재주가 있다면	子而又才
아끼고 사랑함을 어찌 그칠 수 있을까	愛好何已
아프다는 말도 듣지 못하였는데	不聞其病
부음이 이르러	而以訃至
깊은 괴로움에 마음이 슬프니	怛焉深疚
마치 가시가 골수에 박힌 듯하구나	若刺在髓
들어가 외삼촌에게 곡하면서	入哭舅氏
눈물만 흘릴 뿐 할 말이 없는데	有淚無言
어린 자식이 무얼 알겠는가	幼子何知

109 심태이 : 남유용의 외삼촌인 심봉의(沈鳳儀)의 아들이다.

문에서 장난만 치고 있었네	嬉其在門
날이 이미 정해져	日月旣涓
동번으로 돌아가게 됨에	歸于東樊
술잔 따라 슬픔을 고하니	酌以告哀
아마도 신이 강림하시리라	庶幾有神
상향	尙享

구담[110]의 신에게 올리는 제문

祭龜潭神文

갑인년(1734) 봄 3월 신축일에, 의령 남유용과 수양(首陽) 오원(吳瑗), 그리고 장주(長洲) 황경원(黃景源)[111]이 감히 정갈한 술잔을 구담(龜潭)의 신께 따라 올립니다.

우리들이 작은 배를 띄워	我浮舴艋
강에서 세 밤을 묵고	三宿于江
동쪽 석문[112]에 올라	東登石門
영월 땅을 내려다봅니다	以臨越邦
빛나는 해가 하늘에 흐르고	麗日流天
바람은 깃발을 뒤집지 못하며	風不翻幢
교룡도 놀라지 않고	蛟龍不驚

110 구담 : 단양 명승지의 하나이다. 기암절벽의 바위 형태가 거북을 닮았다는 구봉(龜峯)의 주위를 에워싼 못으로, 물속에 비친 바위가 거북 무늬를 띠고 있다 하여 붙여진 이름이다.

111 황경원(黃景源) : 1709~1787. 본관이 장수(長水)이기에 장주(長洲)라고 한 것이다. 자는 대경(大卿), 호는 강한유로(江漢遺老)이다. 도암(陶菴) 이재(李縡)의 문인으로, 대제학·형조 판서·공조 판서 등을 역임하였다. 예학에 정통하고 고문에 밝았으며, 서예에도 뛰어났다. 남유용·이천보·오원과 가까이 지내며 많은 글을 주고받았다.

112 석문 : 단양팔경의 하나로 단양 북쪽 12km 지점의 도담삼봉 하류에 있고 남한강변에 높이 수십 척의 돌기둥이 좌우로 마주 보고 서 있는 위에 돌다리가 걸려 있어서 무지개 형상을 하고 있다.

거친 파도도 잔잔합니다	湍濤伏降
그윽한 곳을 죄다 찾아다니다	窮幽剔邃
구담 기슭에 이르렀는데	旋龜之趾
담이 벽처럼 서 있고 못이 가로막혀 있으니	潭壁淵阻
실로 신께서 몰래 간직한 땅인 듯합니다	維神所秘
이곳을 순조롭게 건너기 위해서는	玆乃利涉
아마도 신의 보우하심이 있어야 할 터	庶幾神賜
덕은 보답 받지 않음이 없으리니	何德不酬
우선 한 잔 술을 바치나이다	獻以一觶

상향 尙享

셋째 고모 숙인에 대한 제문

祭三姑母淑人文

유세차 연월일에, 유용이 삼가 맑은 술과 정갈한 제수를 갖추어 셋째 고모이신 숙인(淑人)의 영령 앞에 밝히 제사 올립니다.

아름다운 나의 할머니께서는	嬍我祖妣
덕으로 여성의 모범이 되셨습니다	德維女模
순하고 한결같은 유훈을	婉一之訓
여러 고모님들도 따라 이루셨고	遹成諸姑
숙인의 청정한 기품	淑人淸靜
그 행실은 문아한 유자의 가문에서 나왔습니다	行出文儒
명가에서 혼처를 찾을 때	相攸名家
가풍 이어받았다는 칭송 자자하였고	載襲多譽
공경스러운 태도로 거하시며	敬恭自居
끝까지 초심을 잃지 않았습니다	秉終如初
마름풀로 제사 올리니[113]	烝以采蘩
시부모님께서 흠향하시었고	公姑饗且
닭이 울 때까지 편히 모시니	燕以鷄鳴

113 마름풀로……올리니 : 《시경》의 〈채번(采蘩)〉은 주 문왕 후비의 솔선하는 교화에 감화되어 제후의 왕비들이 직접 마름을 따다가 조상의 제사를 준비한다는 내용의 시이다. 부인이 남편을 받들어 제사를 돕는 것을 말한다.

군자께서 즐거워하였습니다[114] 君子樂胥
나의 난패[115] 고결히 간직하며 潔我蘭珮
저 진주 구슬 내버렸고 舍彼璣珠
내 타고난 본바탕 보호하며 葆我素質
붉은 연지 씻어버렸습니다 洗彼臙朱
내면은 높이고 외면을 박하게 하여 崇內薄外
고인과 더불어 하나가 되셨으니 與古爲徒
이 이름다운 전범이라면 維此懿範
가히 여도[116]에 열거될 것입니다 可列女圖
궁한 자에게 은혜를 베풀어 惠于窮人
가려운 자 긁어주고 메마른 자 적셔주셨으며 爬痒濡枯
간곡한 말씀으로 불쌍히 여기고 위로하심에 諄諄悶勞
외로운 과부의 얼굴에 화기가 돌았습니다 孤嫠色敷
의지할 데 없는 나를 가엾게 여기시어 憐余靡恃
마치 자식처럼 여겨주시었건만 若子視余
나는 일찍이 어머니처럼 모시지 못하였으니 曾不母事
소자의 죄입니다 小子其辜

114 닭이……즐거워하였습니다 : 《시경》 〈계명장(雞鳴)〉에서 따온 말. 어진 비(妃)가 아침 닭 울음소리를 듣고 남편인 왕에게 나가서 정사(政事)를 보도록 재촉하는 내용으로 된 시이다. 어진 아내의 덕을 기리는 말로 사용되었다.

115 난패 : '蘭佩'는 고결한 행색을 형용할 때 쓰는 말이다. 《초사》 〈이소(離騷)〉에 "강리와 벽지를 몸에 걸치고, 가을 난초 엮어 장신구로 삼는다네.〔扈江離與辟芷兮 紉秋蘭以爲佩〕"라고 하였다.

116 여도 : 옛날 여러 종류의 모범 여성의 모습을 그린 그림을 말한다.

천 리 밖에서 슬픔 머금으며 千里銜哀

영여(靈轝)를 발인하지만 載祖靈轝

말로써 어찌 심정을 다 펼치겠습니까 言豈盡情

눈물만 쏟아질 뿐입니다 有涕漣如

상향(尙享)

장모이신 정부인 이씨에 대한 제문
祭外姑貞夫人李氏文

오호라. 여든을 사시고 손자가 오륙십 명에 이른 것은 부인께서 하늘로부터 받으신 명이요, 하늘로부터 받으신 명이 아니라면 부인께서 어질고 은혜로워 맞이한 것입니다. 적불(翟茀)과 귀장(龜章)[117]의 존귀함을 얻고 대번(大藩) 대부(大府)[118]의 녹을 받은 것은 부인께서 왕으로부터 받으신 명이요, 왕으로부터 받은 명이 아니라면 부인께서 겸손하고 근검하여 맞이하신 것이니, 부인이여 아름답도다!

처음부터 끝까지의 운수는, 한 해 농사에 비유하자면 밭 갈아 수확하고 이삭이 패고 알이 가득 차서, 봄부터 가을까지 가뭄도 홍수도 없는 것과 같았습니다. 인사(人事)와 천시(天時)가 잘 맞아 순조로웠고, 조물주도 차고 넘친다는 이유로 시기함을 내보이지 않았으니, 부인이여 훌륭하시도다!

기유년(1729)으로부터 지금까지는 부인의 삶에 있어 잉여분〔閏〕이었으며, 모습이며 뼈며 모발이며 모두 75년의 여분 아님이 없었습니다.[119] 살아서는 이 몸 기탁하고 죽어서는 본택(本宅)으로 돌아갈 뿐,

117 적불(翟茀)과 귀장(龜章) : 적불은 고대 귀부인이 타던 수레로, 꿩의 깃털로 장식하고 전후에 가리개를 설치하였으므로 붙여진 이름이다. 귀장은 거북 모양으로 만든 황금 패물이다.

118 대번(大藩) 대부(大府) : 이씨의 남편 즉 남유용의 장인 유명홍이 경기 감사를 지냈기에 이렇게 부른 것이다.

119 기유년으로부터……없었습니다 : 유명홍과 부인 전주 이씨는 나이가 같은데, 유

마음에 슬퍼하고 기뻐할 만한 것이 무엇이냐 하시며 모든 것을 하늘에 떠 있는 구름처럼 보셨으니, 부인께서는 편안하시리로다!

새로이 무덤을 정하였으니 대부(大夫)의 유택(幽宅)[120]이요, 사랑하는 아들도 멀리 있지 않으며 제 처의 무덤[121]과는 사흘 거리입니다. 오계자(吳季子)의 말이 사실이라면 혼은 가지 못할 곳이 없으리나,[122] 죽은 자에게 지각이 있는지, 아니면 없는지, 다 그만인 것을 산 자가 망령되이 있다고 생각하는 것인지, 유독 알 수 없으니 부인이여, 슬프도다!

일찍이 처가댁에 의탁해 살며 자식과 같은 은혜를 입었건만, 소자가 불민하여 부인을 어머님처럼 여기지 못하였습니다. 또 아들 업(業)[123]을 부인께서 기르셨는데 미처 폐백을 가지고 그 아내를 얻어오지도 못하고, 관례도 올리지 못하였지만[124] 그래도 강녕하시니 오래 오래

명홍이 75세의 나이로 기유년(1729)에 작고했기에 75세 이후로는 여분의 삶이었다고 표현한 것이다. 이씨는 1736년에 작고하였다.

120 대부(大夫)의 유택(幽宅) : 유명홍의 무덤을 가리킨다.

121 제……무덤 : 남유용의 첫 번째 부인 유씨는 신해년(1731)에 사망하였다.

122 오계자(吳季子)의……없으리나 : 연릉 계자(延陵季子)가 일찍이 제(齊)나라에 갔다 돌아오는 길에 맏아들이 죽자, 제나라의 영읍(嬴邑)과 박읍(博邑)의 중간 지점에 장사를 지내고 나서 세 번 부르짖어 곡(哭)하고 말하기를 "뼈와 살은 흙으로 돌아갔으니 운명이로다. 그러나 넋은 가지 못할 곳이 없다. 가지 못할 곳이 없다." 하고 떠났던 데서 온 말이다.

123 업(業) : 남유용의 아들인 남공보(南公輔)의 아명인 듯하다.

124 또……못하였지만 : 남공보의 나이 열한 살 때인 1731년(영조7)에 어머니인 기계 유씨가 사망하자 외할머니 이씨가 키워준 듯하다. 외할머니가 돌아가실 때 남공보는 나이 열여섯이었는데, 미처 혼인하기 전이었기에 이렇게 말하였다.

사시리라 여겼거늘, 유명(幽明)이 한번 막히어 만사를 다 저버리고 말았습니다. 이에 술을 뿌리고 길게 탄식함으로써 하염없는 슬픔을 기탁해 볼 뿐이니, 부인이시여 밝으시도다.

상향(尙饗).

동계 조석여[125] 귀명 에 대한 제문

祭東溪趙錫汝 龜命 文

유세차 연월일에, 의춘 남유용이 삼가 술과 과일로써 건천(乾川) 조자(趙子)의 영령 앞에 밝히 제사 올리나이다.

그대의 마음은 맑은 물이요	子心淸水
그대의 모습은 가을 매미이니	子貌秋蟬
매미가 나뭇가지에서 허물을 벗고	蟬蛻于枝
물이 못으로 돌아갔구나	水復于淵
살아생전엔 담담하였고	其存澹如
갈 때는 유유하여라	其逝悠然
숲에 부는 바람 산들거리고	林風嫋嫋
물가에 뜬 달 어여쁘도다	汀月娟娟
오호 슬프다	嗚呼哀哉

상향(尙享)

125 조석여 : 조귀명(趙龜命, 1693~1737). 본관은 풍양(豊壤), 자는 석여(錫汝)·보여(寶汝), 호는 동계(東谿)·건천(乾川). 세자익위사(世子翊衛司)에 들어가 시직(侍直)·익위(翊衛)를 잠시 지냈다. 성리학(性理學)에 밝고 문장에 뛰어났다.

외삼촌 규봉 심공[126]에 대한 제문
祭內舅圭峯沈公文

유세차 연월일에 생질인 의령 남유용이 삼가 맑은 술과 제수로써 외삼촌이신 규봉(圭峯) 심공의 영령 앞에 재배하고 밝히 제사 올립니다.

공께서는 성품이 간소하고 담박하시었으며	惟公簡澹其性
지키시는 바는 곧았는데	貞介其守
문술로써 윤식하시어	飾以文術
즐거움과 편안함 누리셨습니다[127]	洽其譽處
유자의 행실을 봉행하며	被服儒素
저 아양 떠는 이들 천히 여기셨으니	薄彼媚嫵
하시는 말씀마다 간절하고 지극하였으며	出言肫訥
이 어긋나는 삶도 편히 여기셨습니다	安此齟齬
사람들 사이에서는 온화하고 겸양하게	在群溫讓
대부분을 수용하면서 거절하는 법 적었으나	多容鮮拒
스스로는 침묵하시며	己迺潛默
세속과 어울리지 않았습니다	蓋亦寡與

126 규봉 심공 : 심봉의(沈鳳儀, 1666~1738). 본관은 청송, 자는 성소(聖韶), 호는 규봉이다.

127 즐거움과……누리셨습니다 : 《시경》 〈상상자화(裳裳者華)〉의 첫 장에서 "상체 꽃이여, 그 잎이 무성하도다. 내 그대를 만나니, 내 마음 모두 쏟아놓도다. 내 마음 쏟아놓으니, 이 때문에 즐거움과 편안함이 있도다.〔是以有譽處兮〕"라고 하였다.

텅 빈 듯한 오두막이지만	環堵若虛
공께서 의탁하실 곳 생기니	有依公所
세속의 먼지 통렬히 털어내고	塵雜痛去
두건과 신발[128]을 차례로 착용하셨습니다	巾屨式序
편안히 기거하시며	起居晏晏
웃고 이야기 나누시니	載笑載語
사방 벽을 두른 것은 도서요	圖書繞壁
밭을 가득 채운 것은 꽃과 약초였습니다	花藥盈圃
한가로이 사시는 것에 익숙해진 후로	閒居既慣
실로 대부분이 의형과 법도에 맞았으니	寔多儀矩
공은 몰래 이런 것들 즐거워하며	公竊樂此
규조[129]와 바꾸지도 않으셨습니다	弗易圭組
옛날 외할아버님[130]께서	昔外王父
보여주신 도가 대개 이러하여	其道盖是

128 두건과 신발 : 두보(杜甫)의 시 〈이존사의 소나무 그림 병풍 노래에 적다〔題李尊師松樹障子歌〕〉에 보면 "솔 아래 노인들 두건과 신발이 똑같으니, 짝하여 앉은 모습이 상산의 노인네 같네.〔松下丈人巾屨同 偶坐似是商山翁.〕"라는 구절이 보이는데, 속세를 떠난 은자의 모습을 나타낸 것이다.

129 규조 : 관원들이 지니는 홀(笏)과 인끈으로, 전하여 높은 벼슬아치를 뜻한다.

130 외할아버님 : 남유용의 외조부는 심한장(沈漢章, 1650~1715)이다. 이덕수(李德壽)가 지은 〈통덕랑 심공 묘지명(通德郎沈公墓誌銘)〉에 따르면 그는 대과에 끝내 급제하지 못하고서 "만년에 서호(西湖)에 집을 짓고 친척의 애경사(哀慶事) 이외에는 문 걸어 잠그고 모든 것을 물리친 채 함부로 교유하지 않았다. 좌우에 도서와 역사책만 있고 발과 궤안만 놓은 채 40년을 간소하게 살았다. 간혹 끼니를 잇지 못했지만 안분지족하며 근심하거나 한탄하는 기색이 없었다."라고 한다.

덕을 높이고 명을 즐거워하며 尊德樂命
그 자리를 본분으로 여겨 행동하였습니다[131] 克素其位
일흔이 되도록 관직에 나아가지 않아 七十不官
처사로서 묻히셨는데 葬以處士
공께서도 곤궁함을 고수하시니 公維固窮
능히 그 자식이 될 만합니다 克考之子
하나의 관직 구차하니 一宦聊爾
벼슬하건 그만두건 스스로 결정할 뿐 仕已惟已
어찌 공을 기쁘게 하고 曷令公喜
어찌 공을 화나게 하리오 曷令公恚
공의 마음은 담담하여 公心泊如
외물에 의해 누를 입음이 없었으나 不被外累
유독 시 짓기만은 즐겨서 獨喜爲詩
마치 고기 좋아하듯 하였습니다 若芻豢嗜
자신이 만난 모든 상황과 凡厥所遇
슬프고 기쁘고 웃고 꾸짖는 모든 순간을 悲愉笑詈
일괄 시로써 펼쳐내며 一發之詩
마음껏 유희를 즐기셨습니다 恣其游戲
공의 시 짓는 기술은 盖公斯術
이미 우뚝하고도 풍부하였지만 旣富以異

131 그……행동하였습니다 : 《중용》 제14장의 "군자는 자신이 처한 자리를 본분으로 여겨 행동하고〔君子素其位而行〕 그 밖에는 원하지 않는다.〔不愿乎其外〕"라는 말을 인용한 표현이다.

공은 오로지 머뭇거리면서	公惟逡廵
스스로 기예라 여기지 않았습니다	不自爲技
세상일 겪은 지 오래이거늘	觀世盖久
뜻이 더욱 맞지 않아	意愈不適
관동으로 멀리 유람 떠나니	東關遠客
말 한 필 노복 한 명뿐이었습니다	一馬一僕
우뚝 높은 비로봉에 올라	毗盧崛嵂
가까이서 곤어와 악어를 구경하고	狎觀鯤鰐
육십 일 만에 비로소 돌아왔는데	六旬迺返
보따리엔 시 백 편이 담겨 있었습니다	百篇銜橐
내 손을 잡고 웃으시는데	執我以笑
안색이 환하였고	敷腴其色
의기도 밝아져서	神志陽陽
보고 듣는 것 옛날보다 좋아지셨습니다	聽視勝昔
이토록 강녕하시니	謂其康寧
오래 오래 사시겠구나 여겼는데	胡耇之獲
하늘이 어찌하여 불쌍히 여기지 않고	胡天弗吊
중도에 흉독을 만나게 하였단 말입니까	中遘凶毒
슬픔은 그 누군들 견딜까마는	哀孰可忍
늘그막에 홀로되시어	垂白而獨
안으로는 심장 간장이 무너지고	心肝內霣
밖으로는 정화가 타들어갔습니다	精華外鑠
그렇게 일곱 해가 흐르는 동안	七稔于茲
절반은 자리에 누워계셨는데	其半褥席

깊이 가라앉은 채 감각조차 잊었다가	浸淫罔覺
마침내 목숨을 잃고 말았으니	遂及大革
오호, 슬프도다!	嗚呼哀哉
고복 전날 저녁	皐復前夕
공께서 베개에 기대어 계실 때	公憑其枕
나는 공의 발을 어루만졌습니다	我拊其足
내가 말하기를, "달관한 자에게	我言達者
죽음이란 두려운 일이 아니니	之死弗愓
저는 그 광달한 경지를 좋아하는데	我喜其曠
공께서는 어찌 생각하십니까?" 하였습니다	公謂奚若
공께서 웃으며 말씀하시기를, "아아!	公笑曰嘻
죽는 자에겐 두려움이 없는 법	死者無慼
죽음에 당황해하고 두려워하는 것은	死而遑慼
산 자의 미혹됨일세." 하시었습니다	惟生之惑
고아 된 손자를 돌아보니	顧視孤孫
옷이 겨우 몇 자이고[132]	衣若而尺
공이 실로 가엾게 여기던 따님 있어[133]	公實閔女
나의 눈물이 가슴을 적십니다	我涕霑臆
죽음 앞에서도 변치 않는 태도에서	莫變乎死

132 옷이……자이고 : '의불만척(衣不滿尺)'의 뜻으로, 입는 옷이 한 자도 되지 않을 정도로 아직 나이가 어리다는 뜻이다.

133 공이……있어 : 심봉의에게는 아들 도희(道希)가 있었으나 일찍 죽어 손자 공언(公彦)을 남겼고, 출가한 딸 하나가 남아 있었다.

배움의 힘을 확인할 수 있나니 可驗學力
공께서는 죽음을 본향으로 돌아가듯 여기시며 公視如歸
늦추지도 서두르시지도 않으셨습니다 不紓不亟
공이 돌아가셨다는 말을 듣고 聞公之歿
누군들 탄식하며 애통해하지 않았으랴만 疇不嘆衋
소자에게 있어서 在於小子
그 슬픔 어찌 끝이 있겠습니까 悲又曷極
타고 난 명이 기구하여 生命險釁
어려서 자모를 여의고 夙背母慈
외삼촌 항렬에선 오직 공뿐이었으니 在舅惟公
그 애모함을 알 수 있을 것입니다 愛慕可知
매번 덕성스러운 모습 보면서 每覿德容
나의 사모 깊어갔건만 悠悠我思
지금 공이 나를 버리고 떠나면 今公棄我
누구를 우러르고 누구를 의지합니까 疇瞻疇依
공을 광릉 땅에 장사 지냄에 公葬廣陵
발인 날짜가 잡혔기에 祖軷有期
글을 지어 슬픔을 터뜨리며 陳辭洩哀
밝은 휘장에 영결을 고하나이다 長訣明幃
제수는 비록 변변치않으나 伊奠之菲
정성만은 작지 않으니 而誠匪微
청명한 모습 마치 살아 계시는 듯 淸明如在
늦지 않게 내려오소서 降格不遲
흠향해주시길 바라나이다 伏惟尙享

사직 기우제문

祭社稷祈雨文

영춘(永春)에 있을 때 짓다.

유세차 연월일에 영춘(永春) 현감 남유용이 삼가 서직과 술로 사직신께 밝히 제사 올립니다.

신은 백성에 대해	維神于民
어머니의 도를 지니고 있어	有母之道
내게 죽과 미음을 먹여주시기를	饘我粥我
자식이 품 안에 있는 듯 하시네	若子在抱
아이가 응애응애 울면	有呱其泣
어찌 듣지 못하리	寧或無聽
지금 이 백성들	今此下民
또한 크게 두려워하고 있다네	亦孔之恫
사방 들판을 돌아보아도	顧瞻四野
벼 이삭은 셀 수 있을 정도이고	稈穗可數
바람은 서늘하고 해는 높이 떠서	風淒日杲
비가 내리지 못하네	其雨弗雨
비가 오지 않는데 어찌 곡식이 열릴 것이고	弗雨胡穀
곡식이 열리지 않는데 어찌 백성이 있겠으며	弗穀胡民
나라에 백성이 없는데	國而無民
무엇으로써 신을 섬기리오	何以事神

군왕이 초봄에	辟王首春
몸소 적전[134]에서 쟁기질 하셨는데	躬耜于耤
신께서 이 때	神於其時
실로 규벽[135]을 받으셨네	實受圭璧
흠향하고도 보답하지 않으심은	享而弗報
무엇 때문에 노하신 것인지	所怒何在
우리 왕께서는 큰 성인이며	我王孔聖
우리 백성에게는 아무 죄가 없다네	我民無罪
나라 지키는 신하들이	維守土臣
그 맡은 바를 태만히 한 탓에	怠棄厥司
신에게 벌을 받아	獲戾于神
그 화가 백성들에게 옮겨간 것이로다	遷禍烝黎
제단[136]에 머리 조아려	稽首壇壝
어떤 나무람이건 엄숙히 기다리겠으나	肅俟何誚
여기에 올린 서직은	維玆黍稷
남쪽 밭에서 나온 것이라	出自南畝
신께서 부디 도우시고	神尙右之
이 어려움 애달피 여기사	哀此艱難

134 적전 : '耤田'은 임금의 친경전(親耕田)이다.

135 규벽: 기우제를 드릴 때는 규벽(圭璧)과 같은 옥기(玉器)를 신에게 바친다. 《시경》 〈운한(雲漢)〉에 "신들에게 제사 드리지 않음이 없고 이 희생물을 아끼지 않아, 규벽을 이미 다 바쳤거늘 어찌 나의 호소를 들어주시지 않나.〔靡神不擧 靡愛斯牲 圭璧旣卒 寧莫我聽〕"라고 하였다.

136 제단 : '壇壝'은 제단을 세우고서 담을 둘러친 곳을 말한다.

가랑비를 내려주시어	畀之霡霂
메마른 땅 적셔주소서	潤澤枯乾
빠진 곳도 없이 늦지도 않게	毋虛毋徐
큰 은혜를 다 베풀어 주시고 나면	旣卒大惠
우리 백성들 게으름 피우지 않고	我民無怠
희생을 받쳐 신께 보답하리라	報爾牲幣

물에 빠진 사람에 대한 제문

祭溺人文

영춘(永春)에 있을 때 짓다.

한 도둑이 있었는데, 주인에게 뒤 쫓기자 맨몸으로 강을 건너다 마침내 물에 빠져 죽고 말았다. 그자가 누구인지 확인해보니 봉화현(奉化縣 경상북도 봉화) 사람이었다. 내 그 말을 듣고 그를 애달피 여겨 이정(里正) 반옥경(班玉卿)으로 하여금 강물에 음식을 던져 제사 지내주게 하였다.

선왕께서 백성을 보호하사	先王保民
생업을 마련해주셨거늘	爲制其產
오호라 안타까워라	嗚乎噫矣
너는 늦게 태어났구나	爾生之晚
항산(恒產)이 없는 까닭에	由無恒產
항심(恒心)을 잃고	乃失恒心
터럭만큼의 차이일 때 조심하지 않아	毫釐不謹
마침내 금을 훔치는 지경에 이르렀구나	遂至剽金
자취를 숨겨가며 한밤중에 도망친 끝에	匿跡宵犇
맨몸으로 강을 건너다	徒涉于河
물에 빠져 죽었으니	墮河而死
후회한들 장차 어찌하리오	悔將奈何
사람들은 간혹 욕하고 꾸짖지만	人或罵詈

나만은 눈물 흘리니 我涕其漣
이익을 마음에 품고 목숨조차 잊는 것이 懷利忘軀
어찌 본성이 그렇게 만든 것이랴 豈其性然
고인이 고을을 다스릴 때는 古人治郡
길에 떨어진 물건도 줍지 않았으니[137] 道遺不拾
어찌 저 선량한 백성들에게 豈伊民良
은혜로운 교화가 미친 까닭 아니었겠나 惠化攸及
네가 물에 빠져 죽었다는 말을 들은 이후로 自聞爾溺
나는 음식을 먹어도 달지 않기에 我食靡甘
이에 제수를 갖추어 爰具簋籑
강가에서 제사 지내노라 酹于江潭

137 길에……않았으니 : 《한비자》 〈외저설 좌 상(外儲說左上)〉에 "자산(子産)이 물러 나와 정사를 맡으니 5년 만에 나라에는 도둑이 없어지고 길에서는 떨어진 물건을 주워가는 사람이 없었다."라고 하였다.

오백옥[138]의 묘에 제사 지내는 글
祭吳伯玉墓文

오호라, 슬프도다. 내가 공을 알게 된 이후 단 하루도 그 즐거웠던 기억을 잊은 적이 없으니, 공과 내가 서로 지기(知己)가 된 것은 형적(形迹)이 아니라 마음으로였소. 내가 공을 곡한 이후 단 하루도 그 슬펐던 일을 잊은 적이 없으니, 지금 사람들이 공을 논하는 것은 형적이지 마음으로 하지 않소. 집에 거할 적에는 효도와 우애를 다했고 나라에 있을 적에는 충성과 신의를 다했기에, 공의 기풍을 들은 사람들 중 그 누구인들 공을 경모하는 마음을 가지지 않았소? 화락한 모습으로 선을 즐겼으며, 풍류를 알고 선비를 사랑했으니, 공의 모습을 본 사람들 중에 또 누가 공을 가까이하고픈 마음이 없었소?

그러나 안개 속에 도롱이 쓰고 달빛 아래 지팡이 짚고서, 강산에서 도도하게 휘파람 불며 담담하니 돌아가기조차 잊었을 적에, 사람들은 혹 공이 세상을 잊고자 하는 마음을 가졌는가 하고 의심하였소. 하지만 술이 얼큰해 비분강개할 때면 원안(袁安)의 눈물[139] 흘리지 않은 적이 없고, 두자(杜子)처럼 미간 찌푸리지 않은 적 없었으니,[140] 이에 나만은

138 오백옥 : 오원(吳瑗). 293쪽 주88 참조.

139 원안(袁安)의 눈물 : 후한 화제(和帝) 때의 충신으로, 천자가 어리고 외척들이 득세하는 것을 보고서는 매번 조회를 할 적마다 공경들과 더불어 국사를 의논하면서 항상 눈물을 흘렸다. 《後漢書 卷45 袁安列傳》

140 두자(杜子)처럼……없었으니 : 북송(北宋)의 황정견(黃庭堅)이 두보(杜甫)가 초당(草堂)을 짓고 살았던 성도(成都)의 완화계(浣花溪)를 그린 그림을 보고 지은 〈노

공에게 천하를 위해 즐거워하고 천하를 위해 근심하는 마음이 있다는 것을 알 수 있었소. 낯빛은 온화하고 뜻은 겸손하여 외물과 부딪히지 않았기에, 사람들은 혹 공이 세속과 한데 섞이고자 하는 마음이 있는 것인가 의심하였지만, 조정에 서서도 동산(東山)에 두었던 뜻과 옥을 차고도 메마른 나무와 같았던 모습[141]을 보면 공은 세속과 같아지고 싶어도 그럴 수 없는 사람이었으니, 이에 나만은 공에게 속세를 벗어난 마음이 있음을 알고 있었소.

나와 공이 사귀었던 십여 년의 시간 동안 강구했던 것은 오직 이 마음뿐이었으나, 나는 '영수(潁水) 가에 밭을 구하여[142] 늙어 쇠하기 전에 물러남을 고하는 일은 나와 의숙(宜叔 이천보(李天輔))[143]에게나 어

두 완화계도 인(老杜浣花谿圖引)〉에 "중원이 평안하다는 소식 접하지 못해, 취중에 눈썹 찡그리니 만국의 수심이라네.〔中原未得平安報, 醉裏眉攢萬國愁〕"라고 하였다. 《山谷外集 卷4》

141 조정에……모습 : 황정견의 〈소동파와 이공린(李公麟)이 그린 고목도사 부〔蘇李畫枯木道士賦〕〉에서 이르기를, "동파 선생은 옥을 차고도 마음은 마른 나무와 같고, 조정에 서서도 뜻은 동산에 있다.〔東坡先生佩玉而心若槁木 立朝而意在東山〕"라고 하였다. 《鶴林玉露》 권5 소동파가 고목도(枯木圖)를 먼저 그리고, 이공린이 고목의 휘감은 뿌리 부분에 누런 관을 쓴 도사를 그렸으며, 마지막으로 황정견이 이 부를 지은 것이다.

142 영수(潁水)……구하여 : 은거하고픈 마음을 뜻한다. 영미는 영수(潁水)의 끝자락이라는 뜻으로, 구양수(歐陽脩)가 다른 사람에게서 귀한 선물을 받고서 지은 시에, "결국에는 자리 걷고 베개 들고 떠나서 맑은 영수 끝자락에 집을 짓고 전답 사서 살지 않겠나.〔終當卷簟携枕去 築室買田淸潁尾〕"라고 하였다. 《文忠集 卷8 古詩二十一首》

143 의숙(宜叔) : 이천보(李天輔, 1698~1761). 본관은 연안(延安), 자는 의숙, 호는 진암(晉庵)이다. 1739년(영조15) 알성 문과에 을과로 급제하였다. 이후 정자·교리·헌납·장령 등 주로 언관직을 역임하다 1749년(영조25) 이조 참판에 오른 후 이조

울리지, 공에게는 어울리지 않는다.'라고 말하겠소. 그러면 공은 분명 근심스레 슬퍼하면서도 나를 마음을 알아주는 이라고 여길 것이오. 대개 '나아가 낭묘(廊廟)에 거하여도 애초에 나아간 적이 없고, 물러나 언덕 골짜기에 처하여도 애초에 물러난 적이 없다.'[144]라는 말을 내가 일찍이 군자에게서 들었는데, 오직 이 말로만 공의 마음을 설명할 수 있을 것이오.

오호라! 구천이 비록 깊다고는 하나 가로막히지 않은 것은 이 마음이니, 공이 나의 말을 듣는다면 아마도 애통해하며 상심할 것이오. 백 대(代)가 비록 멀다고는 하나 가히 전해질 수 있는 것은 이 마음이니, 후세 군자들 또한 반드시 공이 살았던 세상을 논하며 공의 마음을 슬퍼할 것이오.

오호라! 우리의 친구라야 그저 몇 명에 지나지 않는데, 사랑하며 아끼고 사모하며 신뢰함이 실로 마음에서 우러났소. 세도(世道)가 떨어져 아무것도 할 수 없음을 공도 알고 있었으나 그럼에도 정신을 모아 한번 사업을 펼쳐보고자 하였으니, 이로써 공의 고심을 보기에 충분할 것이오. 공이 세상을 뜬 이후로 오도(吾道)는 더욱 고립되어, 조정에서 거듭 관리가 되었으나 간언으로써 임금의 마음을 바로잡지 못하였기

판서 · 병조 판서 · 우의정 · 좌의정의 자리에 올랐다. 1761년(영조37) 영의정에 올랐으나 장헌세자(莊獻世子)의 평양 원유사건(遠遊事件)으로 인책당하고 음독 자결하였다. 《진암집》이 남아 있다. 시호는 문간(文簡)이다.

144 나아가……없다 : 소식(蘇軾)의 〈영벽 장씨원정기(靈壁張氏園亭記》〉에 "옛날 군자는 반드시 벼슬을 하지도 않았고, 또 반드시 벼슬을 안 하지도 않았으니, 반드시 벼슬하면 그 몸을 잊어야 하고, 반드시 벼슬하지 않으면 그 임금을 잊어야 하기 때문이다."라는 말이 나온다.

에, 스스로 돌아봄에 부끄러워 늘 공의 마음을 저버린 것을 두려워하고 있소.

오호라! 공이 일찍이 내게 고했던 세 마디 말을 나는 지금까지도 마음에 간직하고 있소. 오직 조야(朝野)가 한가로울 때를 기다려 동강(東岡)[145]의 비탈에 초가집을 짓고, 농사짓고 독서하면서 내가 전에 한 말을 실천하고 나의 초심을 이룰 것이오. 공의 혼령이 멀리 있지 않기에 감히 이 마음을 맹서하오.

상향(尙享).

145 동강(東岡) : '동쪽의 언덕'이라는 뜻으로 벼슬에 나가지 않고 은거하는 곳을 이른다. 《후한서(後漢書)》 권53 〈주섭열전(周燮列傳)〉에 "선세(先世) 이래로 국가에 대한 공훈과 임금의 은총이 대를 이어 왔는데 그대만 어찌하여 동강의 언덕을 지키려고 하는가?"라는 구절에서 유래하였다.

유자장[146] 욱기 에 대한 제문

祭兪子章 郁基

오호, 자장이여	嗚呼子章
나는 친구도 적은데다	我友寡矣
곡한 자 또한 많지만	哭之又多
그대는 죽지 않으리라 생각하였거늘	將子無死
그대가 죽다니 무어라 말하리요	子死謂何
그대의 몸은	子之一身
오로지 담박하고 화평한 기운만 있어서	惟有冲和
나의 천기를 발현시키기를	發我天機
마치 술이 배로 들어가듯 하였네	如酒入腹
구연[147]에 달 고즈넉하고	龜淵月古
능강에 하얀 새 날 적에	菱江鳥白
천지가 적막하여 공활한 가운데	天地寥濶
오직 나와 그대 뿐이었지	惟我及子
지금 나는 병들었는데	我今病矣
하물며 그대는 죽었으니	况子已死

146 유자장 : 유욱기(兪郁基). 남유용의 장인인 유명홍(兪命弘)의 형이 유명웅(兪命雄)인데, 유욱기는 그 아들로 생원이었다.

147 구연 : 경남 거창군에 있는 구연동(龜淵洞)을 말하는 듯하다. 이곳에 수승대(搜勝臺)가 있다.

이 한 세상 부앙함에	俯仰一世
가을 바람처럼 쓸쓸하기만 하여라	颯如秋風
관을 어루만지며 길게 하직하노라니	撫棺長辭
눈물이 흘러 가슴을 적시누나	有淚沾胸
오호 자장이여	嗚呼子章
흠향하시라	尙享

넷째 고모 숙부인에 대한 제문
祭四姑母淑夫人文

유세차 연월일에, 유용이 넷째 고모이신 숙부인(淑夫人)의 영령 앞에 삼가 제사 올립니다.

할머님께서는 만년에	祖妣晩年
자녀 보시며 즐거움을 삼으셨으니	子女爲娛
여러 고모님들 모일 때면	諸姑來集
담소 소리 떠들썩했습니다	笑言紛如
그러나 부인께서는 말씀하시기를, 옳지 않다	夫人曰否
여자는 말 많은 것을 꺼리나니	婦忌多言
여자이면서 말이 많다면	婦而多言
차라리 낮잠을 자는 편이 낫다고 하셨습니다	不如晝眠
소자 아직 어렸으나	小子幼冲
몰래 이 말씀을 외웠나니	竊誦斯語
말씀은 간략하되 의리는 정밀하여	辭簡義精
마치 열녀전을 읽는 것과 같았습니다	如讀列女
부인의 덕은	夫人[148]之德
얼굴처럼 순결하였고	純潔如面
장점도 없고 단점도 없이	無長無短

148 부인 : 《뇌연집》 본문에는 '未人'이라 되어 있으나 '夫人'으로 고쳐 해석하였다.

자연스레 순하고 선할 뿐이었습니다 自然順善
반 마디 꾸미는 말도 半辭之飾
한 가지 거짓된 행실도 一行之僞
평생에서 찾아보려 하여도 求諸平生
그 비슷한 것조차 찾을 수 없습니다 未見其似
수명도 예순을 넘기시고 壽維逾耆
남편을 따라 봉작되셨으니 從夫以爵
어찌 복이 없다고 말하리오마는 曷云不祿
그래도 덕에는 다 차지 아니하였습니다 猶不滿德
아직 남은 경사가 있어 尙有餘慶
후손에게 모이리니 鍾于後昆
어찌 여기에서 그치겠습니까 豈其止此
인덕이 부인과 같을 것입니다 仁如夫人
너울너울 조삽[149]이 떠나갑니다 旐翣翩其
가버리면 다시 오지 않을 길을 逝焉莫來
삼가 한 잔 술을 올리자니 敬擧一觴
눈물이 흘러 소매를 적십니다 濡袂有漼
상향(尙享)

149 조삽 : 상여를 가리킨다. 조는 상여를 인도하는 붉은 깃발이고, 삽은 발인할 때 사용하는 제구(祭具)이다.

질녀 이씨 부인[150]에 대한 제문
祭姪女李氏婦文

오호 슬프도다. 요절한 사람을 위해 곡할 때는 슬픔과 여한이 늘 나란히 일기 마련이지만, 지금 나는 곡하면서 오직 슬픔만 있을 뿐 여한은 알지 못하겠다. 그러나 여한이 없는 것이 마침 나의 슬픔을 더 심하게 만드는구나.

너를 보면 낯빛이 부드럽고 목소리가 맑아 속마음이 모습에 그대로 드러났고, 치마 입고 비녀 꽂은 채 서 있으면서 깨끗하니 더럽혀짐이 없었다. 저 화려하게 총명과 말재주와 꾀[151]를 부리는 일은 잘하지도 못하였고 또한 좋아하지도 않았다. 이런 몸가짐으로 집에서 딸 노릇하고 시댁에서 며느리 노릇 하면서 언제나 어진 어르신들에게 사랑받았기에, 딸과 며느리 가진 사람은 너를 배우라고 면려하였고, 딸자식을 둔 부모는 이와 같은 자식을 가졌으면 그만이겠다고 소원하였으니, 비록 일찍 죽었다 하여도 가히 여한이 없을 수 있을 것이다.

네 나이 열셋일 때 고아가 되어 나를 아비로 여겼다. 너는 글 읽는 소리 듣는 것을 늘 좋아하였는데, "어려서 아비가 없는 것을 일러 '고(孤)'라 한다."[152]라는 대목에 이를 때면 왈칵 눈물을 쏟으며 울었다.

150 질녀……부인 : 이연(李演)에게 시집간 남유상의 딸이다.

151 저……꾀 : 《뇌연집》 권21에 나오는 〈질녀 유인 이씨부 묘지명(姪女孺人李氏婦墓誌銘)〉에는 "화려하게 총명과 말재주와 꾀를 부리지 않았다.〔不靡靡爲聰明辯慧〕"라고 나와 있다. 즉 여기의 '便'은 '辯'의 뜻임을 알 수 있다.

152 어려서……한다 : 《맹자》 〈양혜왕 하(梁惠王下)〉에 나오는 구절이다.

그때 너는 아직 글자를 몰랐으나, 내 들으니 '소리에 감동하는 자는 가르침이 들어가기 쉽다.'고들 하기에, 마침내 《시경(詩經)》의 정풍(正風)으로 너를 가르쳤다. 이남(二南)의 〈계명(鷄鳴)〉·〈상체(常棣)〉 같은 것은 모두 암송하며 익혔던 편장들이기에 자라서 무리들 속에 거할 적에 능히 윤리와 의리를 중히 여기고 재물을 가볍게 여길 줄 알았으며, 말을 내는 것이 순하면서 문장이 있는 것이[153] 돌아가신 형님의 기풍이 있었다. 선친부터도 너를 사랑하심이 여러 손자들을 뛰어넘어서, 아들이 되지 못한 것을 안타까워하셨다. 그러나 아들로 태어나 일찍 죽느니 차라리 여자로 태어나 남에게 귀히 여겨지지 못하여도 수명을 늘릴 수 있는 것을 다행이라 생각하였거늘, 오호라! 지금 이렇게 죽고 말았으니 어찌 슬프지 않겠느냐. 어찌 슬프지 않겠느냐.

네가 막 죽었을 때 내가 휘장에서 부인들이 곡하는 소리를 들어 보니 그 슬픔을 다하였고, 군자들이 염하는 것을 보니 예에 신중을 기하였다. 너는 일개 여자일 뿐인데, 어짊으로 인해 부당(夫黨 남편의 친척)으로부터 참으로 어여쁨을 받고, 군자로부터 평소 존경받지 못했다면 어찌 이런 정도에 이를 수 있었겠느냐. 비록 일찍 죽었다고는 하나 또한 가히 여한이 없을 수 있다.

저 생사에 관한 이야기라면 내 이해하는 바가 있다. 팽조(彭祖)처럼 장수하는 것과 어려서 요절하는 것을 가지고 길고 짧음을 논해서는 안 되고, 안회(顔回)와 도척(盜跖)의 이름을 가지고 장수와 요절을

153 말을……것이 : 《시경》 〈도인사(都人士)〉에 나온다. "저 왕도의 인사여, 여우 갖옷이 누렇도다. 그 용모가 변치 아니하며, 말을 냄에 문장이 있으니.〔彼都人士, 狐裘黃黃. 其容不改, 出言有章.〕" 하였다.

논함으로써 산 자에게 선을 권면하고 죽은 자에게 원통함을 풀어주어야 하나니, 내가 형님을 위해 곡을 할 때도 이런 이치로써 말했었다. 그러나 너는 지금 구천에 가 있으니, 내 말을 옳다고 여길지 아니라고 여길지 모르겠구나. 옳다고 여기는지 옳다고 여기지 않는지 너는 내게 답하지 않으니, 또한 어찌할 수 없을 뿐이로다. 오호라, 어찌 슬프지 않겠느냐. 어찌 슬프지 않겠느냐.

지산(砥山)에 묻고서 나는 한 번도 묘혈에 가보지 못하였고, 염부터 연상(練祥 소상(小祥))까지 나는 한 번도 글을 지어 곡하지 못하였다. 그러나 이는 너를 저버린 것이 아니라 병으로 인해 할 수 없었기 때문이다. 내일 아침이면 너의 신주가 장차 사당으로 옮겨지니, 앞으로 한바탕 나의 슬픔을 터뜨려보고 싶어도 그럴 곳이 사라진다. 마음이 슬프기가 마치 떨리는 듯 술 취한 듯하기에 병을 무릅쓰고 글을 지어 길게 울부짖으며 고한다. 너에게 지각이 없다면 또한 그만이지만 너에게 지각이 있다면 나를 위해 내려와 주지 않을 수 있겠느냐.

오호라! 너의 모습 눈앞에 보이는 듯한데, 너의 혼은 어디 있느냐? 별이 흩어지고 비가 내리듯 담담히 머물러 있는 것이냐? 구름이 비추고 달이 떠오르듯 환하게 왔다가 가는 것이냐? 군자의 방엔 산초와 혜초가 마치 타는듯한데, 나와 함께 온 아이는 공필(公弼)과 공보(公輔)[154]이다. 너는 너의 영혼 편히 하고서 나의 술잔을 흠향하여라. 오호 슬프도다.

상향(尙享).

154 공필(公弼)과 공보(公輔) : 공필은 남유상의 아들이므로, 이 제문의 대상인 질녀와 남매 사이가 되고, 공보는 남유용의 아들이다.

지은이 **남유용(南有容)**

1698(숙종 24)~1773(영조 49). 조선 후기의 문신. 본관은 의령(宜寧). 자는 덕재(德哉), 호는 뇌연(雷淵)·소화(小華), 시호는 문청(文淸)이다. 서울 출신으로, 증조부는 대제학 남용익(南龍翼), 조부는 대사헌 남정중(南正重), 아버지는 동지돈녕부사 남한기(南漢紀), 어머니는 청송심씨(靑松沈氏)이다. 이재(李縡)의 문인이다. 1721년(경종 1) 진사가 되고, 강릉 참봉·영춘 현감 등을 지냈으며, 1740년(영조 16) 알성문과에 급제했다. 정언으로 있을 때 간관은 의리와 시비를 명확히 밝혀야 한다는 상소를 올렸는데, 이것이 탕평책을 펴는 영조의 뜻을 거슬려 해남으로 유배당했다. 1742년 풀려나 홍문관에 등용된 뒤 오랫동안 세자시강원에 있었다. 1747년 응교로 있을 때에는 군덕10조(君德十條)를 진언하여 군주의 성실을 특히 강조했고, 1754년에는 원손보양관이 되어 뒤에 정조가 된 세손을 세살 때 무릎에 앉혀놓고 글을 가르쳤다. 양관대제학·원손사부를 거쳐 예조참판·우빈객이 되었고, 1767년 벼슬에서 물러난 뒤 봉조하가 되었다. 문장과 시에 뛰어났고 글씨에도 일가를 이루었다. 저서로는《뇌연집》외에도《명사정강(明史正綱)》·《천의리편(闡義理編)》등이 있다.

옮긴이

이주해(李珠海)

연세대학교 중어중문학과를 졸업하고 타이완국립대학에서 석사 및 박사학위를 받았다. 현재 이화여자대학교 한국문화원 연구교수로 재직 중이다. 저서로《펑쯔카이 만화고시사(豐子愷漫畫古詩詞)》,《집단감성의 계보》가 있고, 역서로《한유문집(韓愈文集)》,《육구연집(陸九淵集)》,《파사집(破邪集)》,《오문기략(澳門紀略)》,《우초신지(虞初新志)》등이 있다.

홍학희(洪學姬)

이화여대 국어국문학과를 졸업하고 동대학원에서《율곡 이이의 시문학 연구》로 박사학위를 받았다.〈한국 도학시 연구의 몇 가지 문제〉,〈18~19세기 성해응 집안 여성들의 삶〉등을 저술하였으며《부사산 비파호를 날 듯이 건너(成大中의 日本錄)》,《19세기·20세기 초 여성생활사 자료집 1》,《강한집》,《진암집》등을 번역하였다.

권역별거점연구소협동번역사업 연구진

연구책임자 **김동준**(이화여자대학교 국어국문학과 교수)
공동연구원 **조혜란**(이화여자대학교 국어국문학과 교수)
책임연구원 **이은영**(이화여자대학교 한국문화연구원 연구교수)
이주해(이화여자대학교 한국문화연구원 연구교수)
선임연구원 **하지영**(이화여자대학교 한국문화연구원 연구교수)
전(前) 책임연구원 **홍학희**(전(前) 이화여자대학교 한국문화연구원 연구교수)

뇌연집 7

남유용 지음 | 이주해 · 홍학희 옮김
2025년 12월 31일 초판 1쇄 발행
편집 · 발행 학자원
등록 2011.4.6 제2011-14호
주소 (134-814) 서울시 강동구 천호대로 1121
전화 02-6403-1000 | 팩스 02-6338-1001 | 이메일 hakjaone@daum.net

값 30,000원
ISBN 979-11-6247-390-0 94810
979-11-6247-254-5 (세트)